SEGURIDAD EN INTERNET

Una guía práctica y eficaz para proteger su PC con software gratuito

Gonzalo Asensio Asensio

nowtilus

A mi padre, madre y hermana por creer en mí desde el principio

A mis abuelos por todo su cariño

Agradecimientos especiales a mi mujer, Susana, por su amor y apoyo incondicional y a mis hijos, Mónica y Marcos, por el tiempo cedido para realizar esta obra.

MUCHAS GRACIAS A TODOS

Gonzalo

Colección: Manuales PC (www.manualespc.com)
www.nowtilus.com

Título: *Seguridad en Internet*
Subtítulo: Una guía práctica y eficaz para proteger su PC con software gratuito
Autor: © Gonzalo Asensio

Doña Juana I de Castilla 44, 3° C, 28027 Madrid

Editor: Santos Rodríguez
Responsable editorial: Teresa Escarpenter
Coordinador Editorial: Sergio Remedios

Diseño y realización de cubiertas: Carlos Peydró
Diseño de interiores y maquetación: Grupo ROS
Producción: Grupo ROS (www.rosmultimedia.com)

ISBN: 84-9763-293-1
ISBN13: 978-849763293-5
Depósito legal: M. 15.578-2006
Fecha de edición: Mayo 2006

Printed in Spain
Imprime: Imprenta Fareso, S.A.

Índice

1

Introducción

En este primer capítulo vamos a hacer un repaso general de la informática desde su aparición. De forma más concreta, veremos la evolución que ha tenido la seguridad y analizaremos ese nuevo mundo llamado «**la era de Internet**».

El autor no pretende entrar en detalles en este aspecto y de ninguna manera pretende aburrir al lector con una historia tecnológica, pero cree importante mencionar unas líneas para situar la comprensión actual en grandes rasgos generales.

Los avances tecnológicos del ser humano a lo largo de la historia son innumerables. Sin duda alguna estos adelantos nos han situado en una sociedad marcada por la tecnología, en la que unos pocos han intentado olvidarse de ella y se han visto retrasados ante el avance de la vida actual.

En siglos anteriores, la situación era diferente, ya que estos adelantos (como la electricidad entre otros), en un principio fueron privilegio de unos pocos adinerados de la época, y no todo el mundo podía acceder a ellos.

Pues bien, con los ordenadores pasaba lo mismo, había pocos y para unos pocos. Allá por los años cincuenta cuando se pusieron en servicio los primeros ordenadores, la seguridad informática no era una cuestión que plantease problemas a los administradores de sistemas ni a lo empresarios. Es más, ésta se basaba ante todo en una **seguridad física** (acceso físico al ordenador) y sólo especialistas cualificados podían controlar esas enormes máquinas, previniendo así la mala conducta de un trabajador malintencionado.

La tecnología fue avanzando con el paso de los años. Estas máquinas ya iban ocupando muchas habitaciones dentro del ámbito empresarial y sobre todo en el ámbito doméstico, y cada vez había más gente con conocimientos informáticos. No obstante, el mayor miedo de entonces, era que nos dejaran un disquete infectado por algún virus (cuyos efectos no pueden ni compararse con los de ahora), pero que hacía que muchas empresas o personas perdieran tiempo de trabajo y dinero. Puedo recordar uno de los primeros virus, que recibió el nombre de Cookie: apagaba el ordenador si el usuario no escribía la palabra Cookie. Si te apetece recordarlo, se habla del virus en la película **Hackers** (muy divertida por cierto).

La revolución en la informática llegó cuando, a mediados de los años 80, los ordenadores personales comenzaron a comunicarse entre sí mediante un dispositivo llamado **módem**. Este adelanto tecnológico abrió un sinfín de posibilidades en cuanto a negocio y comunicación, pero, al mismo tiempo, produjo una disminución de la seguridad informática, al exponer a equipos y redes completas a grandes ataques, desde virus a intrusiones malévolas.

Módem de 56 Kbytes

A partir del desarrollo del primer gusano informático o virus (su autor fue **Robert. T. Norris**, y se activó el 22 de noviembre del **año 1988)**, que produjo grandes perdidas económicas a muchas empresas, se creó en EE.UU. un organismo cualificado. Encabezado por ingenieros, y con el nombre de **CERT** (*Computer Emergency Response Team*) (www.cert.org), se ocupó sobre todo de temas de seguridad y respondía de inmediaro después de un nuevo ataque con el antídoto y el aviso correspondiente.

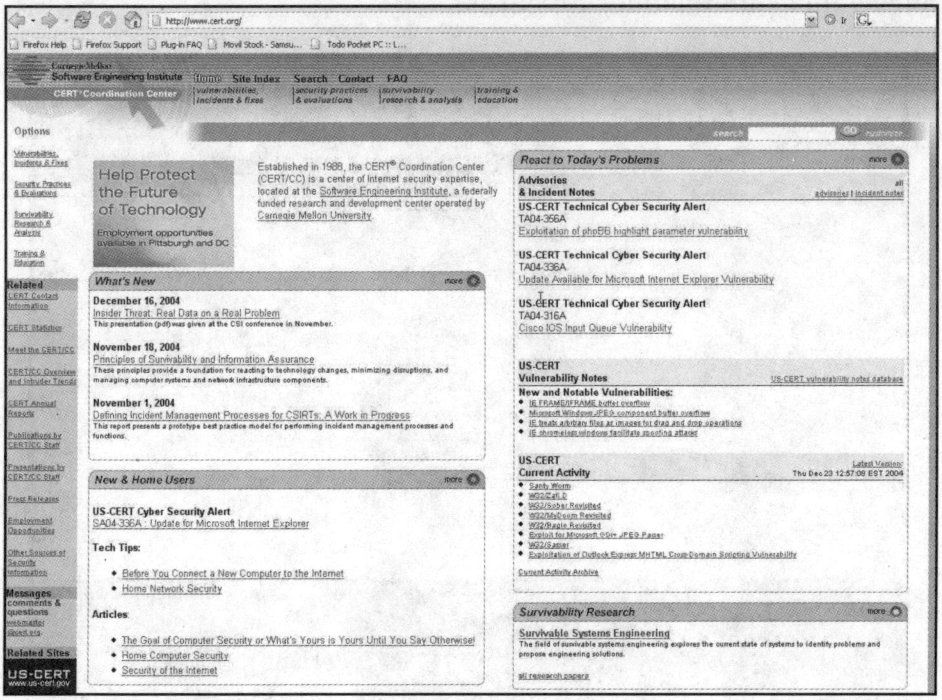

Pagina Oficial del CERT

A partir de esos años, las empresas ya no sólo tienen que proteger físicamente sus sistemas, sino que además deben proteger sus comunicaciones, que es sin duda lo más costoso y difícil de conseguir.

En la actualidad, los ordenadores se han convertido en parte de nuestras vidas con la llegada de la red de redes (Internet).

>>> ¿Qué es Internet?

Internet es un espacio formado por dispositivos de comunicaciones, servidores y ordenadores que gracias a su estructura permite la comunicación entre millones de ordenadores.

Sin duda es difícil encontrar una empresa o incluso casa que no disponga de ordenadores y servicios de Internet. Por ello, es muy importante tener en cuenta que estos dispositivos están altamente ligados al negocio y al trabajo personal, y que de ellos dependen miles y miles de millones de euros.

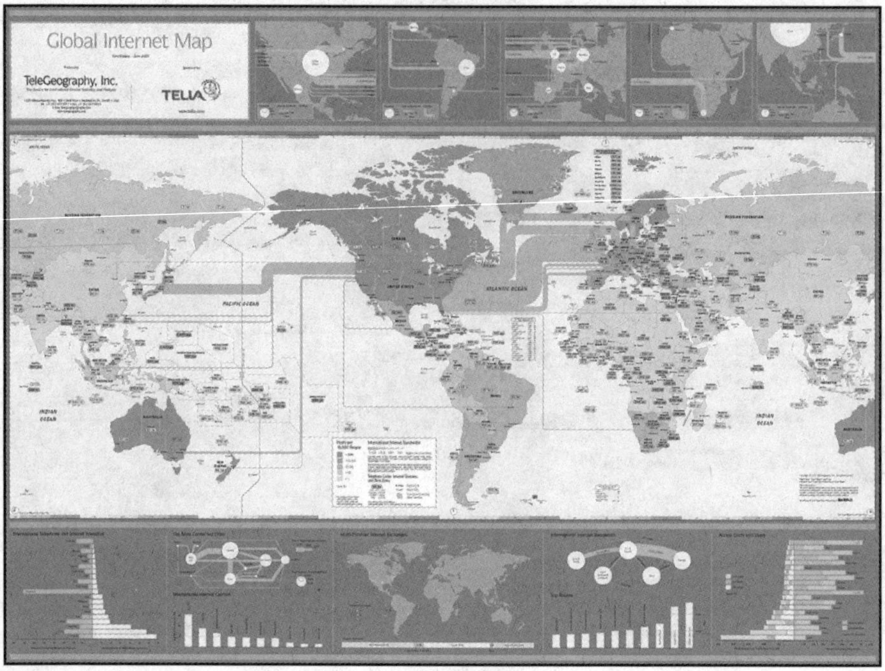

Mapa mundial de comunicaciones en Internet

La tecnología ha hecho que estemos en un mundo estructurado con hilos de fibra. Ahora es cuando debemos plantearnos el reto de saber de seguridad informática. En el futuro, será como saber cocinar, es decir, algo cotidiano y normal, ya que nuestras vidas estarán aún mas sujetas a los avances tecnológicos. Esto es sólo el principio. Imaginad que tenemos un negocio y que lo llevamos a través de un móvil. Pues bien, recientemente se han descubierto varios virus para el teléfono móvil; si nos infectásemos con uno de ellos, todo nuestro negocio quedaría nulo por completo.

De igual forma, dentro de un tiempo todas las casas estarán robotizadas (domótica). Es un proceso que no tiene fin. Por eso, animo al lector, ya que saber seguridad informática, es más que una profesión: es un medio de mejorar nuestra vida cotidiana.

Con la apertura de las tecnologías informáticas, también se ha expandido el conocimiento sobre ellas. Con la facilidad que nos da Internet para acceder a cualquier información o tema con sólo hacer clic en un buen buscador (por ejemplo, www.google.com), la mayoría de la gente tiene a su alcance conocimientos que antes estaban vedados para la mayoría. Ahora bien, pueden usarlos para el bien o para el mal.

Poco a poco y conforme estamos viendo portadas publicadas de intrusiones, vulnerabilidades (posibles fallos de un ordenador), virus etc., tanto las empresas como el ciudadano de a pie se están concienciando de que la seguridad informática es importante y de que hay que pensar en ella si queremos seguir montados en el gran carro del avance tecnológico. El desconocimiento de la misma, la ignorancia y el abandono por parte de la gente está llevando a que estas noticias inunden nuestras revistas, buzones de correo electrónico, periódicos, noticias televisivas e incluso comidas familiares.

La sociedad está aburrida de tener siempre su ordenador bloqueado: va lento, está lleno de archivos espía, infectado de virus y el único consejo que les dan es que llamen a un técnico o que formateen su disco duro. Todo esto lo que consigue es que la gente se canse y no pueda realizar su trabajo con rigor, ya sea para una empresa o para su propio ocio y disfrute. Pues bien, en este libro se detalla de manera sencilla qué debemos hacer para conseguir convivir con esta lacra que vive en Internet. Conseguiremos que el lector sea autosuficiente para prevenir ataques y por supuesto para paliar errores.

Nos encontramos en una nueva era en la que compiten el conocimiento de las grandes empresas propulsoras de nuevos adelantos y el conocimiento mezclado con curiosidad de los llamados *hackers* (a los que en otro apartado de nuestro libro, distinguiremos según su conducta y formas de ataque).

Es cierto que la seguridad ha estado fuera del alcance del usuario final y eso hoy en día es un grave error. La gente dispone en su casa de varias máquinas formando redes, envía correos diariamente, descarga todo tipo de archivos y navega por Internet, y por ello pueden encontrar en su camino numerosos peligros tanto para ellos como para su familia.

Es por tanto en estos momentos de actualidad, cuando debemos concienciarnos de la situación y conocer los distintos peligros que nos podemos encontrar, al igual que las medidas y aplicaciones necesarias para enfrentarnos a ellos de la manera más eficaz y efectiva.

Términos como **hackers, virus, caballos de troya (troyanos), spyware, malware, control paternal, estafadores, phising** suenan mucho en la sociedad actual, pero la mayoría no sabemos qué es lo que realmente significan. Es hora de que expongamos el problema tal y como es y de familiarizarnos con estos términos, conocerlos y aprender a no tenerles miedo.

Este libro se centra en la seguridad informática destinada al usuario de a pie, que, con pocos conocimientos, quiere seguir avanzando con la tecnología, sin que sienta que ella le supone un peligro. Es por tanto un buen libro de referencia en el que se explicarán, paso a paso y de forma amena, todas las amenazas y contramedidas necesarias para lograr la tranquilidad y seguir disfrutando de este imprescindible avance tecnológico que es la informática.

Los dos siguientes capítulos se dedican a proporcionar una explicación muy breve de qué es y qué finalidad tiene la seguridad informática, y qué son y cómo actúan los llamados Hackers. Los siguientes capítulos son ya eminentemente **prácticos** en toda su totalidad.

Una de las características destacadas de esta obra es que todas las recomendaciones están basadas en software gratuito (no comercial), por lo tanto el lector no tendrá que pagar por ninguna herramienta de las que se describen en el mismo.

«La seguridad es de todos y para todos»

2

Seguridad Informática para tod@s

En este capítulo se aborda la introducción de la seguridad informática, lo que necesitamos, lo que es la seguridad informática y sobre todo qué es lo que buscamos.

La intención de todo el libro es que el lector se sienta cómodo, que no crea que está leyendo un libro de informática, sino que está hablando con un amigo que antes tenía sus mismos problemas pero que ahora, gracias a unos consejos que ha aprendido, ya no los tiene, y se lo esta contando tranquilamente y de manera amena, ya sea en el sofá de un salón, en la playa o en el trabajo.

>>> ¿Por dónde empezar?

La verdad, aunque suene a broma, es que lo primero que necesitamos es tener ordenador, y digo esto porque seguro que el 98 % de los lectores tienen ordenador, o al menos eso espero, ya que de poco servirá leer este libro en caso contrario. Hago mención de este tema tan simple, por el hecho de que es hora de plantearse varias cosas acerca de nuestro ordenador tanto personal como empresarial.

Igual es buen momento para pensar en cambiar de ordenador o a lo mejor hay algún lector que está en la situación de querer comprarse uno. Por ello, daré algunos consejos sobre el sistema operativo. En el plano del hardware (parte física del ordenador), en general ya vienen muy bien equipados. Desde un procesador de 2,6 Ghz en adelante, y una memoria de 1 giga de RAM, da igual si es Intel o AMD, ambos van muy bien.

Algunos tendrán el sistema operativo **Windows XP profesional**, otros el Home Edition, y los más antiguos Windows 2000 profesional, Windows 98 y 95. Mi consejo personal es que siempre se tenga el sistema más moderno, ya que con el tiempo dejan de dar soporte y los fallos de seguridad se multiplican mes a mes.

Es por tanto un primer consejo, que además nos ayudará a ir siguiendo la guía de seguridad paso a paso. En este caso nosotros utilizaremos Windows XP profesional, aunque la mayoría de las herramientas nos sirven para otros sistemas operativos de igual tecnología como es el Windows 2000 Profesional. Para quien no tenga instalado ningún sistema, tiene fácil decisión, para quien lo tenga instalado, le recomiendo que comience una instalación nueva, ya que nunca sabemos qué es lo que puede tener ese sistema. Es, por tanto, un momento fenomenal de darnos una oportunidad para empezar a conocer nuestro sistema y asegurarlo de manera eficaz desde el principio.

Aprender a instalar un sistema puede parecer en principio complicado para el lector, y yo afirmo que instalar Windows no es nada complicado, pero hay que hacerlo al menos una vez para ver cómo se hace. Es la única forma de tomar la confianza necesaria para saber lo que hacemos y para saber lo que tenemos.

La gente tiene la idea de que arreglar ordenadores es complicado, pero yo afirmo que el 95% de las roturas son muy fáciles de solucionar, ya que sólo se trata de cambiar una pieza, y un ordenador no tiene demasiadas piezas. Es bueno que se comience cacharreando con algún ordenador viejo; verá que es más sencillo de lo que parece.

>>> ¿Qué es la seguridad informática?

Aunque no existe una definición exacta, es la capacidad de mantener intacta y protegida la información de sistemas informáticos.

Lógicamente el termino seguridad informática abarca mucho mas que la protección de los datos, pero éste es, sin duda alguna, uno de los pasteles más buscados por los hackers, ya que los datos son la base económica de muchas de las empresas de todo el mundo. Se sabe a ciencia cierta que las empresas buscan a hackers, y que los contratan para que les roben datos importantes de clientes a la competencia; sin duda alguna debe haber un buena motivación económica por parte de ambos.

>>> ¿Qué buscamos?

Lo que buscamos en cuanto al tema de la seguridad informática es, simplemente, poder trabajar de manera óptima y aprovechar los recursos y facilidades que nos ofrece la tecnología.

La seguridad informática se basa en tres principios fundamentales:

1. **Confidencialidad.**
2. **Integridad.**
3. **Disponibilidad.**

La **Confidencialidad** es la seguridad de que nuestro datos no van a ser vistos por personas ajenas a nosotros que no tienen permiso para ello.

Dentro de este apartado, se tratan temas como **Verificación** y **Autorización** para controlar la confidencialidad de los datos. Por ejemplo: tenemos una carpeta compartida en nuestro ordenador y sólo queremos que sea vista por un usuario en concreto y por nadie más, eso es confidencialidad.

La **Integridad** se centra en que nuestros datos y documentos no sean manipulados, alterados o cambiados. Por ejemplo: si envías un correo electrónico sin seguridad, nunca podrás saber si la información que contenía ha sido modificada o no. Para evitarlo, se emplean técnicas criptográficas de cifrado (texto ilegible) que nos aseguran la integridad entre el emisor y el receptor.

La **Disponibilidad** es una cuestión importante, ya que trata de que la información esté disponible para los usuarios verificados y autorizados; si no es así, no sirve de nada tener confidencialidad e Integración.

Gracias al conjunto de esta guía obtendremos conocimientos suficientes para saber convivir con virus, archivos espía, troyanos, spam, etc.

Cuando el lector termine el libro, tendrá un ordenador con un sistema operativo seguro, y una base para poder profundizar en cualquier tema tratado en la obra.

Sin olvidar por supuesto el bajo coste que le llevará a tener todo bien asegurado.

«La teoría sirve para perfilar el talento»

>>> Referencias

Página donde encontrará multitud de artículos básicos y sencillos, además de recursos de herramientas para proteger su PC.

http://alerta-antivirus.red.es/portada/

Página del Ministerio de industria y Turismo para ayudar a iniciarse en las tecnologías a todas las personas.

http://www.todos.es/es-es/index.html

Página oficial de la entidad publica de RED.ES, en la cual podemos conseguir normas, leyes y procedimientos de seguridad.

http://www.red.es/

Página muy conocida en el mundo de la seguridad, que publica un boletín diario llamado «Una al día», en el que informan sobre temas de seguridad informática.

http://www.hispasec.com/directorio/laboratorio/unaaldia.html

Página de seguridad que publica noticias acerca de este mundo.

http://www.kriptopolis.com/

El primer periódico de Internet sobre seguridad informática, también tienen una lista de seguridad de más de 700 suscriptores.

http://www.seguridad0.com/

Página dedicada a la legislación de los fraudes y delitos en Internet.

http://www.delitosinformaticos.com/

3

Hackers, crackers y mundo underground

¿Cuántas veces has oído hablar de hackers?, ¿sabes quiénes son?, ¿por qué lo hacen? Estas y muchas otras preguntas se plantean un gran número de personas a las que nadie les resuelve su duda.

En este capítulo se habla de ello de manera general y la lectura del mismo lleva a la comprensión de conceptos que sólo conocemos de manera escasa y confusa.

Sin duda alguna es un tema apasionante, lleno de incógnitas y misterios ocultos, ya que los verdaderos hackers permanecen escondidos ante la mirada crítica de las empresas.

Veremos los diferentes términos con los que se les conoce a los llamados hackers, y su conducta dependiendo de su ideología.

Actualmente hay una mala interpretación guiada principalmente por gobiernos y medios de comunicación que hacen que el ciudadano de a pie entienda las cosas de manera equivocada.

Hay un gran interés en que la gente vea a los hackers como personas oscuras, malvadas y esto en realidad es una equivocación y ahora veremos y comprenderemos por qué.

>>> Mundo Underground

Llamamos mundo **underground** a toda esa comunidad de individuos que permanecen «ocultos» para compartir entre ellos sus conocimientos y experiencias.

Cada vez es más habitual la creación de grupos que en ocasiones rivalizan entre ellos aportando sus conocimientos. En Internet hay multitud de comunidades, la mayoría muy cerradas y ocultas, que tratan, explorar e indagan sobre cualquier tema tecnológico.

>>> Términos Hackers

En cuanto al término hackers, podemos distinguir entre varios tipos, según su conducta.

- **Crackers**: son aquellas personas que no respetan las leyes, se dedican a romper protecciones de programas, y cuando asaltan sistemas los dañan o perjudican de alguna manera. Sin duda alguna, cuando el telediario da una noticia sobre «un hacker asalta la base de datos de una empresa» se refiere a los crackers y no a los hackers.
- **Phreaker**: estas personas son especialistas en telefonía. Su función es la de intentar hablar gratis a través de cualquier medio telefónico. También son personas muy buscadas por la justicia sobre todo debido a la presión de las grandes empresas de telecomunicaciones.
- **Lamers o lammers**: son individuos que no tienen mucha formación técnica, pero saben manejar muchas herramientas para realizar un ataque. Están al día en los foros y tienen mucho tiempo libre. A menudo son acusados de ser los culpables de que los hackers tengan mala fama, ya que los lammers tienen una conducta ilegal e irresponsable.

Hay muchos más términos y definiciones que podemos expresar, pero esa no es la finalidad de la obra, la intención de este apartado es que el lector sepa comprender ciertos términos.

>>> ¿Qué es en realidad un hacker?

Por último, podríamos definir como aquella persona a la que le gusta indagar sobre cualquier cosa, convirtiéndose en un experto en la misma. Actualmente, los hacker descubren fallos de seguridad y desarrollan la posterior solución, con lo que en el mundo tecnológico se les aprecia como personas que ayudan a mejoran la seguridad en Internet.

Cuando hagamos referencia al término *hacker*, nos estaremos refiriendo a cualquiera de estos términos mencionados anteriormente. Esto es una pequeña contradicción, pero es para estandarizar conceptos. Dejo en mano del lector la buena o mala interpretación según el contexto.

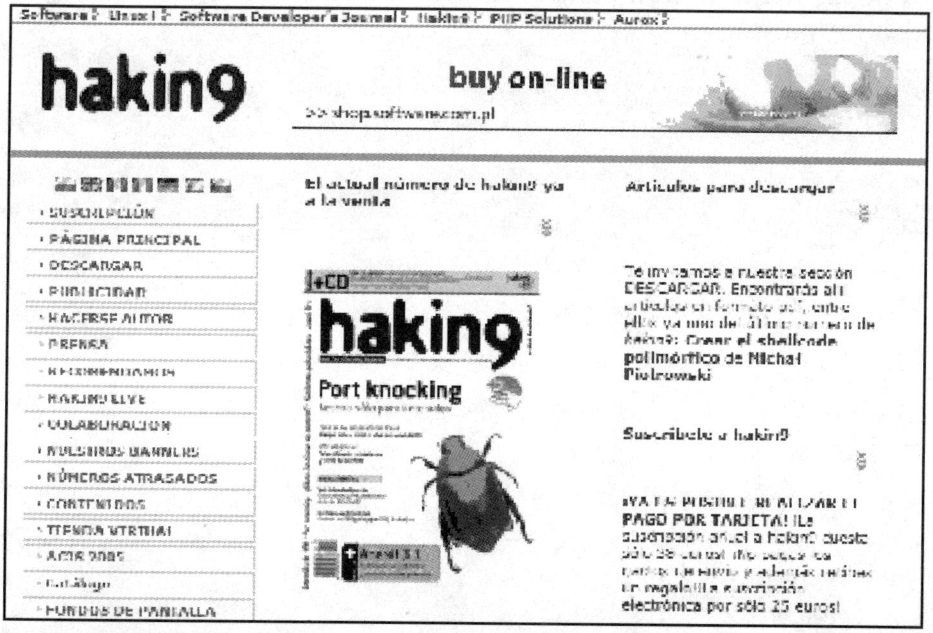

Página Web de la revista de seguridad informática hackin9

>>> Referencias

Para las personas que quieran saber más del tema, les voy a recomendar unas páginas de hackers de habla hispana en las que podrán acceder a la información y los programas que utilizan muchos de ellos.

Página web de la revista de seguridad informática que publica en varios paises.

http://www.haking.pl/es/index.php (revista profesional)

Página conocida en España por su contenido en temas y herramientas de hacking.

www.el-hacker.com

Revista recientemente cerrada, pero en su página perdura el foro con cantidad de temas interesantes acerca del mundo de la seguridad.

www.hackxcrack.com (el foro)

Una de las mejores web para encontrar artículos de hacking y seguridad informática.

www.cyruxnet.org

4

Instalación del sistema operativo Windows XP Profesional

En este capítulo de instalación se va a explicar paso a paso cómo instalar un sistema operativo y aunque muchos lectores ya lo habrán hecho varias veces, mi recomendación es que sigan los consejos por si su sistema carece de alguno de los elementos.

Este apartado es de mucha importancia, ya que va a ser la base de nuestro libro. Sobre este sistema operativo vamos a instalar y configurar todas nuestras herramientas de seguridad, por tanto debemos de hacer hincapié en los puntos más importantes del mismo.

Llega la hora de la instalación y algunos tendrán un ordenador nuevo que normalmente ya viene con un sistema operativo. La recomendación para este caso es que sigan la guía con ese sistema, pero si ya lo tienen hace un tiempo (por ejemplo, más de 15 días), recomiendo hacer una instalación limpia.

Cuando hablamos de una instalación limpia, nos referimos a que todos los datos que están en el disco duro se borrarán y se instalará un sistema nuevo encima. Aun así ese sistema estará obsoleto ante la seguridad y habrá que actualizarlo correctamente como veremos más adelante.

Antes de hacer nada, debemos asegurarnos de guardar todos nuestros datos personales que luego queramos rescatar. Entre ellos pueden estar:

- **Documentos.**
- **Programas.**
- **Páginas favoritas de nuestro navegador.**
- **Correos y direcciones de nuestro cliente de correo Outlook (ver capítulo de seguridad en el correo).**
- **Etc. (todo lo que se nos ocurra).**

Para ello basta con utilizar cualquier programa de grabación de cd o dvd; aconsejamos utilizar para mayor comodidad el formato dvd (4,7 gigas), ya que cabe más cantidad de datos. Si la cantidad a guardar no es muy elevada, con un cd (700 mb) debería de bastar. (Actualmente ya existen de 900 MB).

También tenemos que valorar este paso, ya que si tienes pocas páginas favoritas en el navegador Web, y cuatro direcciones de correo electronico con cinco correos, pues a lo mejor ni te preocupas de recuperarlo, simplemente lo apuntas y ya está (te ahorras un dvd). No obstante, si tenemos datos importantes, habrá que guardarlos y conservarlos, ya que vamos a realizar una instalación limpia del sistema, con lo que todo lo que no se grabe quedará borrado.

Para grabarlo, cada uno puede usar el programa que más le guste como por ejemplo: Nero, Easy CD creador, Alcohol 120% (es muy rápido), etc., o el propio grabador de Windows XP profesional. Este último es muy sencillo de usar. Sólo tienes que arrastrar los datos hasta la unidad del CD-ROM donde se encuentra el CD virgen. Es decir, seleccionamos nuestros documentos o datos y pulsamos en el desplegable del botón derecho **COPIAR**; luego vamos a **MI PC** y sobre la unidad del grabador, por ejemplo d:, pulsamos **PEGAR** (menú, botón derecho). Inmediatamente veremos a la izquierda la petición de una grabación.

No sólo debemos rescatar los datos, sino que es necesario que tengamos los **drivers** de la tarjeta gráfica, los de la placa base, los del monitor (si hace falta) y todo lo que queramos instalar después.

Normalmente, con el ordenador nos vienen un montón de CD que llevan estos datos, y si no los tenemos podemos recurrir a Internet para hacer la descarga de cualquiera de ellos con sólo buscarlo en Google. (Normalmente están localizados en la página oficial de cada fabricante. ¡¡Cuidado con dónde descargáis cosas!! Si no los encontráis, poneos en contacto con los fabricantes para que os indiquen, porque existen casos de páginas que tienen drivers para descargar que realmente son virus y troyanos).

IMPORTANTE: Recordad que estamos realizando una instalación limpia, y que nunca debemos decir al sistema que se trata de una actualización.

Una vez que tengamos nuestro disco con el sistema operativo, en nuestro caso Windows XP Profesional, debemos tener en cuenta un apartado importante.

Lo primero y más importante del primer paso es que hay que decirle a nuestro ordenador que arranque desde el CD-ROM, es decir, que primero lea el contendido del mismo antes que el contenido de nuestro disco duro (que es donde está el sistema antiguo). En el CD-ROM es donde está el nuevo sistema operativo que queremos instalar; por lo general, un ordenador arranca en unas fases que pueden ser como éstas:

1. Disco duro (donde se encuentra el sistema operativo ya instalado).
2. Disquetera (floopy).
3. CD-ROM (donde se encuentra el nuevo sistema operativo que queremos instalar).

Recordad que si leemos primero el disco duro, no podremos llegar al CD-ROM, ya que nos saldrá el sistema que ya tengamos instalado (si lo tenemos), por lo tanto hay que indicarle que arranque desde el cd-rom primero y luego el disco duro y demás.

Ahora apagamos el ordenador y nada más encenderlo, debemos pulsar una tecla para entrar a la BIOS, que es donde podemos configurar el arranque de nuestro ordenador. Dependiendo del ordenador será una tecla u otra, pero en la mayoría es la tecla **SUPR** (suprimir), y suele aparecer en la primera pantalla. Algunos ordenadores, como los Dell, permiten acceder al arranque si entrar en la BIOS presionando **F12**. Es cuestión de fijarnos en la pantalla inicial.

NOTA: La BIOS es un mini-sistema operativo, primitivo pero muy potente desde el cual se pueden hacer numerosas cosas. Hay que tener mucho cuidado al modificar la bios.

Cabe decir que hay diferentes modelos de BIOS, pero en el fondo son muy parecidas, basta con ver una y leer los diferentes menus que tiene.

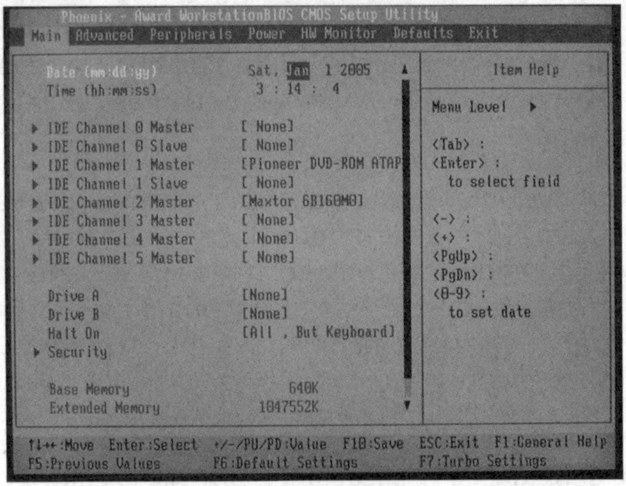

Imagen de una BIOS Phoenix

Lo primero que vemos es el menú de nuestra de BIOS (casi todas las BIOS son parecidas, siempre hay que buscar «arranque» o «boot»).

Nos vamos a la pestaña **Boot** (para movernos por la BIOS, lo podemos hacer con las flechas del teclado); al llegar a **Boot**, pulsamos **INTRO**, y accedemos a un menú como el que vemos en la imagen siguiente.

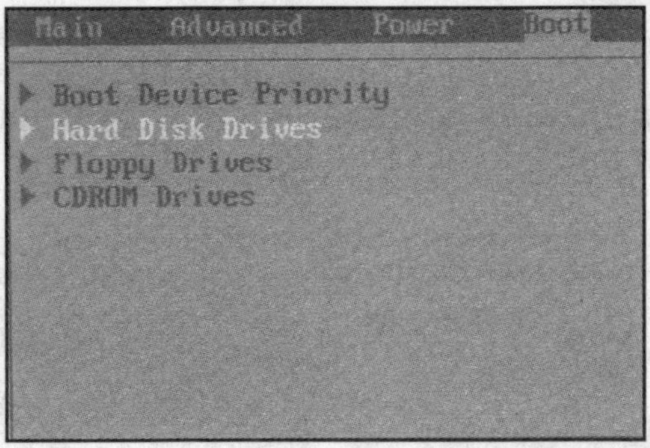

Debemos seleccionar **Boot device priority**, y allí veremos el orden que lleva puesto la Bios. Tenemos que poner el **CD- ROM** en primer lugar y en segundo lugar el disco.

Ahora sólo nos queda guardar los cambios y salir de la BIOS. Para ello pulsamos **F10** y le decimos «**sí**» o «**yes**».

Una cosa importante para la instalación, y que es motivo de que la gente se aburra al intentarlo, es que con la aparición de los últimos virus, estos realizan la infección a través de la red, y en el momento que nuestro sistema configura los parámetros de red durante el final de la instalación, el virus entra y la máquina queda infectada. Esto, que parece arte de magia, se soluciona quitando el cable de red RJ-45. Los casos que los que hay que hacerlo son en redes donde hay más de un ordenador y sabemos que están infectados por algún virus. También hay que quitar el cable de red en aquellos equipos que tenga un módem para navegar en Internet, ya que estos están de cara a Internet, no como los que tienen router que están más protegidos (después veremos por qué).

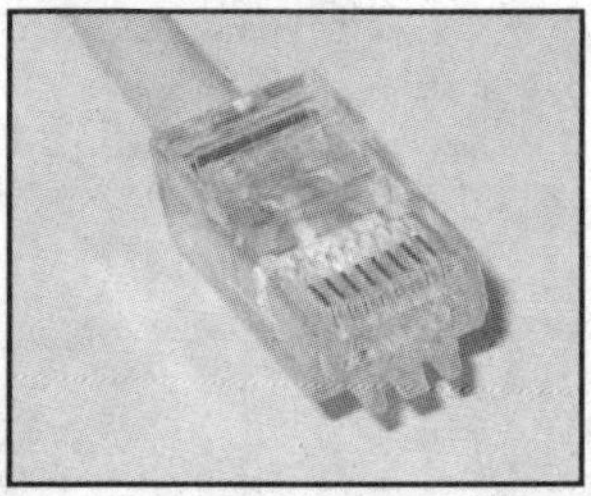

Cable de Red RJ-45

Al pulsar «sí», la máquina se reiniciará y, al arrancar de nuevo, ya no volverá a nuestro sistema anterior, sino que nos llevará a una pantalla como ésta. Ésta es la primera pantalla de instalación. Con ella sabemos que está leyendo el CD-ROM.

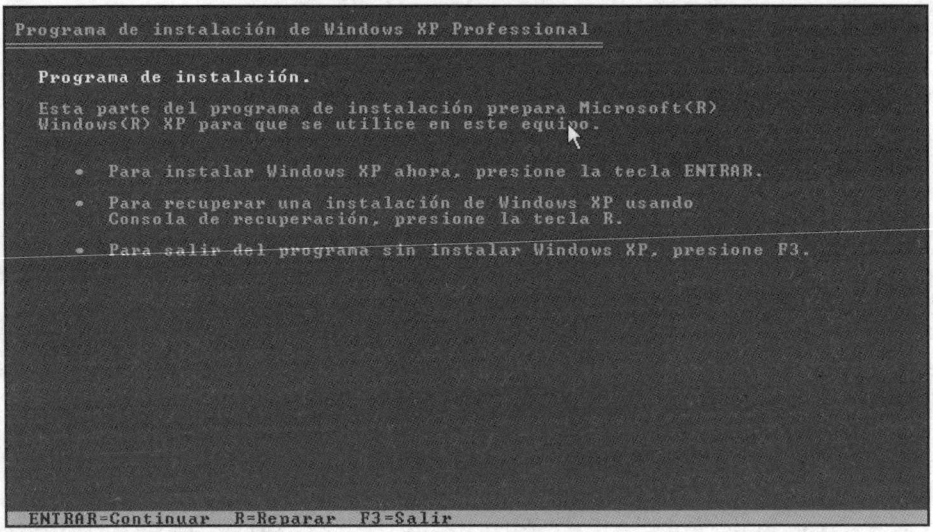

Pulsamos **INTRO** para continuar y nos mostrara la licencia de nuestro sistema operativo:

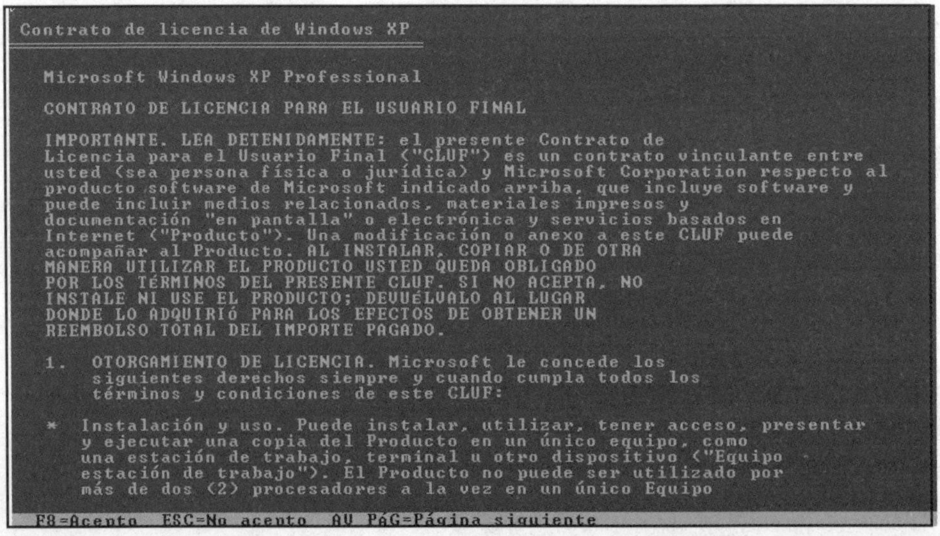

Al llegar aquí y después de leer el contrato (sí, sí, habéis leído bien, leer el contrato :-)), pulsamos **F8** para pasar a la siguiente pantalla:

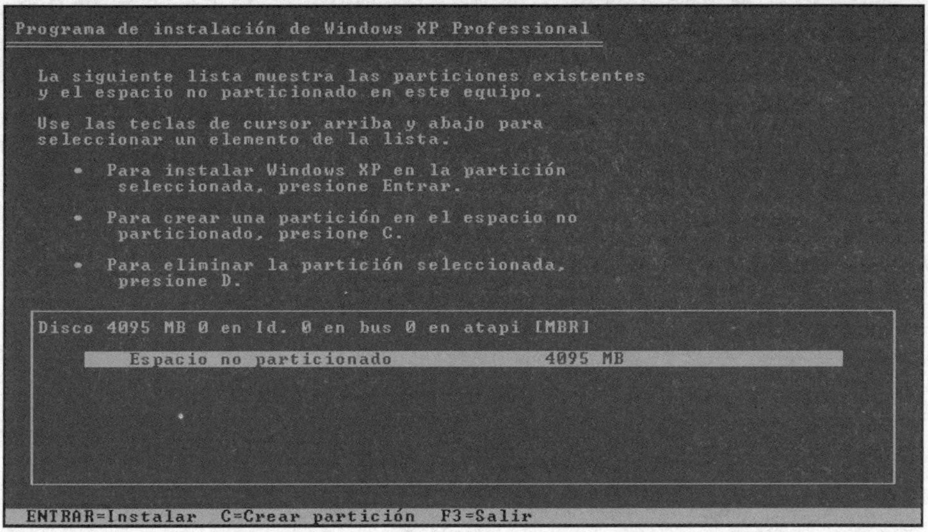

En este sitio es donde podemos ver nuestro disco duro. En mi caso, como no tenía ningún sistema operativo, lo que muestra es sólo el espacio total del disco duro, indicando a la izquierda que se trata de una parte del disco no particionada. Si vosotros veis Windows Xp, eso es que os está diciendo que hay un sistema operativo bajo ese nombre y lo que ocupa.

>>> ¿Por qué es más seguro particionar?

La idea de particionar es para tener diferentes espacios en el disco y así poder usar uno para la instalación del sistema operativo (y demás) y otro para datos o lo que queramos. En este lugar es donde se realiza esa configuración.

Siempre tenemos que pensar y preguntarnos, ¿cuánto espacio en disco tengo? En mi caso son 4095 MB, que son **4 gigas** para entendernos mejor, pero seguro que en el vuestro es muchísimo más, ya que hoy en día los ordenadores llevan discos de 60, 80 y 120 gigas. Vamos a reflexionar un poco con un ejemplo:

Imaginad que tengo 40 gigas de disco duro. Lo que haría entonces sería dejar 20 gigas para el sistema y 20 para datos.

Hay todo un debate sobre si es o no bueno particionar el disco, desde ya os digo que sí. Las razones, entre muchas otras, son que el sistema funciona más rápido y, sobre todo, el propósito principal de este libro: «es mas seguro», ya que los virus afectan principalmente a la partición del sistema, y si tenemos que reinstalar nuestro sistema de nuevo, siempre tendremos nuestra partición con nuestros datos; esto no se pierde nunca.

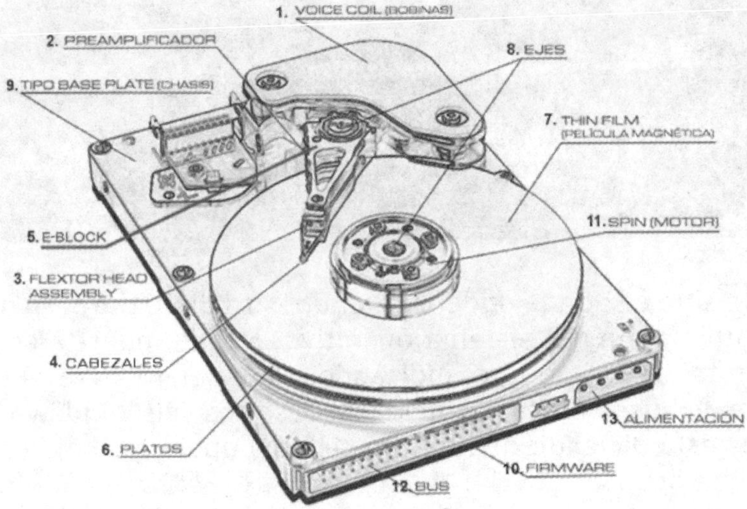

Partes de un disco duro

En el caso de que alguien ya tuviera un sistema instalado, aparecerá en pantalla una partición o varias. En este caso, debe eliminarlas con la **tecla «D»** y luego volver a crearlas de la misma manera que hacemos aquí.

NOTA: 1.000 MB es igual que 1 Giga.

Pulsando la **tecla «C»,** como podemos ver en la imagen, aparecerá una pantalla donde podemos seleccionar la cantidad de **MB** que queremos en las particiones.

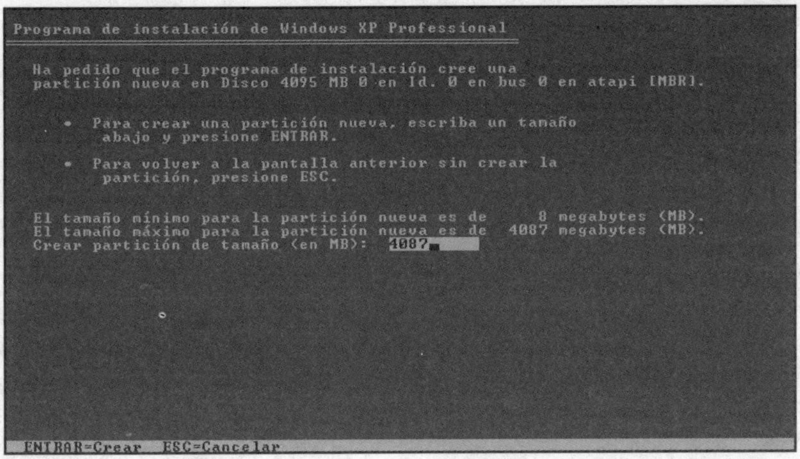

En mi caso he decidido dejar **3.000 MB (3 gigas)**, para el sistema operativo y el resto para datos.

IMPORTANTE: Deben crearse tanto la partición del sistema operativo, como la de datos. Un error común es crear la del sistema y dejar el espacio sin particionar. Si cometemos ese error, cuando arranquemos nuestro sistema nuevo, no veremos la partición (la unidad que sea).

Si dejamos espacio sin particionar, ocurrirá que cuando estemos en nuestro sistema operativo veremos la partición donde hemos instalado el sistema (que normalmente se llama o nombra **c:**), pero no veremos la no particionada, así que, por favor, no dejéis nada sin particionar.

Al escribir 3.000 Mb, debemos pulsar la tecla **INTRO** del teclado, para que nos guarde el cambio y realice la partición con esa cantidad.

Si veis, como en mi caso, que aparece un poco menos de lo indicado, no debéis preocuparos; es debido a que los discos duros tienen espacio «falso» por así decirlo.

NOTA: Todas las pantallas de la instalación muestran los botones que debemos pulsar para las diferentes opciones. Sólo es necesario prestar un poco de atención y no precipitarse.

Una vez creada la primera partición, vemos que nos queda espacio para la siguiente:

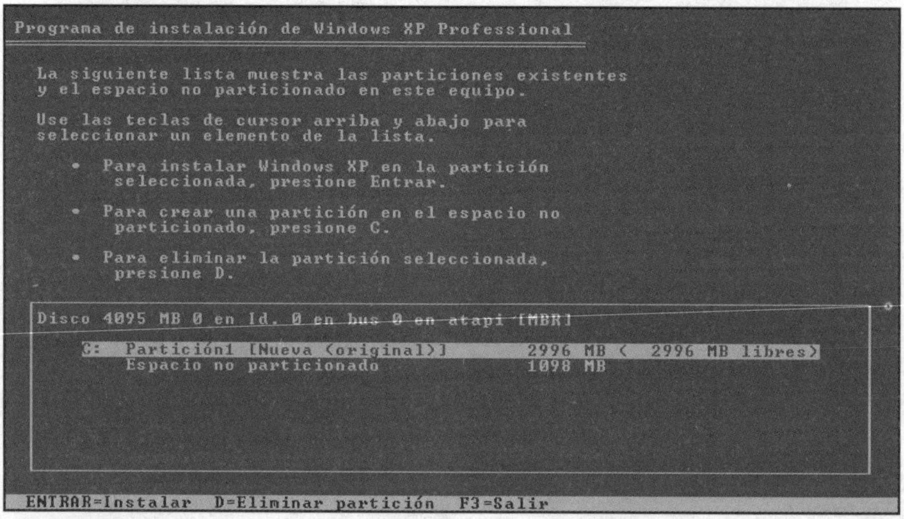

Recordad que ahora tenemos que particionar la otra parte, ya que si no el sistema operativo no será capaz de verla y tendremos otros problemas.

Por lo tanto, bajamos con el cursor hasta señalar la partición sin particionar y **pulsamos «C»** para crear nuestra nueva partición.

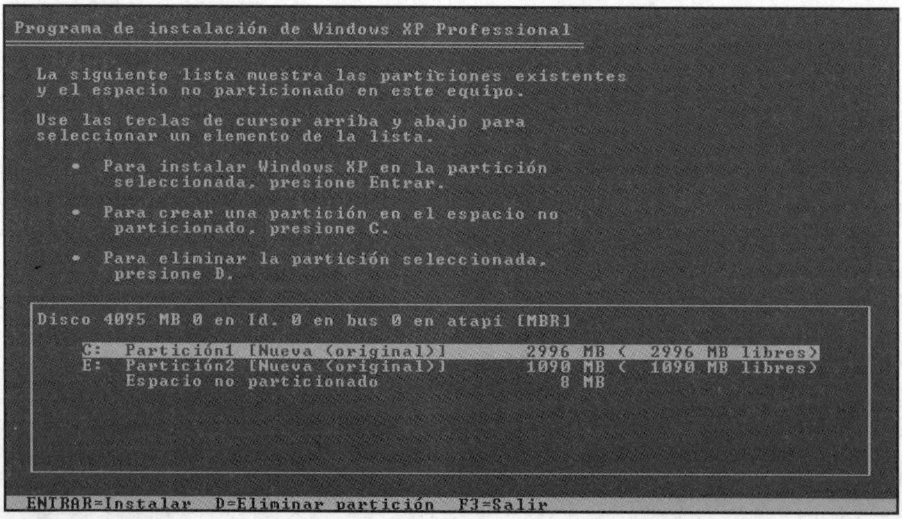

Ahora, tal y como vemos en la imagen, seleccionamos la partición en donde se va a instalar el sistema operativo y pulsamos **INTRO** tal y como nos indica abajo el menú.

Esta acción nos lleva a la pantalla de formatear el disco. La acción de «formatear» consiste en dar formato, y el formato es como la capa base que le ponemos a una tarta que queremos cocinar. En la imagen vemos las diferentes formas de dar formato. Seleccionamos **NTFS (rápido)** (Importante).

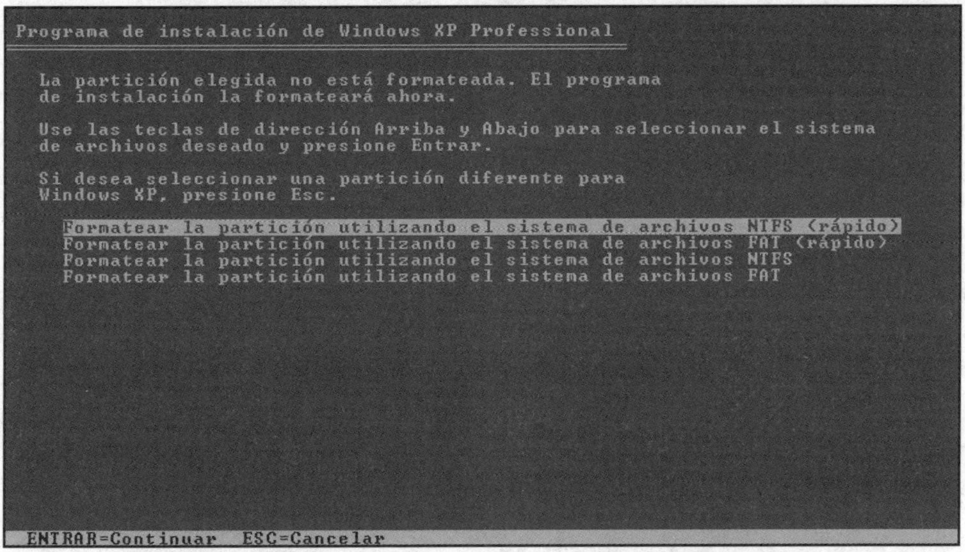

IMPORTANTE: Siempre formatear con formato NTFS, nunca como FAT; así ganaremos seguridad y fiabilidad.

>>> ¿Por qué es más seguro el sistema NTFS?

El NTFS es la evolución de los antiguos sistemas de formato. Con el se gana velocidad, fiabilidad y seguridad, ya que gracias a este formato podemos disponer de diferentes perfiles en el sistema con sus propios escritorios, permisos y privacidad. La principal diferencia con respecto al sistema de ficheros FAT es que NTFS lo ve todo como un archivo (filosofía procedente del mundo **Unix/Linux**).

Ahora pulsamos **INTRO** y comienza a formatear la partición en donde se va instalar el sistema:

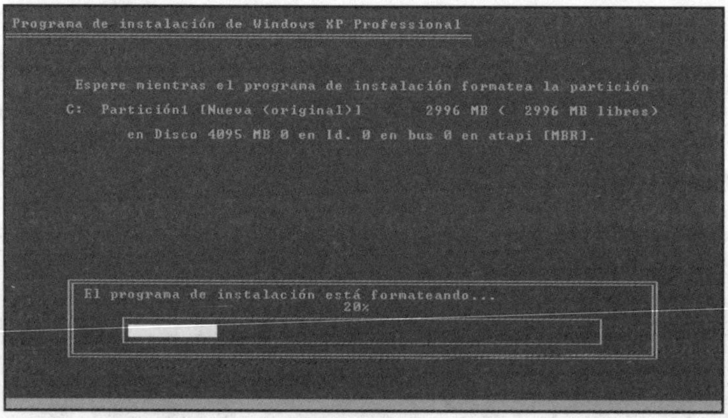

Una vez que termine de formatear la partición, comenzará a instalar los archivos necesarios para proceder a la instalación. Esto puede llevar más o menos tiempo dependiendo del procesador del ordenador. Cuando finalice, nos pedirá que reiniciemos el ordenador. Antes de hacerlo, debemos sacar el CD para que no vuelva a arrancar desde el mismo. Después de arrancar, aparecerá esta pantalla:

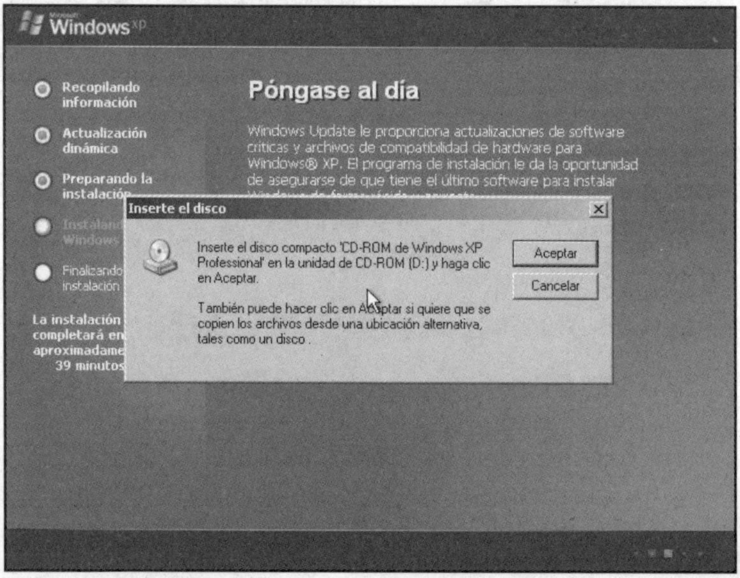

En ese momento introducimos nuestro CD de nuevo para que prosiga la instalación, pulsamos **ACEPTAR**, y continuamos hasta llegar a la elección del idioma:

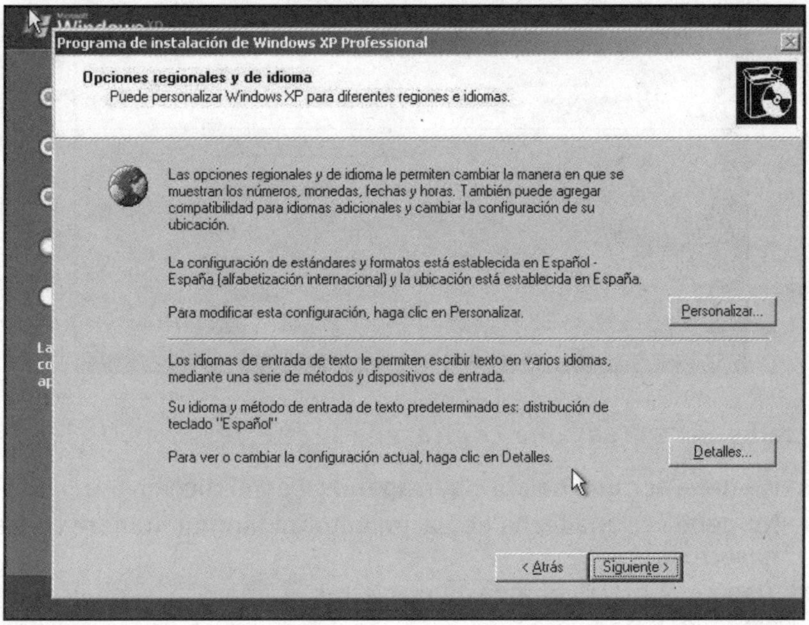

Cada uno puede seleccionar el que quiera, en mi caso el español, que, como vemos, aparece predeterminado. Por lo tanto, pulsamos **SIGUIENTE**. Ahora nos dirá el nombre del equipo que ha seleccionado el mismo (aquí podemos poner el que queramos) y la contraseña para el usuario llamado administrador, que es el que más poder tiene dentro del sistema operativo.

IMPORTANTE: La contraseña es un factor muy importante, pero hoy en día hay mucha gente que piensa: «Contraseña... ¿Para qué? Estoy en mi casa yo solo o con mi familia... No la necesito». Esto es un error muy común, porque la contraseña no sólo protege el acceso directo al ordenador, sino que protege de los ataques de acceso remoto al mismo. Por esta razón, hay que poner siempre contraseña con un mínimo de reglas para lograr que sea segura y fuerte.

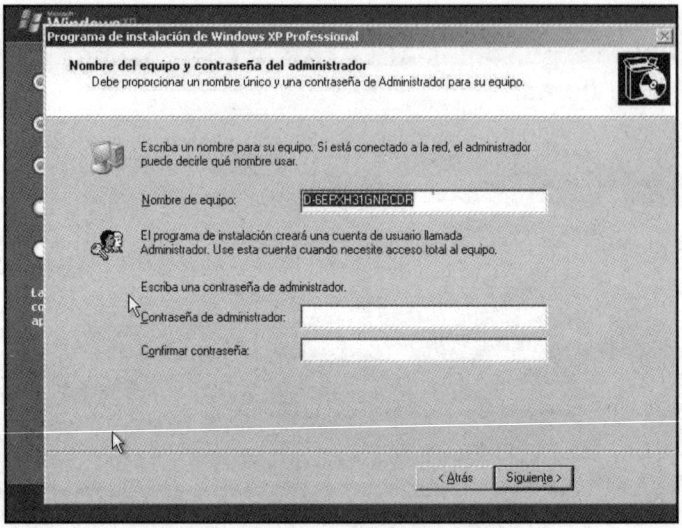

Consejos para crear una contraseña fuerte:

- No debe ser una palabra que aparezca en el diccionario.
- No debe ser una fecha de nacimiento, ni ningún nombre cercano a nosotros.
- Tiene que estar compuesta por letras, números y símbolos, por ejemplo: Rat24eso??
- Se tiene que cambiar con una frecuencia mínima de una vez al mes.
- Debe de tener un mínimo de 8 caracteres.
- Nadie debe saber la contraseña y en ningún caso se apuntará en ningún soporte, ni físico (papel), ni electrónico (disco duro).

Esta información se amplía en el capítulo de configuración óptima de usuarios y la importancia de las contraseñas, y en él también haremos prácticas con usuarios y contraseñas.

A continuación nos pregunta por las configuraciones del horario. Elegimos la nuestra y continuamos con la instalación.

Pasado unos minutos, saldrá de nuevo en la pantalla una nueva ventana preguntándonos la configuración de red.

Nosotros elegiremos la configuración típica para así no tener problemas.

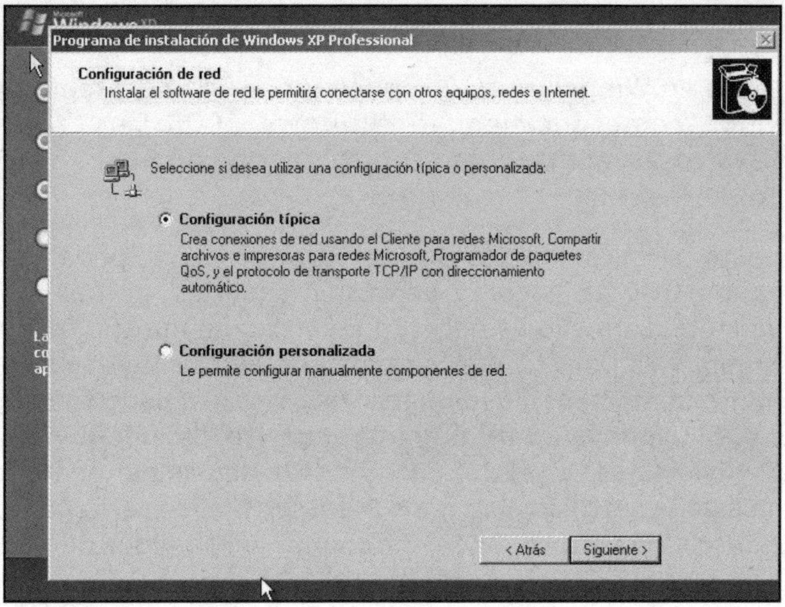

En la siguiente ventana, nos pregunta si nuestra máquina será o no miembro de un dominio:

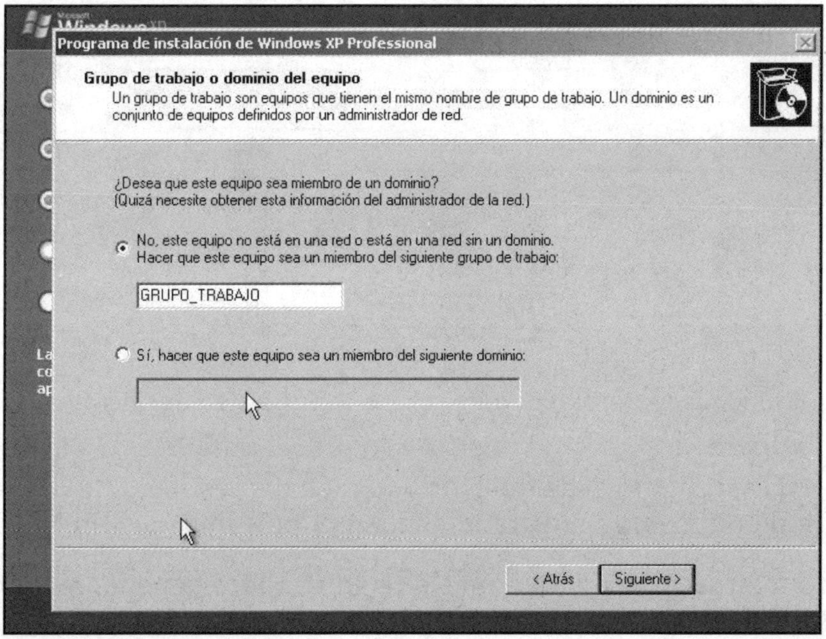

>>> ¿Qué es un dominio en Windows?

Un dominio en Windows, es un ordenador con un sistema operativo servidor, como por ejemplo **Windows 2003 Server** y puede, entre otras cosas, actuar como controlador de dominio. ¿Qué significa esto?

Pues esto permite que desde el servidor principal, podamos configurar parámetros, tales como permisos, usuarios, grupos, impresoras de red, etc. Para ello es necesario dar de alta nuestra máquina en ese dominio, y es por eso por lo que en la instalación nos lo preguntan, aunque también se puede hacer una vez instalado ya el sistema operativo. Si estamos en un dominio, nuestro sistema tiene que autenticarse (validarse) en el dominio y desde de ese momento nuestra máquina está «controlada» con los parámetros que se hayan establecido en el servidor principal (en el dominio del servidor de Windows).

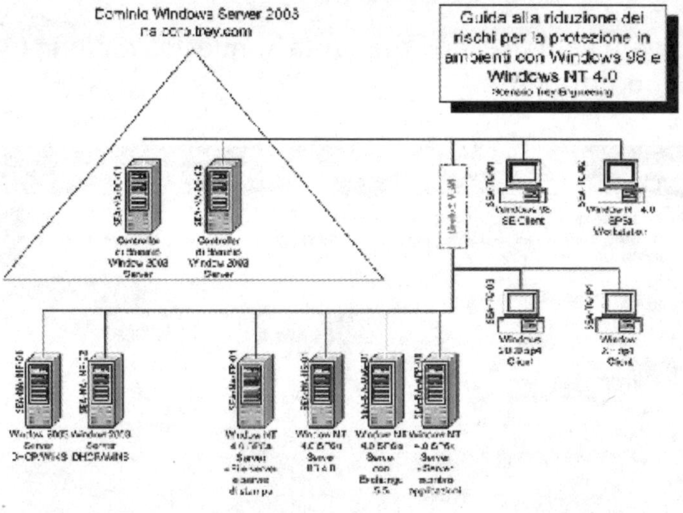

Esquema de red con dominio y con varios sistemas operativos

En mi caso, como el de muchos usuarios domésticos, elegiremos la opción de no, como muestra la imagen, y pulsamos **SIGUIENTE**.

Ahora tardará un poquito más que antes, pero dependerá como ya he dicho del «pepino» ;-) (ordenador) que tenga cada uno.

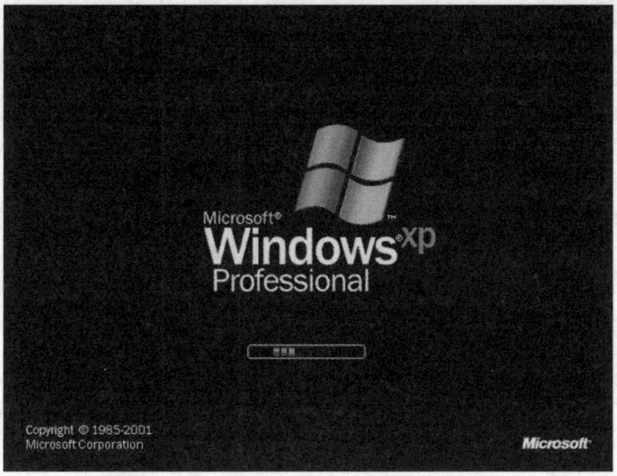

Una vez pasada la fase de instalación del sistema, empezará a configurar parámetros tales como la resolución de la pantalla; en este caso, el sistema operativo intentará acoplar la máxima resolución, pero siempre se podrá cambiar una vez instalados los drivers de la tarjeta gráfica y los del monitor en algunos casos.

Ahora entramos en el apartado de configuración final, como podemos ver en la imagen:

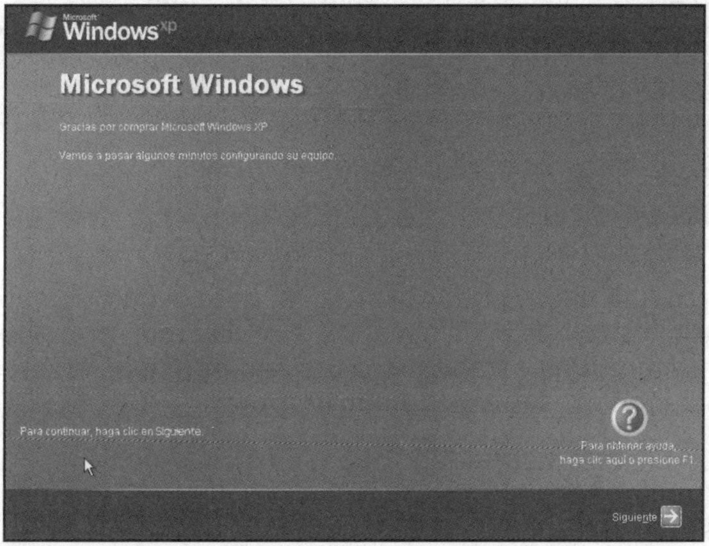

Aquí pulsamos **SIGUIENTE** y entonces nos preguntará por el registro en Microsoft. En mi caso he seleccionado **OMITIR**, vamos, que no quiero.

Ahora es cuando debo explicar si es mejor registrarse o no. Sencillamente lo dejo a elección del lector, pero debo decir que no conozco a nadie que se beneficie de ello, a no ser que sea una empresa con muchas licencias y que haya pagado un soporte. Yo nunca me he registrado y no tiene ningún efecto sobre el sistema, es más, probablemente utilicen los datos para mandar publicidad y venderlos a otras empresas.

Una vez pasado el registro, llegamos a una pantalla que nos pregunta por el nombre de las personas que van a utilizar el equipo:

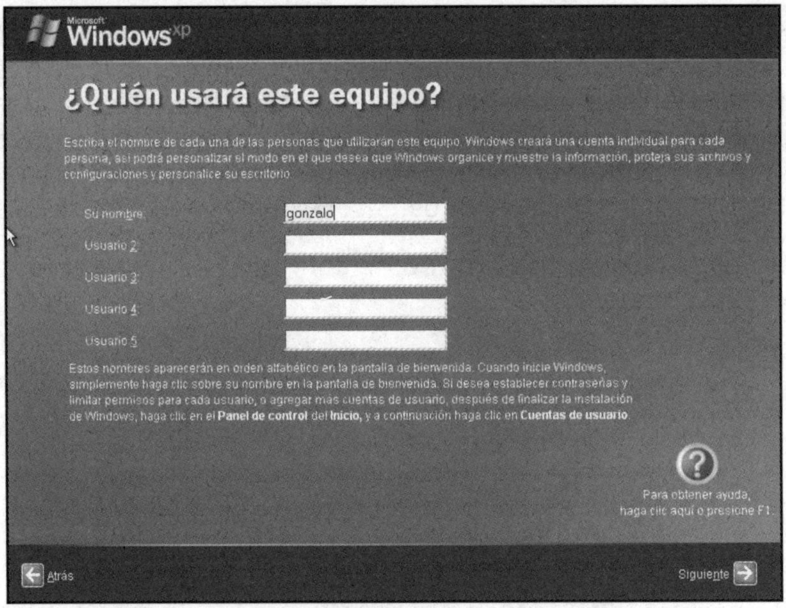

Esta pregunta es un poco absurda, ya que luego podemos y debemos crear nuestros propios usuarios. No obstante, podemos escribir nuestro nombre, que será nuestro usuario principal, además, lógicamente, del «todopoderoso» administrador.

Además en este apartado, si ponemos más nombres, el sistema creará estos usuarios sin contraseña por defecto y eso es una grave falta de seguridad.

Con esto hemos terminado la instalación de nuestro sistema operativo, ahora es un sistema nuevo, por lo que debemos nutrirlo de «vitaminas». Me refiero a todos los drivers de cosas que por defecto no nos funcionan, como pueden ser la tarjeta gráfica, la tarjeta wireless, programas de nuestra impresora, etc., pero sobre todo programas que aporten funcionalidad y seguridad.

>>> Referencias

Serie de artículos sobre Windows XP Profesional.

http://www.microsoft.com/latam/windowsxp/pro/evaluacion/actualizar/top10.asp

Página donde podemos encontrar numerosos manuales de sistemas operativos.

http://www.abcdatos.com/tutoriales/sistemasoperativos/windowsxp.html

El primer periódico de Internet sobre seguridad informática, también tiene una lista de seguridad de más de 700 suscriptores.

http://www.seguridad0.com/

Página dedicada a la legislación de los fraudes y delitos en Internet.

http://www.delitosinformaticos.com/

5

Seguridad informática en Windows XP desde cero

En este capítulo abordaremos el tema de las principales configuraciones que dotarán nuestro sistema de seguridad, fiabilidad y compatibilidad.

Se explicará mediante ejemplos prácticos para aportar una visión más realista al lector.

Se trata el tema de la creación segura de usuarios tanto para compartir el ordenador como para compartir archivos con otros usuarios de la red. Aprenderemos a distinguir extensiones de archivos y, sobre todo, a establecer permisos de usuarios y a crear de manera óptima contraseñas eficaces y seguras para nuestro sistema.

Veremos diversos puntos, desde parámetros que vienen mal configurados por defecto en Windows, hasta las«molestas» pero necesarias actualizaciones del sistema. Las actualizaciones están a la orden del día y es una de las primeras responsabilidades del usuario informático, con ellas conseguimos que nuestro sistema esté siempre actualizado ante las últimas vulnerabilidades conocidas.

Al finalizar tendremos una amplia visión de lo que es la seguridad en cuanto al sistema operativo. Una vez realizadas las principales configuraciones en el sistema, dispondremos de un sistema seguro que será la base de la utilización de las herramientas de seguridad que se describen posteriormente.

Sin duda alguna se trata de un capítulo que sorprenderá a más de uno por los temas tratados y por la forma en la que se trata.

>>> Actualización del sistema

Antes de llegar a los programas que nos harán la vida más fácil, voy a dar unos consejos de cómo configurar nuestro sistema operativo de una manera segura, y diréis: «¿Si está recién instalado, cómo es que está mal?».

Pues sí, Windows XP viene con algunas cosas mal configuradas y, lo más importante de todo, está sin actualizar. Haced por un momento cálculos:

Si para Windows XP salen unas 50 vulnerabilidades mensuales, eso multiplicado por los meses que han pasado desde que salió el sistema la primera vez hasta ahora, dan muchos fallos de seguridad acumulados. Por ello es fundamental actualizar el sistema y mantenerlo siempre al día. Para ello nos vamos a la página de Microsoft **http://www.microsoft.com** y pinchamos sobre **Windows- update**:

Windows update es el nombre que reciben los servidores principales de Microsoft, para descargar e instalar las actualizaciones tanto de seguridad como del propio sistema.

IMPORTANTE: Siempre tenemos que dirigirnos a esta página directamente introduciendo la dirección en el navegador, nunca a través de ningún link por muy convincente que sea el correo. Y, por supuesto, no debemos instalar actualizaciones de otros lugares, porque hay muchas actualizaciones falsas que en vez de mejorar el sistema, lo infectan con virus y troyanos.

Una vez dentro del **Windows update**, podemos elegir entre dos opciones:

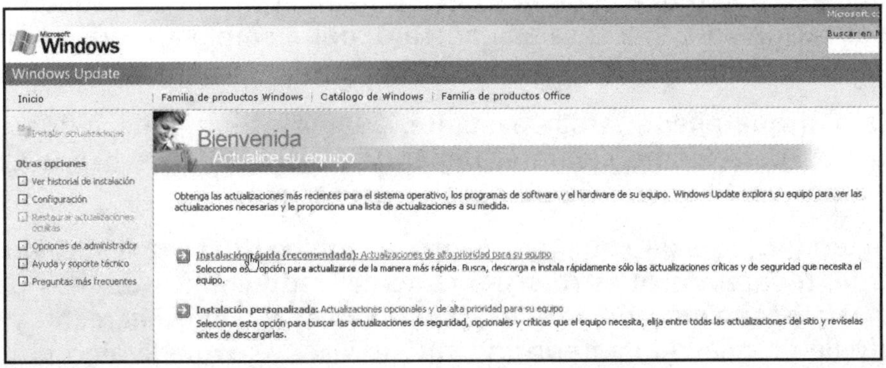

Nosotros elegimos la instalación rápida y entonces comenzará a buscar actualizaciones disponibles.

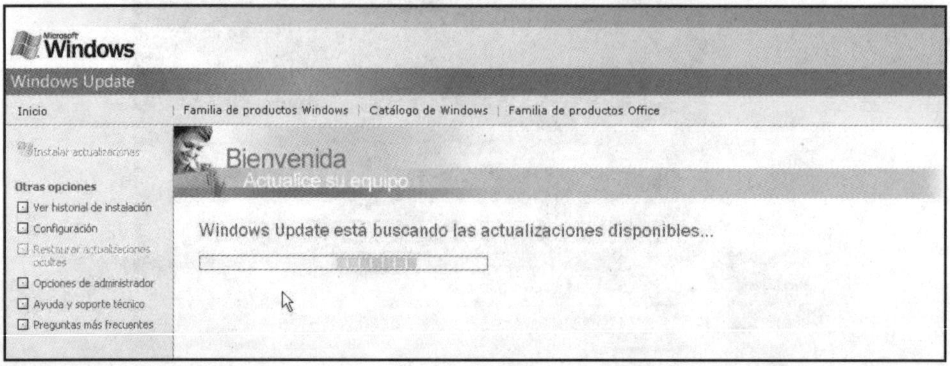

Esto puede tardar un rato. Pensad que son bastantes cosas las que tienen que buscar en la base de datos y probablemente mucha gente en el mundo esté haciendo lo mismo que vosotros en ese mismo instante, lo que ralentiza los servidores de Microsoft notablemente.

Cuando finaliza la búsqueda, nos muestra todo lo que necesitamos. Veréis que hay un botón que pone **INSTALAR**, probablemente os pedirá autorización por parte vuestra para que Microsoft instale las actualizaciones.

>>> Hotfix y Services Pack

Hotfix y Service Pack es el nombre que reciben los paquetes de actualización en Windows. Los Services Pack son un conjunto de hotfix completos, por lo que podemos decir que un hotfix es un paquete de actualización para una cosa en concreto, por ejemplo arreglar el fallo del **RPC- DCOM** de Windows xp.

Esto sí que puede tardar bastante, además de ralentizar nuestra máquina; pero, como siempre, dependerá del ancho de banda que tengamos y de la potencia de nuestro procesador.

Al terminar nos dirá que reiniciemos el equipo. Una vez reiniciado el equipo, tendremos nuestro sistema actualizado con los últimos parches. Mi recomendación es que se vuelva a la página de Microsoft y se verifique de nuevo lo anterior, ya que a veces «se queda algo por el camino», puesto que él interpreta que todo es correcto. Debemos de hacerlo más de una vez, hasta ver que no nos queda ninguna actualización por instalar, e incluso instalar el nuevo **Services Pack 2**.

Una cosa curiosa, y muy de Microsoft, es que a la página de actualización de Windows-Update sólo se puede acceder para actualizar el sistema con el navegador Internet-Explorer (¿será porque es suyo?). En este caso por lo menos es la única vez que yo lo utilizo ;-), luego explicaré por qué.

>>> Protección antipirata de Microsoft

Recientemente Microsoft ha incorporado un sistema nuevo antipiratería que hace que sólo los sistemas operativos con licencia válida puedan acogerse a las actualizaciones. Esta medida se toma con el fin de acabar con licencias pirata y copias ilegales ya que son conscientes del elevado número de éstas.

Por lo tanto, si alguno de vosotros está empleando una copia o una licencia pirata podrá comprobar que no puede instalar la actualización en su equipo. En caso de que sea un equipo nuevo y no os deje, debéis comunicarlo o reclamarlo en la tienda, ya que esto quiere decir que os han vendido un sistema como legal cuando en realidad es ilegal.

Pero como todo en la vida, **«hecha la ley, hecha la trampa»**. Al día siguiente de salir esta medida, un «gurú» crackeó (rompió) esta protección y hoy en día hay en Internet muchos manuales que explican cómo saltarse esta medida antipiratería. Basta con buscar en google (dicho siempre con ánimo informativo, ya que quitar esta protección es ilegal).

>>> Services Pack 2 (Centro de Seguridad)

Últimamente hay gran debate sobre si es bueno o no instalar el Services Pack 2 (SP2) y claro, como en todo, hay diversidad de opiniones. Yo os voy a contar mi experiencia y punto de vista.

Es una realidad a gritos que con la instalación del primer Services Pack 2 (SP2) dejaban de funcionar ciertos programas. En mi caso lo he notado en programas para auditorias de seguridad, por lo que no podía tenerlo instalado. Ahora bien, debido a este problema y a que si no tenía instalado el SP2 no te dejaban seguir actualizando, Microsoft se puso a trabajar para sacar un SP2 sin restricciones para que se pueda utilizar cualquier programa.

Lo que ha intentado (e intenta) Microsoft con el SP2 ha sido vender una mejora de seguridad, en firewall, antivirus y de cara a las actualizaciones.

Ha creado como un aplicación o apartado independiente llamado **Centro de Seguridad** dentro del propio sistema operativo en donde se pueden ver estas opciones de manera conjunta. Pero hay que decir que, en realidad, Windows XP ha llevado firewall desde el principio y en cuanto a lo del antivirus, tenemos que instalarnos el nuestro, no incorpora ninguno propio ni gratis claro (que casualidad que recientemente ha comprado la empresa de antivirus Sybari), ¿estarán pensando en vendernos su antivirus?

>>> Configurar el nuevo Services Pack 2

Podemos acceder al Centro de Seguridad, desde **INICIO, PANEL DE CONTROL, CENTRO DE SEGURIDAD.**

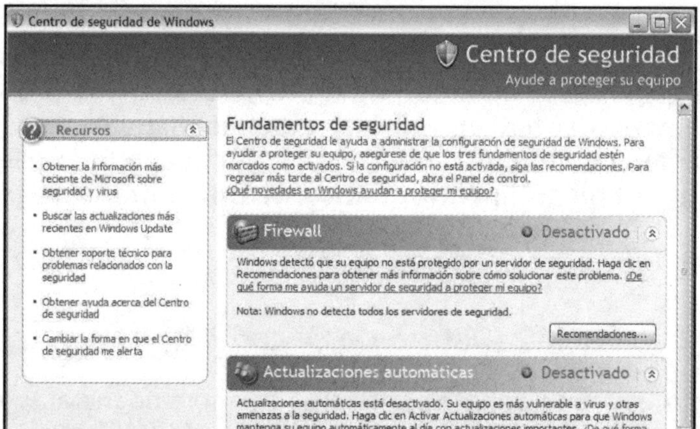

Como vemos en la imagen, lo más probable es que esté igual que el mío, con todos los parámetros en rojo y desactivado por lo que aparecerá abajo a la derecha un icono como este:

El color rojo se debe a que, según el SP2 de Microsoft, no estamos seguros ni protegidos. Esta medida no está mal, ya que creo que con esto se llegará más al usuario de a pie que antes. (Es muy sencillo: color rojo, alerta; color verde todo perfecto) (suena un poco a Barrio Sesamo, ¿verdad? ;-)).

La primera parte de la que se compone este Centro de Seguridad es la de firewall. Nos pregunta si tenemos o no configurado el firewall del sistema y nos da su recomendación, que no es otra de que lo activemos. Para hacerlo basta con pulsar sobre **RECOMENDACIONES**, **HABILITAR** o con ir directamente al firewall en **INICIO**, **PANEL DE CONTROL**, **FIREWALL DE WINDOWS** y veremos esto:

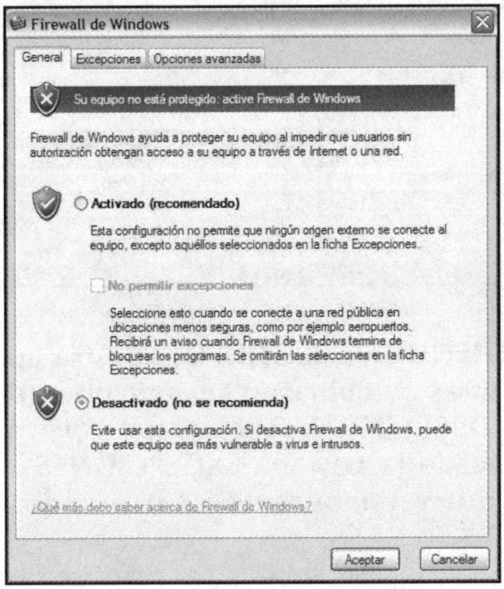

Desde aquí podemos activarlo y desactivarlo, y en la pestaña -**EXCEPCIONES** podemos seleccionar aquellos programas que queremos que el firewall no tenga en cuenta, tales como Emule, PPlive, etc. y en el apartado de **OPCIONES AVANZADAS** podemos configurar algunos parámetros tales como respuestas, restaurar la configuración (es decir volver al estado inicial) o configurar los registros del firewall (logs).

Cabe mencionar que no es un firewall con extremada potencia en parámetros, pero «a falta de pan buenas son tortas». Menos mal que os habéis decidido a comprar esta obra, ya que después veremos cómo instalar, configurar y explotar un firewall robusto y además gratuito.

Nosotros de momento lo vamos a activar hasta que lleguemos al capítulo de los firewall para no quedarnos sin ninguna protección.

A partir de su activación, veremos que al utilizar ciertos programas saltará una ventana del firewall como ésta preguntándonos si queremos permitir o bloquear dicha aplicación.

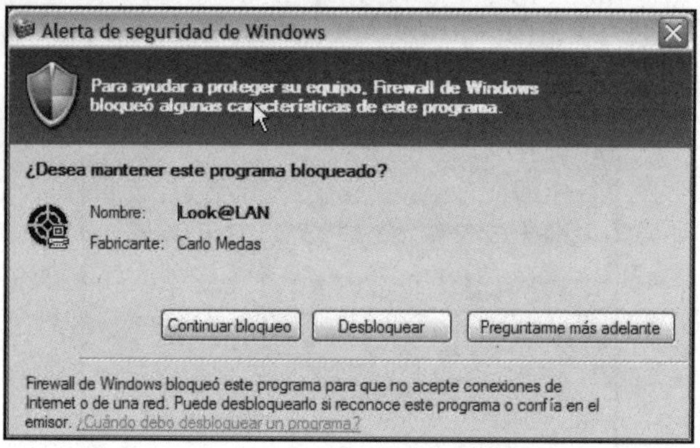

Si pulsamos **CONTINUAR BLOQUEO**, nuestra aplicación no podrá comunicarse con otras máquinas ya sean de Internet o de la red local, pero si pulsamos **DESBLOQUEAR** le daremos permiso. Todo esto se puede controlar desde la pestaña **EXCEPCIONES**, que antes hemos comentado, en la que veremos tanto los permitidos como los no permitidos.

IMPORTANTE: En ocasiones es un error muy común bloquear aplicaciones legítimas tales como el navegador o el cliente de correo Outlook, por eso debemos determinar qué es bueno o no bloquear.

El segundo apartado es el de las actualizaciones automáticas. Lo único que hace esta parte del **Centro de Seguridad** es ver si tenemos o no las actualizaciones automáticas configuradas. En caso de que estén activadas saldrá verde y en caso contrario debemos de activarlas como medida de seguridad; más tarde veremos cómo hacerlo de manera manual.

El tercer apartado es el del antivirus. En esta parte es muy común que no esté en verde, aun teniendo antivirus instalado, ya que Microsoft es el que decide cuál autoriza y cuál no (en función de comisiones previas por supuesto ;-)). En nuestro caso, nuestro antivirus gratuito se adapta perfectamente al centro de seguridad, lo detectará y lo veremos en verde (pero esto será después en el capítulo de antivirus).

>>> Referencias

Muy buen artículo sobre Services Pack 2 y copias de seguridad (recomendado).

http://observatorio.cnice.mec.es/modules.php?op=modload&name=News&file=article&sid=238

Artículo sobre los primeros problemas de la primera versión del Services Pack 2.

http://www.cristalab.com/blog/871/los-problemas-del-service-pack-2-de-windows-xp

Artículo sobre actualizaciones en Windows XP Profesional.

http://www.uam.es/servicios/ti/servicios/ss/rec/win_update.html

6

Configuración óptima de usuarios y la importancia de las contraseñas

Algunas veces en charlas o coloquios personales he oído hablar a ciertas personas de que si yo era un exagerado por tener **usuario** y **contraseña** en el ordenador de mi casa, pero no puedo evitar decirles y comentarles los peligros que eso conlleva y no me refiero a peligros del tipo «¿Quién va a usar tu ordenador en tu casa?». No, aquí hay algo más peligroso que si tu hermano, padre o hijo pueden ver tus datos personales y es que los puedan ver personas ajenas desde Internet u otra ubicación.

En nuestra completa instalación, hemos puesto contraseña al usuario administrador.

>>> ¿Quién es el administrador del sistema?

El **administrador** es un usuario en Windows llamado así porque es el usuario con más privilegios dentro del sistema y hablamos de privilegios en el sentido de que puede hacer lo que quiera, como, por ejemplo, instalar programas, crear usuarios, poner permisos a otros en las carpetas, etc.

Pero este usuario no es el único administrador del sistema operativo, ya que podemos crear muchos usuarios con igualdad de privilegios que este usuario. Es el caso del usuario que creamos al final de la instalación (ver capítulo de instalación), pero con el gran inconveniente de que este usuario no tiene contraseña, ya que Windows no nos la pide en ningún momento. Esto es un gran error, ya que si sufrimos un ataque desde fuera (Internet) y consiguen entrar por no tener contraseña en el usuario, el atacante o intruso dispondrá de permisos suficientes para realizar cualquier maldad dentro de nuestra máquina.

Pues bien lo primero que debemos hacer es poner contraseña a nuestro usuario, para ello hay diferentes maneras, pero yo aquí voy a ir a lo **práctico** y **sencillo**, pero, sobre todo, a lo **efectivo**.

Lo primero que haremos será ir a **INICIO, PANEL DE CONTROL**.

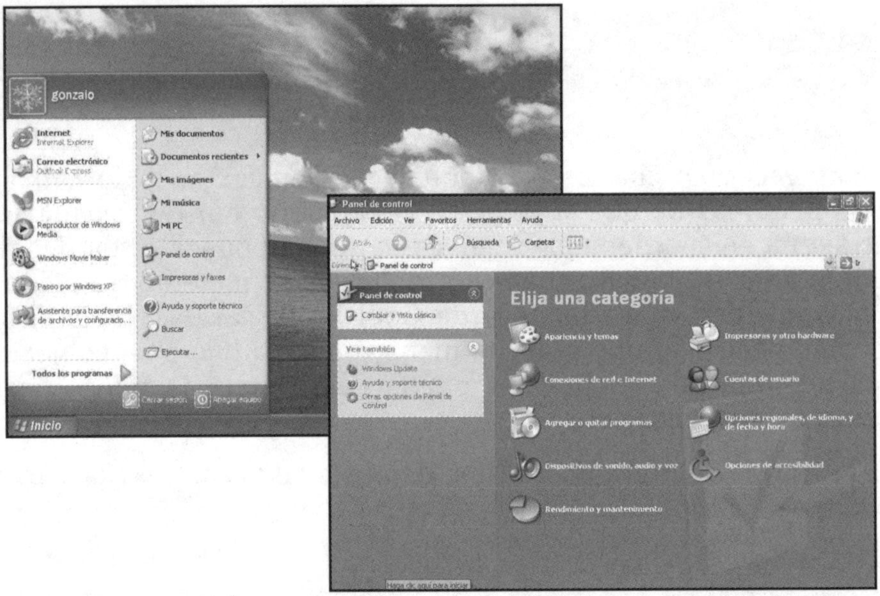

Después, pulsamos sobre **CUENTAS DE USUARIO** arriba a la derecha. Como podéis ver en el Panel de control, tenemos diferentes apartados importantes para el sistema. Aquí es donde se puede configurar gran parte del sistema operativo como impresoras, instalar o quitar programas, etc.

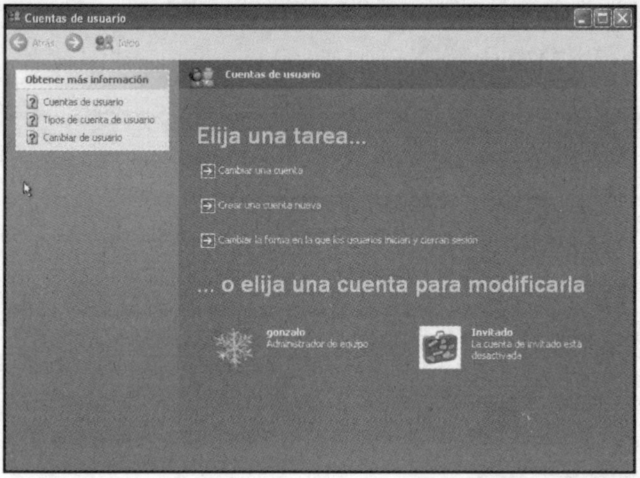

En esta pestaña podemos ver los usuarios que tenemos (aunque no todos), ya que Windows crea diferentes usuarios de sistema que según Microsoft son necesarios para realizar operaciones del sistema transparentes al usuario (toda una incógnita la verdad).

También desde aquí podremos crear usuarios para los distintos miembros de nuestra familia o los compañeros de trabajo, etc.

Una vez llegados a esta parte pulsaremos sobre nuestro usuario, en mi caso «**gonzalo**», y aparecerá una pantalla como ésta:

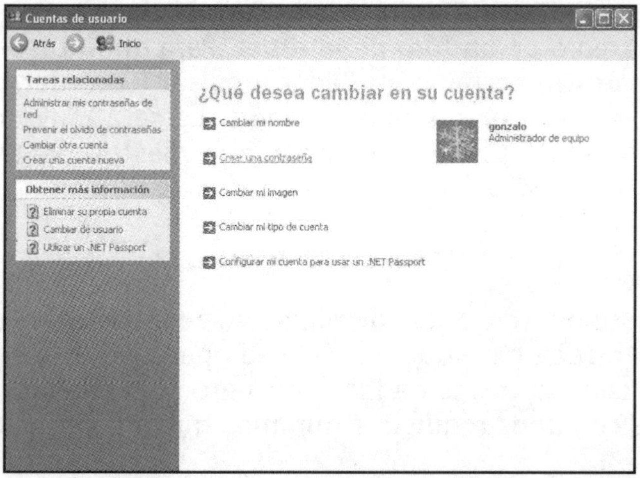

En esta ventana tenemos que pulsar **CREAR CONTRASEÑA** y veremos una ventana como ésta:

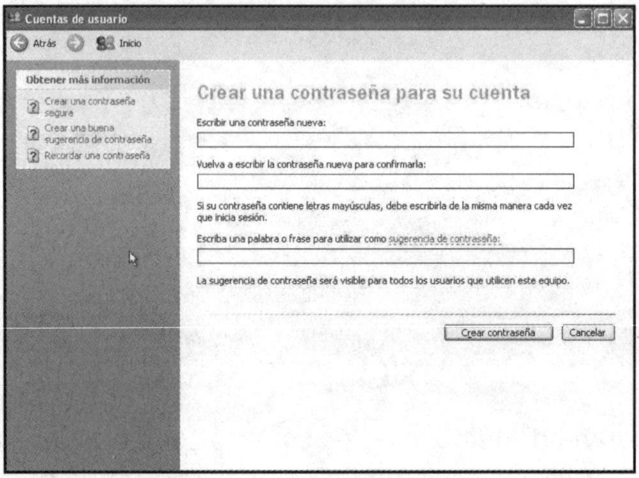

Aquí sólo basta con que pongamos la contraseña que queremos. También nos da la opción de escribir una frase para utilizar como sugerencia, que generalmente se pone para ayudarnos posteriormente a recordar la contraseña. Yo no lo recomiendo, ya que en ocasiones me he encontrado con cosas como: «el nombre de mi perro», «la calle donde vivo», etc., que más que un recordatorio, puede ser una pista para que cualquiera averigüe nuestra contraseña. Esto último es válido por supuesto para cualquier tipo de recordatorio, ya que es muy común esta variedad de frases, por ejemplo, al darnos de alta en una cuenta de correo o en un foro de Internet. Para un intruso es tan fácil como saber vuestro correo para llegar y pulsar **Recordar contraseña de Hotmail**, y ver la pregunta que tenéis. Le será muy fácil obtener vuestra contraseña y, por lo tanto, acceder a vuestra cuenta de correo.

>>> Cómo elaborar contraseñas seguras

Llegados a este punto y antes de poner una contraseña, voy a aclarar que una contraseña hace que un sistema operativo esté seguro tanto a nivel local como a través de Internet, pero sólo cuando esa contraseña cumple con unos requisitos mínimos que a continuación vamos a ver:

IMPORTANTE: La contraseña de nuestros usuarios debe tener estas características:

- La contraseña no debe ser una palabra que aparezca en el diccionario.
- Debe estar formada por mayúsculas y minúsculas.
- Debe contener combinados caracteres especiales tales como ¿?-¡!, etc.
- Debe combinar números y letras.
- Nunca debe ser algo trivial cercano a nosotros, tal como la fecha de nacimiento, el nombre de nuestro perro, etc.
- Debe ser de una longitud mayor de 8 caracteres
- Cambiar la contraseña con frecuencia.

Con estas combinaciones podemos sacar una contraseña segura y efectiva, ya que será muy difícil que un intruso se haga con ella de una manera mecánica.

Siguiendo estos consejos nuestra contraseña sería algo como así:

Pa?T25¿s

Otra cuestión importante que ocurre en Windows XP Profesional es que nos permite el uso de frases completas (hasta 128 caracteres) como contraseñas, con lo que tendremos algo fácil de recordar y extremadamente seguro. Es, por tanto, la mejor recomendación para una contraseña segura.

Seguro que en muchas ocasiones tenemos numerosos usuarios en nuestro sistema y queremos administrar de manera segura sus cuentas; como decimos, uno de los pilares para lograrlo son las contraseñas. Para estos casos, cabe decir que hay diversos programas que permiten generar contraseñas y almacenarlas en tu ordenador.

Estos programas se denominan **Password Wallet**, que viene a ser como si llevásemos en un papel todas nuestras contraseñas en la cartera.

Uno de los mejores programas además de freeware (gratuito) y open-source (código abierto) es **KeePass Password Safe** y se puede descargar desde: http://keepass.sourceforge.net/

Este magnifico programa te crea contraseñas seguras y te las almacena con una clave para que en caso de robo o pérdida nadie pueda descifrarlas.

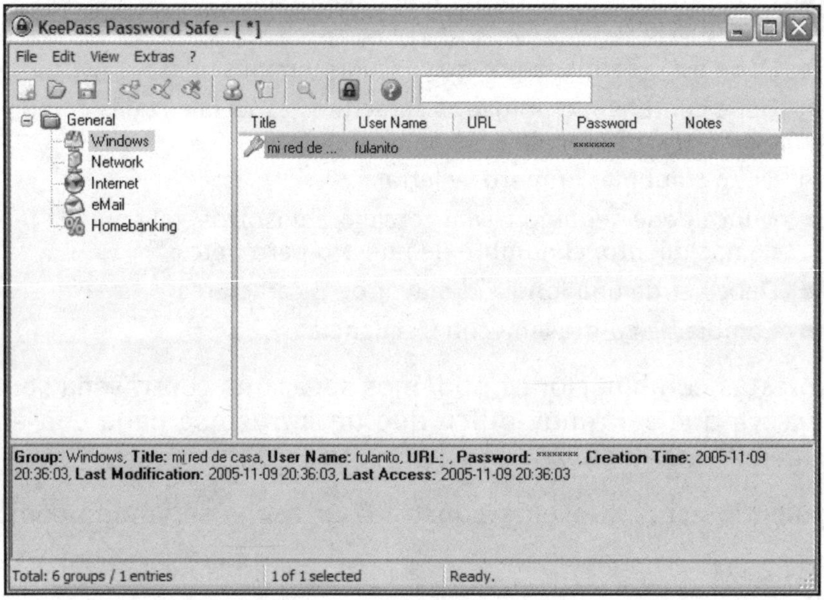

El motivo de que se le dé tanta importancia a una contraseña, es que si un hacker con malas intenciones se hace de ella, tendrá todo el control de tu sistema. Esto puede tener consecuencias fatales para nuestro sistema, ya que sería un primer paso para ocultarse en el mismo y controlar todo lo que hacemos. En las empresas son muy rígidos en este sentido, o al menos en aquellas en las que la seguridad informática es importante; en éstas, no sólo tienen contraseñas complejas sino que también las cambian periódicamente, para evitar que la gente las difunda entre compañeros.

Lo normal es cambiarlas cada mes como mucho, pero lo recomendable es que sea cada 15 días (en bancos e instituciones públicas críticas el cambio es mucho más frecuente).

Para evitar los problemas que conlleva memorizar y renovar muchas contraseñas, muchas empresas están optando por la autenticación biométrica.

>>> ¿Qué es la seguridad biométrica?

La seguridad biométrica viene del término biometría, que es la ciencia que estudia a nivel estadístico las características cuantitativas de los seres vivos tales como longitud, peso, etc.

Gracias a la seguridad biométrica podemos autenticar usuarios en el ordenador en función diversas cosas:

- Huella dactilar.
- Iris y retina del ojo.
- Reconocimiento de voz.
- Escritura manuscrita.
- Rasgos faciales.

Imagen de un ratón y teclado de la marca Secugen preparados para autenticar usuarios en un pc.

De esta manera podemos estar seguros de que la persona que ha encendido el ordenador es quien dice ser, ya que, aunque lo encienda para otra persona, él o ella siempre ha tenido que poner su dedo (huella dactilar) u ojo (iris-retina) en el sistema de autenticación.

Este sistema está en constante evolución y por ejemplo en el caso de la huella se han descubierto ciertos fallos, de ahí que se combinen dos o más elementos.

Además, de momento, es un hardware muy caro y esto, junto a la constante evolución de esta tecnología, está haciendo que sea un campo que va poco a poco, pero de manera firme. Debemos pues estar convencidos de que antes o después todos tendremos nuestros dedos y ojos identificados en más de una base de datos.

>>> Auditoria de contraseñas (Comprueba si tus contraseñas son seguras y fuertes)

Esta sección es para personas más avanzadas o personas que sientan curiosidad por el mundo del hacking y la seguridad Informática.

Las auditorias de contraseñas consisten en realizar ataques reales sobre un archivo de contraseñas. El archivo que en Windows se encarga de guardar y cifrar las contraseñas es el **SAM** y está ubicado en la ruta **c:WINDOWS/system32/config/sam** (aunque hay una copia en **c:WINDOWS/repair/sam**).

Para auditar estas contraseñas existen multitud de herramientas, tanto comerciales como freeware. Microsoft se dio cuenta de que su archivo no era muy efectivo ante ataques de contraseñas y añadió un sistema más de protección denominado **SYSKEY**, aunque también fue rápidamente vulnerado (crackeado).

Los programas de auditoria realizan ataques de diferentes maneras. La primera es un **ataque por diccionario**, comparando palabras de un diccionario; según el diccionario usado será más o menos efectivo. La segunda es la **fuerza bruta**, que consiste en comparar por fuerza bruta miles de combinaciones hasta dar con la correcta. Por último, existen los **ataques híbridos**, que mezclan estas dos técnicas.

>>> Uso del programa *JOHN THE RIPPER* para auditar contraseñas

Uno de los programas más clásicos para las auditorias de contraseñas es el famoso **JOHN THE RIPPER** y se puede descargar desde su Web oficial:

http://www.openwall.com/john/

Este programa se usa desde la línea de comandos, es decir, debemos **abrir una consola** de **MSDOS** (**INICIO**, **EJECUTAR**, **CMD**, **ACEPTAR**), e ir a su ruta para ejecutarlo y ver las opciones que tiene.

Los parámetros son bastante complejos ya que permiten multitud de técnicas, pero basta con poner **john.exe** ***archivo_contraseñas*** **(es el archivo con las contraseñas cifradas)**. Para obtener este archivo os recomiendo la herramienta **PWDUMP**, que ya va por la versión 4 y que podemos bajar desde muchos sitios (cuestión de buscar en Internet).

```
C:\Documents and Settings\gonzalo\Escritorio\john-16\run>john.exe

John the Ripper  Version 1.6  Copyright (c) 1996-98 by Solar Designer

Usage: john [OPTIONS] [PASSWORD-FILES]
-single                   "single crack" mode
-wordfile:FILE -stdin     wordlist mode, read words from FILE or stdin
-rules                    enable rules for wordlist mode
-incremental[:MODE]       incremental mode [using section MODE]
-external:MODE            external mode or word filter
-stdout[:LENGTH]          no cracking, just write words to stdout
-restore[:FILE]           restore an interrupted session [from FILE]
-session:FILE             set session file name to FILE
-status[:FILE]            print status of a session [from FILE]
-makechars:FILE           make a charset, FILE will be overwritten
-show                     show cracked passwords
-test                     perform a benchmark
-users:[-]LOGIN|UID[,..]  load this (these) user(s) only
-groups:[-]GID[,..]       load users of this (these) group(s) only
-shells:[-]SHELL[,..]     load users with this (these) shell(s) only
-salts:[-]COUNT           load salts with at least COUNT passwords only
-format:NAME              force ciphertext format NAME (DES/BSDI/MD5/BF/AFS/LM)
-savemem:LEVEL            enable memory saving, at LEVEL 1..3
```

>>> Cómo sacar las contraseñas cifradas (hash) con pwdump

La implementación es muy sencilla, tenemos que utilizar la consola al igual que con *john the ripper* y ejecutarlo en el directorio en donde esté el programa (sólo funciona en línea de comandos); entonces nos saldrá una chuleta como ésta.

```
D:\cdre\herramientas\nacho\sectools>pwdump2.exe
Administrador:500:e5545068c1d3fb2f09752a3293831d17:0e487665af9c8ff43dbc7f4aec973
365:::
Asistente de ayuda:1000:90ace00b499ead4457d067b99eb977e3:7200f519c7adc03a8f7428f
ab6b4b654:::
ASPNET:1004:1428d755bf5bb77bcfe2a0cae5be3bbe:f9b7fa871b05dda7809075afd5532f7d:::

eMule_Secure:1005:f8b04c986b334031bf63ae43f72dc36e:7b70958041509cfe7713858d2e9a6
f1d:::
gonzalo:1003:e5545068c1d3fb2f09752a3293831d17:0e487665af9c8ff43dbc7f4aec973365::
:
Invitado:501:aad3b435b51404eeaad3b435b51404ee:31d6cfe0d16ae931b73c59d7e0c089c0::
:
LNSS_MONITOR_USR:1006:aad3b435b51404eeaad3b435b51404ee:d151b40db7e64ef9eefb142eb
6b565f7:::
SUPPORT_388945a0:1002:aad3b435b51404eeaad3b435b51404ee:3ea48d6af5fe98502e74227a3
f877c25:::
```

Aquí se puede apreciar, como vemos al principio, el nombre de los usuarios, después un número que es el indicativo de cada usuario y luego una chuleta de números y letras que es la contraseña. Para obtenerlo con mayor facilidad podemos utilizar este comando:

D:\cdre\herramientas\nacho\sectools>pwdump2.exe > passwd.txt

Esto nos dará un archivo con el resultado. Sólo tenemos que editarlo con el blog de notas (por ejemplo) y quitarle el número de identificación a todos los usuarios que queramos auditar, ya que john the ripper necesita dos campos por línea, es decir el usuario: y la chuleta de números (que es en realidad la contraseña cifrada).

Ahora sólo basta con ir de nuevo al john the ripper y ejecutar esto:

```
C:\Documents and Settings\gonzalo\Escritorio\john-16\run>john.exe passwd.txt
Loaded 2 passwords with no different salts (NT LM DES [24/32 4K])
guesses: 0  time: 0:00:00:02 (3)  c/s: 786083  trying: JEA49 - JJH19
guesses: 0  time: 0:00:00:03 (3)  c/s: 1223063  trying: RMBONO - REGOLF
```

Pulsamos cualquier tecla para ver las pruebas que realiza. Si consigue descifrar alguna, nos la mostrará por pantalla y las almacenará en un archivo llamado **john.pot**. También las muestra con el comando:

>john.exe -show passwd.txt

Si no conseguimos sacarlas, podemos probar a configurar otros parámetros más avanzados con combinaciones, permutaciones o diccionarios gigantes.

Otra herramienta más sencilla y potente a la vez es 0phtcrack, que podemos descargar desde aquí:

http://ophcrack.sourceforge.net/

Es una herramienta muy buena, sin duda alguna un proyecto de código abierto con un buen futuro.

No obstante basta con buscar en google «cracking sam windows» y tendremos a la mano una multitud de manuales (con herramientas más sencillas) para auditar y sacar las contraseñas de Windows.

Por supuesto, todas estas técnicas son legítimas siempre y cuando las hagamos en nuestros sistemas y nunca para vulnerar la privacidad de otro. Ni el autor ni el editor se hacen responsables del mal uso que se les dé a ésta u otras herramientas que se mencionen en esta obra.

>>> Establecer el perfil de usuario como elemento privado

Otra vez llegamos al punto en que el usuario tiene en su poder una contraseña; por lo tanto, éste es quien tiene la última responsabilidad. No decirla a nadie, no apuntarla en un lugar visible y cuidar de ella son obligaciones que el equipo informático debe imponer a sus compañeros. Gracias a esta conciencia podremos poner una gran muralla en medio a los intrusos.

Bueno retomando el tema de nuestro usuario, me imagino que ya todos tendremos pensado una contraseña segura y robusta para nuestro sistema e incluso alguno más avanzado la tendrá auditada.

Al introducirla dos veces, como se puede ver en la imagen, nos hará otra pregunta y debemos pensar qué es lo que queremos hacer:

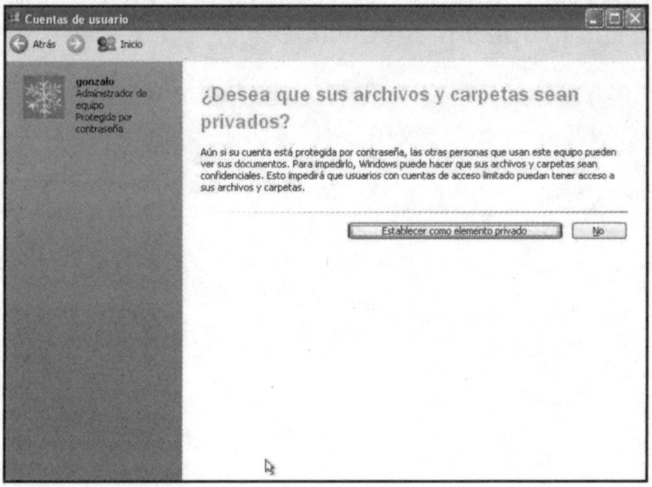

En este punto es cuando Windows nos explica que si elegimos no establecerla como elemento privado, cualquier usuario creado en nuestro sistema podrá ver y acceder a nuestros datos personales, es decir a todo lo que hagamos: nuestros documentos, nuestras páginas favoritas, etc.

Por supuesto, esto es una mejora de seguridad, ya que con un mismo ordenador podemos tener diferentes perfiles de usuarios, por ejemplo, nuestro hermano, hijo, padre, de tal manera que cuando accedan al ordenador con su usuario personal, no verán nuestros datos; tampoco nuestro usuario podrá acceder a sus datos, siempre y cuando sea un usuario de igual categoría ;-).

Está claro que elegiremos la opción de que sí lo haga y así no debemos preocuparnos por guardar parte de nuestra privacidad.

Recuerda que la próxima vez que reinicies el sistema, te pedirá la contraseña.

>>> Referencias

Artículo sobre contraseñas seguras en Windows.

http://www.microsoft.com/spain/empresas/temas/buen_uso_tecnologia/passwordefectivas.mspx

Artículo sobre cómo romper las contraseñas en Windows. (Siempre para auditar sus propias máquinas).

http://www.xombra.com/go_news.php?articulo=1831

7

Primeras recomendaciones de seguridad en el sistema

En este apartado, voy a explicar las primeras recomendaciones que debemos tener en cuenta a la hora de configurar nuestro recién instalado sistema operativo.

A diferencia de lo que creen algunos, el sistema operativo como hemos podido ver en el anterior capítulo con las actualizaciones, no viene nada seguro por defecto. Esto es comprensible en cuanto a las actualizaciones, ya que nuestro CD con el sistema operativo no va a evolucionar con los últimos parches de seguridad. En el caso de la configuración por defecto, Microsoft no lo pone nada fácil; en vez de venir con ciertas configuraciones ya predeterminadas, los Windows y en este caso el XP, viene con ciertas carencias que si el usuario de a pie no conoce no puede valorar y solucionar.

Este tema es precisamente el que vamos a tratar en este capítulo del libro. Veremos cómo sacar partido a ciertos atributos que vienen ocultos y sin ninguna explicación en el sistema operativo.

Lo primero que vamos a ver es cómo podemos saber todas la extensiones de los archivos. Esto lo hacemos para determinar si es malicioso o no (o por lo menos saber si es más o menos peligroso), ya que según su extensión podemos saber si se trata de un ejecutable o un simple archivo de Word.

Como vemos en la imagen, nos encontramos con un archivo que nos han mandado por mail, se trata de un archivo que se llama «quebonito». A simple vista parece inofensivo:

Nosotros, como usuarios normales, tenemos muchas ganas de saber que es eso tan bonito que nos han mandado por correo, y le damos apresurados doble clic. Entonces pasa esto:

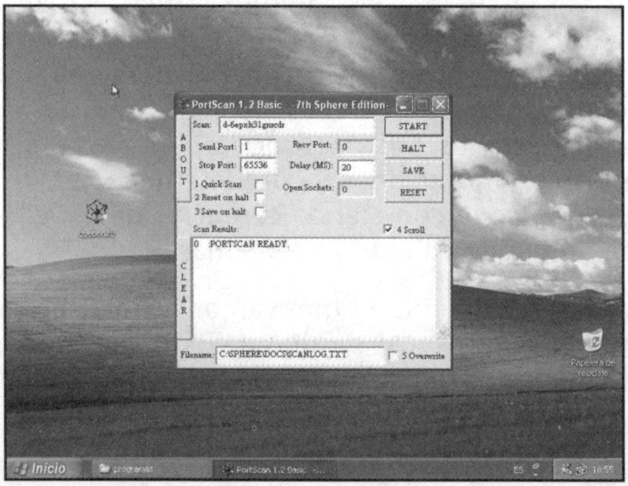

En este caso hemos ejecutado un programa llamado PortScan, que es un programa muy utilizado por los hackers para realizar escaneos de puertos y ver qué puertos de comunicación tiene abiertos esa máquina. Pero esto no es lo que nos preocupa, lo que nos preocupa es que no hemos podido saber qué extensión tiene. Hemos tenido que intuir que se trata de un documento (texto, foto, etc.), o una presentación de Power Point, con lo que hemos ido directamente a pinchar sobre él, con tal mala suerte que hemos podido ser infectados con cualquier cosa anómala. Generalmente, los archivos que contienen virus tiene extensiones definidas, pero si no podemos verlas a simple vista haremos doble clic para saber de lo que se trata y en el 95 % de los casos no veremos nada, pero estarán infectando nuestro PC de manera oculta con cualquier cosa: virus, troyanos, spyware, etc. Es muy típico recibir correos con archivos con iconos del Word cuando en realidad son un .exe que lleva un virus.

>>> ¿Por qué es importante saber las extensiones de los archivos?

Lógicamente no hay que saber todas las extensiones de los archivos, ya que son muchísimas, pero si hay que saber las más comunes:

Con una extensión .txt, sabemos de que se trata de un documento de texto; si tiene una extensión con un .doc, sabemos que es un documento de Word; si es una extensión .pps sabemos que es una presentación de Power Point, y un .exe se trata de un programa ejecutable. Éste es muy peligroso, ya que se puede ejecutar de manera malintencionada para, por ejemplo, infectarnos con un virus o instalarnos algún programa espía.

En el capítulo dedicado a los virus, se hará referencia a todas las extensiones peligrosas, para que así podamos poner un filtro más a nuestra seguridad informática personal.

Es importante tener en cuenta las extensiones de los ficheros, pero tal y como está configurado Windows no sabemos de qué extensión se trata. Es más, sólo nos podemos guiar del icono que lleve ese archivo y eso es aún más peligroso, porque es muy fácil que lo hackers lo cambien por otro y caer en la trampa (por ejemplo, un archivo que lleva un virus con el icono del Word). Es por eso que en esta recomendación voy a enseñar la forma de ver la extensión de todos los archivos.

Vamos a **INICIO, MI PC**:

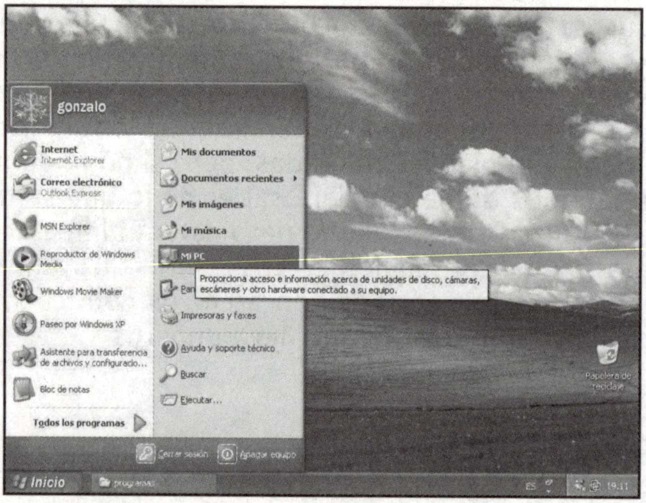

Al pulsar sobre **MI PC**, aparecerá otra ventana que muestra el contenido de nuestro ordenador; nosotros pulsamos arriba a la derecha, donde pone **HERRAMIENTAS**:

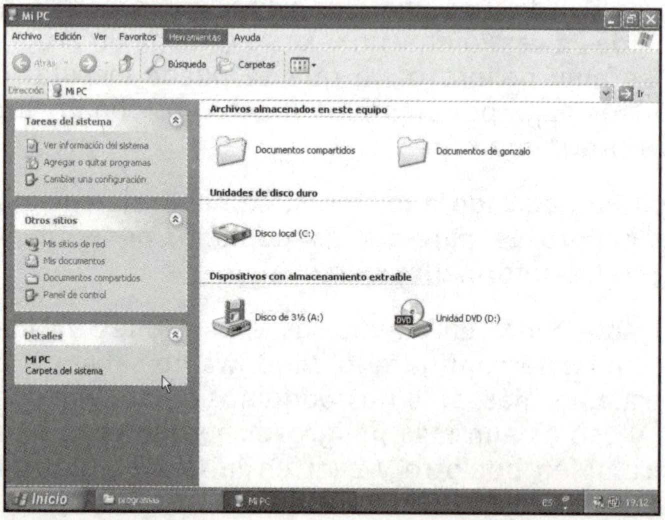

Allí podremos ver un menú con diferentes opciones. Tenemos que pulsar sobre **OPCIONES DE CARPETA**, y nos mostrará esta pequeña ventana:

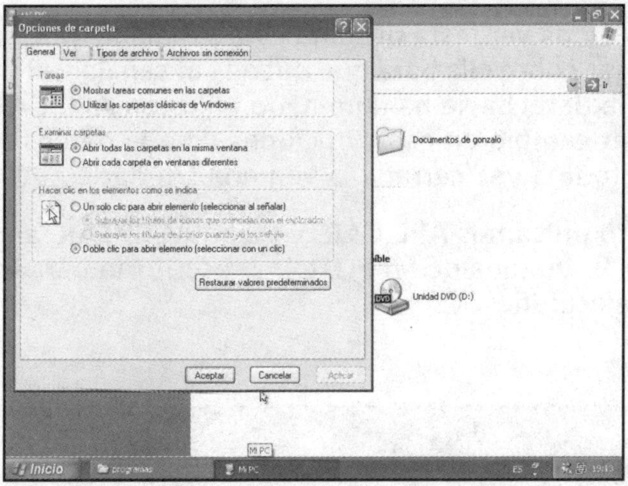

En esta ventana se pueden hacer muchas cosas, y dejo en manos del lector el que indague en ellas. Yo enseñaré la parte que más nos atañe, la seguridad informática.

Debemos ahora pulsar sobre la pestaña **VER**, y aparecerá una imagen como ésta:

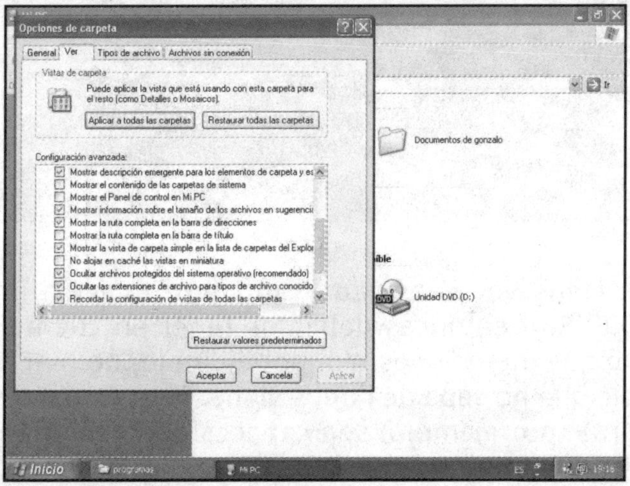

Estas opciones que nos muestra esta pestaña son muy importantes para muchas cosas. Entre ellas debemos fijarnos en una que pone **OCULTAR LAS EXTENSIONES DE ARCHIVO PARA TIPOS DE ARCHIVO CONOCIDO**.

Como podemos ver, esta pestaña está señalada, por lo tanto tenemos que pulsar sobre ella para que quede sin señalar. Al pulsar vemos que abajo a la derecha se ha iluminado el botón **APLICAR**. Si realizamos cualquier cambio en estas opciones y no le damos a Aplicar, no tendrán efecto una vez cerrada la ventana sin darle a **ACEPTAR**.

Por lo tanto pulsamos **APLICAR**, y luego **ACEPTAR**, ahora sólo nos queda cerrar la ventana de **MI PC**, e ir al escritorio para ver el archivo que hemos ejecutado:

Como podemos ver ahora en la imagen, nuestro fichero es un **QUEBONITO.EXE**, y entonces debemos tener en cuenta quién lo ha enviado y con qué intenciones. Yo, por ejemplo, no pincho sobre ningún ejecutable que no sepa de donde viene. Pero esto no es suficiente, ya que los virus (por ejemplo) son capaces de falsear las direcciones de correo de la gente y nos envían un .exe que tiene como origen nuestro amigo de toda la vida. Pero para eso estamos nosotros, la parte humana de la tecnología que como siempre es quien tiene la última responsabilidad y palabra en este asunto.

Es muy típico que un intruso mande un archivo con el icono del Word y con la extensión .exe, pero esto por defecto, como hemos visto, en Windows no podemos verlo si no lo configuramos correctamente.

Si por ejemplo te llega un correo en inglés, con la dirección de correo de un amigo de Sevilla que sabes que nunca te habla en inglés, pues yo como mínimo dudaría y le llamaría. De este asunto hablaremos en el capítulo de seguridad en el correo y veremos que no es tan difícil librarse de los virus y compañía.

Con este cambio de configuración, siempre veremos las extensiones de todos los archivos que tengamos en nuestro sistema operativo, por lo que nos resultará útil y muy seguro.

Posiblemente Microsoft en futuros sistemas ya venga con esto configurado por defecto, o quien sabe, igual le interesa que el ciudadano de a pie no sepa cómo hacer eso, «hay queda la cuestión».

Para los usuarios más avanzados y también para los más prudentes, he de recomendar que en esta misma ventana (ver abajo) podemos no sólo configurar nuestro sistema para que sea capaz de ver las extensiones, sino que también podemos configurarlo para que nos muestre los archivos ocultos del sistema y los protegidos del sistema. La causa por la cual lo recomiendo a los más avanzados, es porque si en algún momento estos archivos son dañados o modificado sin conocimiento, el sistema se puede quedar inestable e incluso dejar de funcionar. Así que cuidado con lo que tocáis ;-)

>>> Actualizaciones automáticas

Otra cosa importante que debemos tener bien configurada es la opción de actualizaciones automáticas. Para establecer este parámetro, debemos ir a **INICIO** y sobre el icono **MI PC** pulsar el botón derecho del ratón y pulsar en **PROPIEDADES** con el cursor, entonces veremos esto:

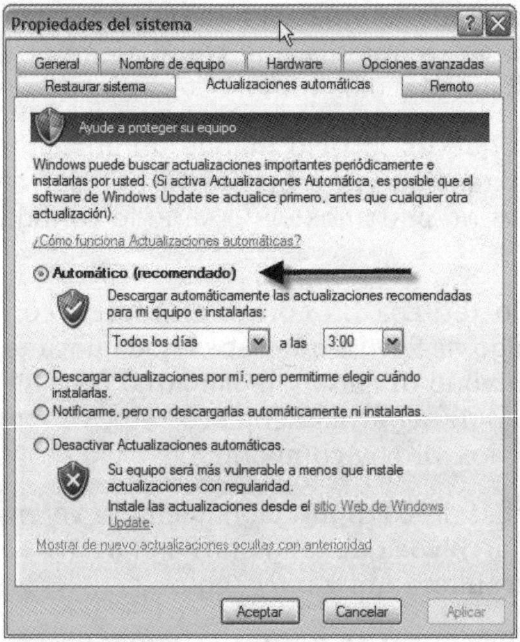

Aquí tenemos que pinchar sobre la pestaña **ACTUALIZACIONES AUTOMÁTICAS** y en ella seleccionar **AUTOMÁTICO (RECOMENDADO)**. Con esta medida, conseguiremos que nuestro ordenador se preocupe de buscar actualizaciones de seguridad y del sistema.

Al configurar este parámetro veremos cómo en el Centro de Seguridad se pone verde la opción de las actualizaciones automáticas.

>>> Referencias

Página oficial para buscar extensiones de archivos y ver si son o no peligrosas.

http://filext.com/index.php

Página donde encontrar multitud de artículos básicos y sencillos, además de recursos de herramientas para proteger el PC.

http://alerta-antivirus.red.es/portada/

Página del Ministerio de Industria y Turismo para ayudar en el inicio de las tecnologías a todas las personas.

http://www.todos.es/es-es/index.html

Página oficial de la entidad publica de RED.ES, en la cual podemos conseguir normas, leyes y procedimientos de seguridad.

http://www.red.es/

8

Redes locales y seguridad en Windows

>>> Configuración de la tarjeta de red para hacer una red local domestica

Para poder comunicarnos con otras máquinas de nuestra red, necesitamos varios ordenadores cada uno con tarjeta de red, un router (con varias bocas) o un hub/switch para poder conectar varios ordenadores.

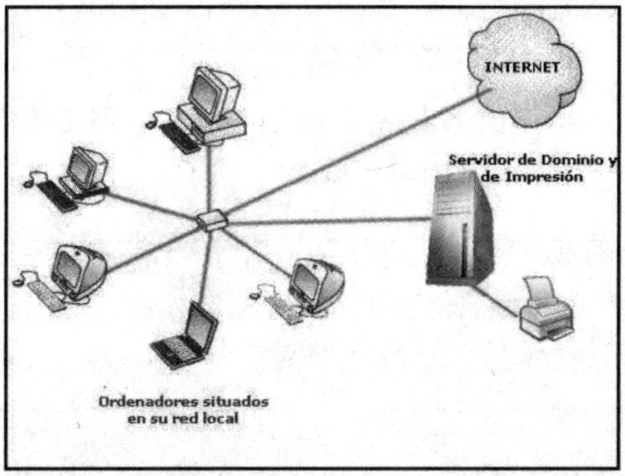

Esquema típico de red local con router y servidor de dominio e impresión

Nuestra tarjeta de red requiere ser configurada para poder comunicarnos con un lenguaje común.

Para configurarla debemos ir a **MI PC, PANEL DE CONTROL, CONEXIONES DE RED E INTERNET, CONEXIONES DE RED** y vemos esto:

Aquí podemos ver nuestros dispositivos de red. El que nos interesa configurar es **CONEXIÓN DE ÁREA LOCAL.** Hacemos doble clic sobre él y vemos esta ventana:

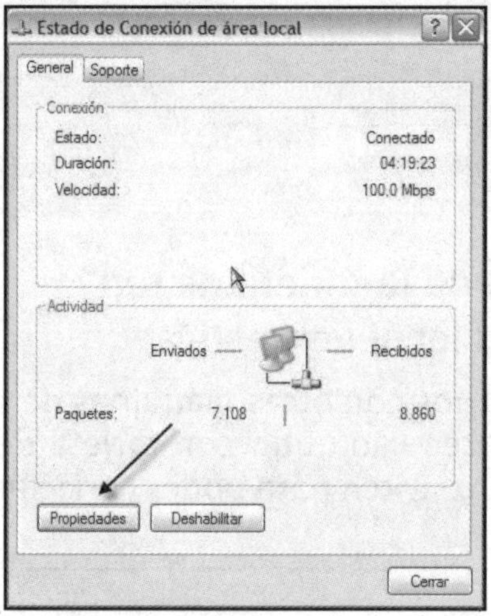

Aquí tenemos que pinchar en la pestaña **PROPIEDADES** y vemos en la opción del medio al final esto:

Pulsamos sobre **PROTOCOLO INTERNET (TCP/IP)** (más tarde veremos qué es esto) y al seleccionarlo pulsamos **ACEPTAR.**

Ahora nos muestra una ventana donde podemos configurar todos los parámetros para comunicarnos. Más adelante hablaremos de redes, de direcciones IP y de protocolos. Por ahora nos basta con configurarlo para poder tener red en casa. Por lo general, la mayoría de los router ADSL vienen con el servidor DHCP establecido por defecto. Esto quiere decir que ya os asignan una dirección IP correcta para poder navegar y tener red en casa, pero para los que no sea así deben configurarla, para ello pulsamos sobre **USAR LA SIGUIENTE DIRECCIÓN IP.**

Aquí podemos configurarlo de varias maneras, lo cual dependerá del tipo de red que tengamos. Nuestro proveedor ha de darnos los datos tanto del router (IP) como de los servidores DNS, por lo tanto en nuestro ejemplo la IP de mi máquina tiene el número 192.168.1.2 (porque está dentro del rango de la IP del router, gateway) y mi máscara es una máscara de clase C (en otro apartado veremos por qué) 255.255.255.0. Mi puerta de enlace predeterminada es mi router, ya que desde él quiero salir a Internet 192.168.1.1 y los servidores DNS serán los que nuestra compañía nos haya dado.

Al terminar le damos a **ACEPTAR** y listo, ya tenemos nuestra tarjeta configurada. En el caso de que tengamos varios ordenadores, debemos ponerlo todo igual menos la IP (que es un identificador único) por lo tanto podemos utilizar la 192.168.1.3 así hasta 192.168.1.254 (tenemos disponibles todas estas direcciones en esta red de clase C con esta máscara).

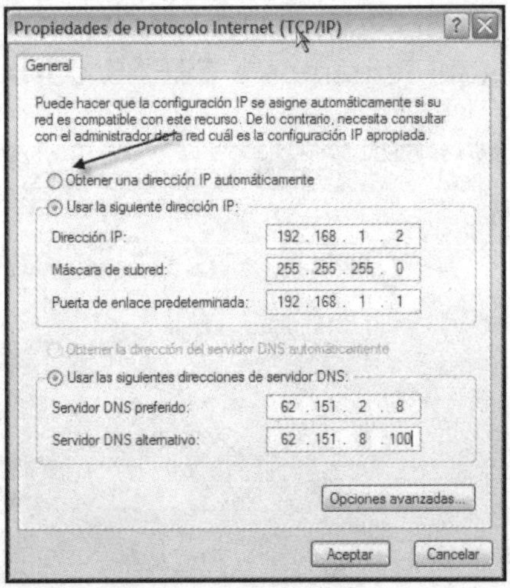

Una vez que ya tenemos el tema de la red resuelto, quiero enseñaros una cuestión que es muy importante y efectiva, ya que todos o casi todos tenemos uno o varios ordenadores compartidos en casa y queremos que se comuniquen entre ellos para poder intercambiar datos de cualquier tipo. Esto es posible con nuestro sistema Windows XP Profesional, lo único es que, como casi siempre, las configuraciones por defecto no son del todo buenas y recomendables.

Por ejemplo, si queremos compartir algo con un usuario de nuestra propia máquina, sólo nos bastará por ejemplo, en primer lugar crear a ese usuario (o utilizar invitado, que no es recomendable), darle contraseña y con dejar cualquier archivo en el directorio **DOCUMENTOS COMPARTIDOS**, podrá ver esos datos y tendrá permisos para compartir también. Pero ahora bien, lo que interesa es compartir cosas y que estén protegidas ya no sólo por el usuario de nuestro ordenador, sino también por otros usuarios que quieren acceder por red desde otro ordenador, ya sea a través de Internet o desde la habitación de al lado.

En este ejercicio práctico vamos a ver cómo crear un recurso compartido sin necesidad de que éste tenga que encontrarse en el directorio que Windows nos dice y además aprenderemos a ponerles permisos del tipo «este usuario puede leer el documento, pero no escribir en él», con lo que garantizamos que nuestros datos no pueden ser modificados. Lo primero, tanto si queremos que sea en nuestra propia máquina o desde otra, tenemos que crearnos un usuario. Para ello podemos aprovecharnos de cuando le pusimos contraseña al nuestro. Vamos entonces a **INICIO, PANEL DE CONTROL, CUENTAS DE USUARIO** y aquí le damos a **CREAR USUARIO**:

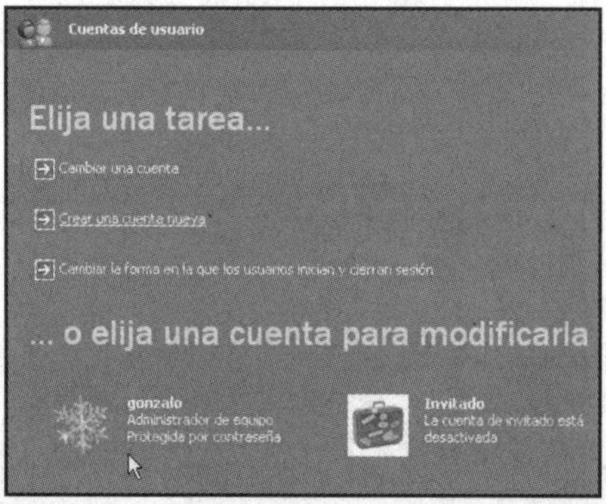

Al pichar sobre **CREAR USUARIO**, nos llevará a una ventana como ésta:

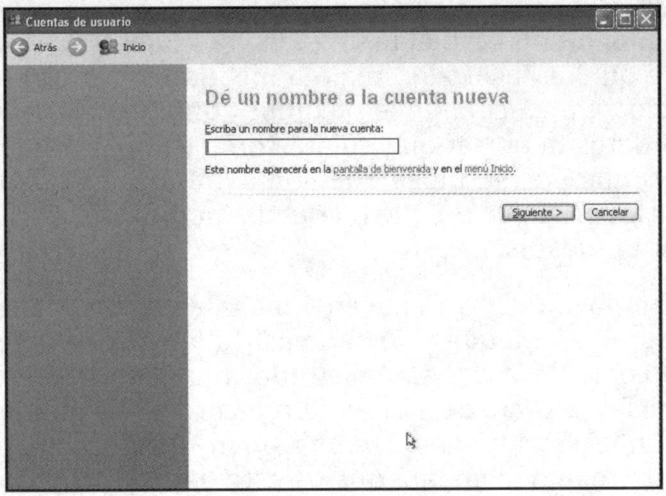

Aquí tenemos que poner el nombre de la cuenta que queramos crear para nuestro sistema. En mi caso pondré el nombre de mi mujer **SUSANA**, después pulsaremos siguiente y entonces viene una de las limitaciones más importantes que Windows XP ha incorporado en su sistema: se trata de la decisión de elegir qué tipo de usuario quieres crear. Tienes que decidir entre estas dos opciones:

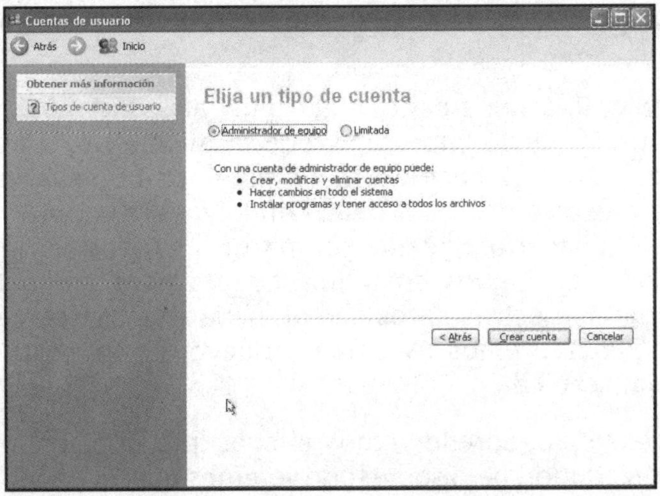

Como podéis ver, se trata de hacer un usuario del sistema con total control y otro que no puede ni instalar programas. Hay que pensar esta opción, aunque como luego veremos esto no es del todo cierto.

Por ejemplo, en mi caso el usuario es mi mujer y la verdad es que no creo que quiera hacer algo malo a mis datos. No obstante con la opción elegida antes, cuando le pusimos contraseña al nuestro, nunca verá mis datos (a no ser que quiera compartirlos). Pero la verdad y la necesidad que nos surge es que sí me interesa compartir con ella información y por supuesto que no pueda modificarla o borrarla, aunque sea por un despiste.

Lo que tampoco quiero es hacerle una cuenta con la que no pueda instalar programas, ya que si lo hago así cada vez que quiera instalar le pedirá la contraseña del administrador (que en estos ejemplos somos nosotros) y eso puede suponer un incordio. Ahora bien, para un padre y un hijo, esto puede ser una buen opción para proteger el sistema y controlar al niño (aunque de esto hay todo un capítulo entero), ya que si el padre entra con la cuenta del hijo y le instala con su contraseña todo lo que cree que necesita su hijo, después el niño no podrá por ejemplo instalar programas de P2P (emule, etc.) o de comunicaciones (Skype, MSN, etc. o incluso archivos **.exe ocultos** en iconos). Ahora bien tal y como viene configurado Windows XP por defecto podrá ver los recursos compartidos del sistema.

Mi decisión está clara, la voy convertir en administradora del equipo, para que ella se instale lo que quiera. Pero en cuanto a los recursos compartidos voy hacer algo que por defecto Windows no nos deja hacer.

Por ejemplo, una vez creado nuestro usuario tenemos que ponerle contraseña (recordar la importancia de la misma que estuvimos hablando antes). Una vez hecho esto, ya tenemos un usuario más. Imaginad ahora que otro miembro de la familia quiere ver nuestros datos. Para que pueda hacerlo, hay que compartir los datos y, al igual que el otro usuario, necesitamos crear una cuenta para que esta persona pueda acceder a nuestros datos con un usuario y contraseña determinados. Así que crearemos un usuario nuevo. En mi caso, lo llamaré como mi hija: Mónica.

Con este ejemplo, aprenderemos el concepto de usuario limitado y usuario administrador, pero sobre todo veremos que independientemente de qué tipo de usuario sea podemos poner determinados permisos en nuestras carpetas.

IMPORTANTE: Lo haremos con el mismo razonamiento que antes y recordad que este usuario no tiene que acceder físicamente a mi máquina, por lo que no tiene que instalar nada. Vamos, que lo crearemos limitado.

Empezamos creando una carpeta en donde queramos de nuestro ordenador, por ejemplo yo lo haré en mi escritorio:

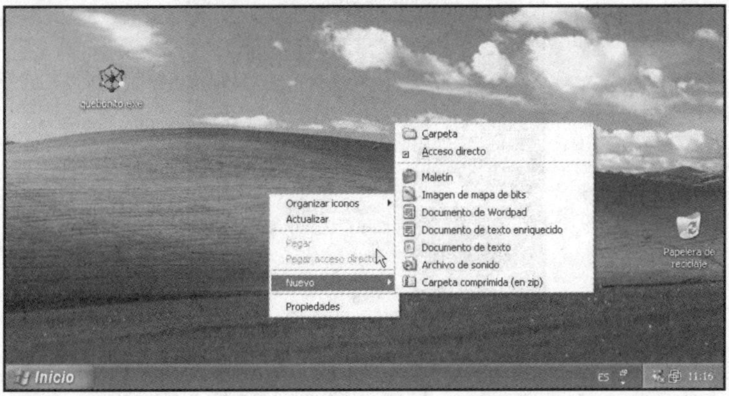

Para crearla basta con pulsar con el botón derecho del ratón sobre el escritorio y seleccionar **NUEVO, CARPETA.**

La hemos llamado **COMPARTIDA**. Ya tenemos una carpeta a la cual podemos meter todo tipo de datos que queramos para compartir.

Como he comentado antes, Windows XP nos obliga por defecto a compartir en el directorio **DOCUMENTOS COMPARTIDOS** y además con opciones de permisos limitados. Vamos a ver cómo lo hace Windows por defecto. Ponemos ahora el cursor sobre la carpeta que hemos creado y pulsamos el botón derecho sobre ella. Con esto nos saldrá un menú, en el que tenemos que pulsar sobre **PROPIEDADES**:

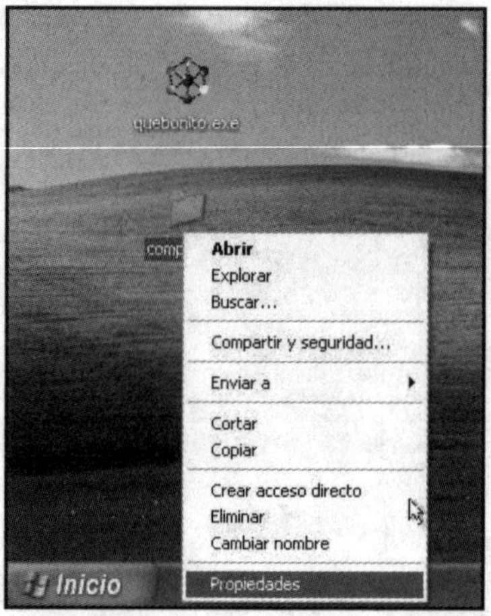

Una vez que pulsamos en la pestaña **COMPARTIR**, nos sale esta ventana con las siguientes opciones:

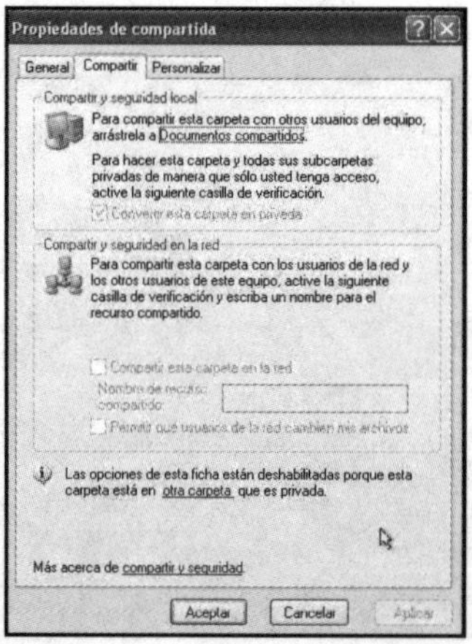

Como podemos ver en la imagen, Windows no nos permite compartir esta carpeta fuera del directorio que ellos dicen. El caso es que si llevamos esa carpeta al directorio **DOCUMENTOS COMPARTIDOS**, veremos que para compartir nos da la opción de lanzar el asistente, que para el muy principiante no está mal. Con asistente o sin él, lo que nos interesa es que esa carpeta esté compartida y que podamos poner permisos sobre ella, y para ello tenemos que cambiar una opción que viene por defecto en Windows. Vamos a **INICIO**, **MI PC** y arriba a la derecha pulsamos **HERRAMIENTAS**, **OPCIONES DE CARPETA**, **VER**. Es el mismo paso que realizamos con anterioridad para activar que pudiésemos ver las extensiones de los archivos.

En este caso tenemos que fijarnos en la opción final que pone **UTILIZAR USO COMPARTIDO SIMPLE DE ARCHIVO (RECOMENDADO)**.

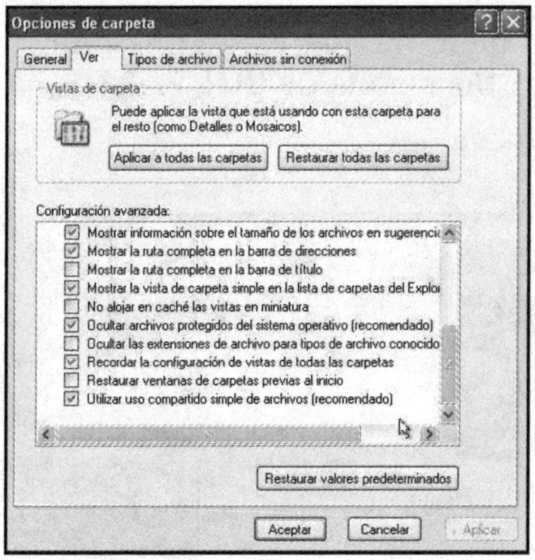

Pues bien, esta pestaña hay que **deshabilitarla**, vamos que no esté señalada con el visto verde (al contrario de la imagen). Al quitar la pestaña le daremos **APLICAR** y comprobaremos que todo está como queremos, tanto el cambio anterior como el que acabamos de hacer. Después pulsaremos **ACEPTAR**.

Tras esto podemos ir a nuestra carpeta compartida **«esté donde esté»** y pulsaremos de nuevo el botón derecho sobre ella y entraremos en **PROPIEDADES**. Ahora, como podemos ver, esto ha cambiado mucho.

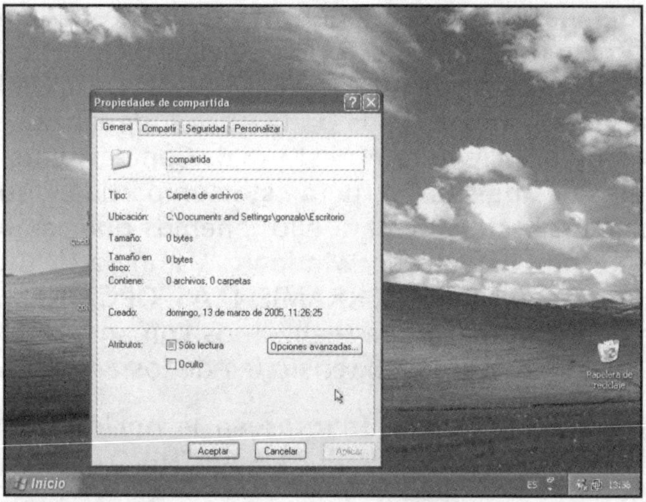

Si, estáis viendo bien, ha aparecido una nueva pestaña que pone **SEGURIDAD**, y si os fijáis en la de **COMPARTIR**, la cosa ha cambiado bastante:

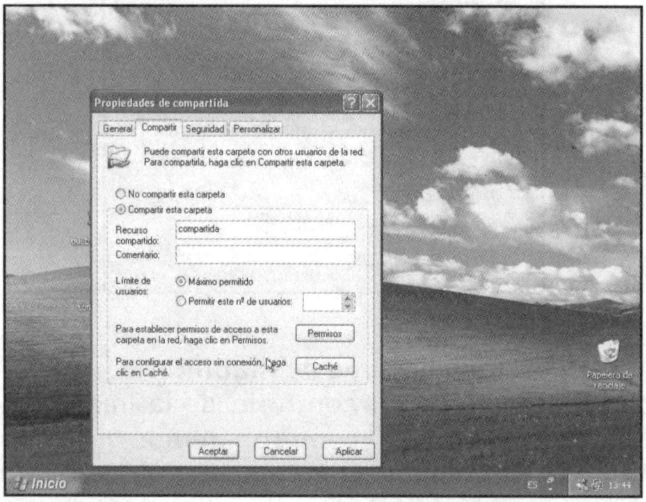

Ahora tenemos la posibilidad de poder compartir nuestra carpeta y su contenido con quien queramos. Como se muestra en la imagen, contamos también con ciertas opciones, tales como **LÍMITE DE USUARIOS**, muy válido si sabéis que sólo queréis compartir con una persona o cuando en una empresa hay mucha gente y no queremos que nos saturen nuestro directorio. Para ello bastará con poner el numero de usuarios que queramos, también podemos ponerle nombre y algún que otro comentario; por ejemplo: carpeta con datos para mi hija Mónica.

Ahora vamos a lo que nos interesa, que no es otra cosa que compartir datos de manera segura y eficiente.

Imaginad que dentro de esta carpeta tenemos un .txt (¿os acordáis?), se trata de un archivo de texto que contiene algo que quiero que puedan ver mis dos usuarios: Susana (usuario local) y Mónica («usuario recomendado para uso remoto»), pero además quiero que Mónica no pueda borrarlo ni modificarlo, es decir sólo pueda leerlo.

Si pulsamos sobre la pestaña **SEGURIDAD**, vemos algo como esto:

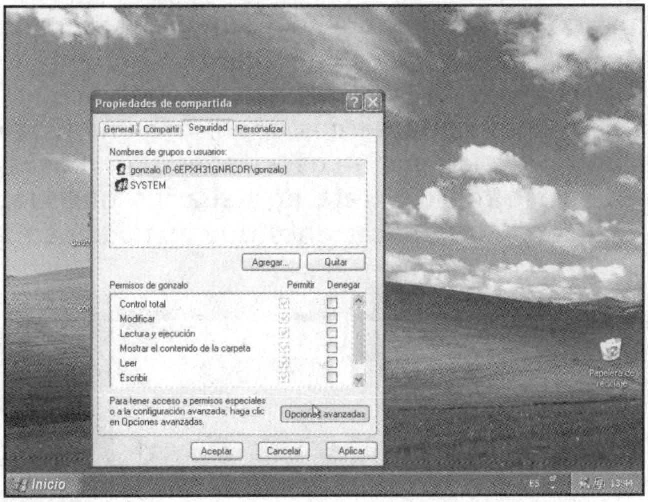

En la pantalla de arriba vemos los usuarios y grupos que hay actualmente en esta configuración. Ahora veremos cómo añadir los usuarios que a nosotros nos interesa. Más abajo tenemos los permisos posibles con dos pestañas **PERMITIR** y **DENEGAR**. Ahora bien, entre estos usuarios no tenemos los que nos interesa (ya que, como vemos en la imagen, sólo está el usuario **gonzalo** y el grupo **system**). Vamos a ver cómo podemos añadirlos: pulsamos sobre la pestaña **AGREGAR** y vemos esto:

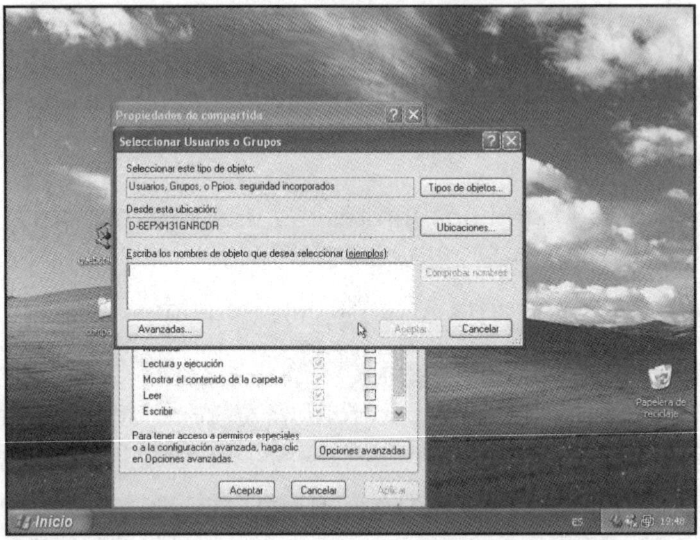

Esta ventana no nos aclara mucho a simple vista, pero se pueden realizar cosas muy interesantes con ella. Lo siguiente es pulsar en **AVANZADAS** y después en **BUSCAR AHORA** (tal y como muestra la imagen de abajo). Rápidamente nos aparecerá una lista debajo con todos los usuarios del sistema, no os asustéis si veis usuarios raros o no creados por vosotros, se trata de usuarios que crea el propio Windows o algunas de las aplicaciones que instalamos.

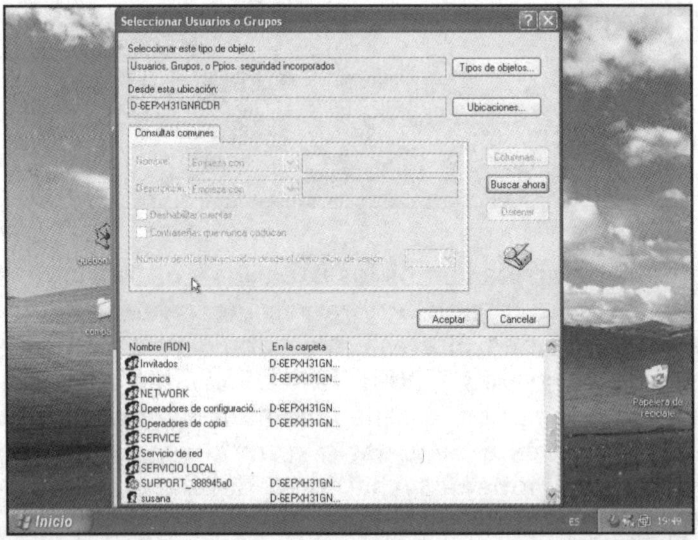

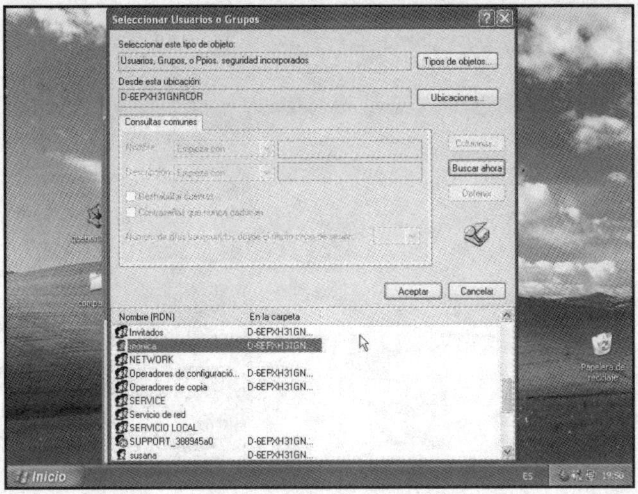

Ahora basta con buscar los usuarios con los que queremos compartir datos, por ejemplo, como se muestra en la imagen **MÓNICA**, y después le damos a **ACEPTAR**; lo veremos así:

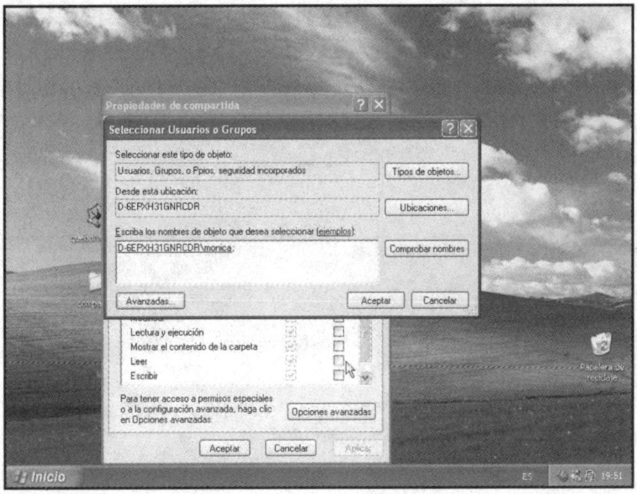

Como podemos ver en la imagen, el usuario seleccionado es **MÓNICA**. Tenemos que realizar el mismo proceso con **SUSANA** (y en vuestro caso con los que queráis compartir; recordar crearlos antes como vimos en el anterior capítulo). Así que retomad la lectura y volved a seleccionar el usuario o usuarios que deseéis, después pulsaremos en **ACEPTAR**.

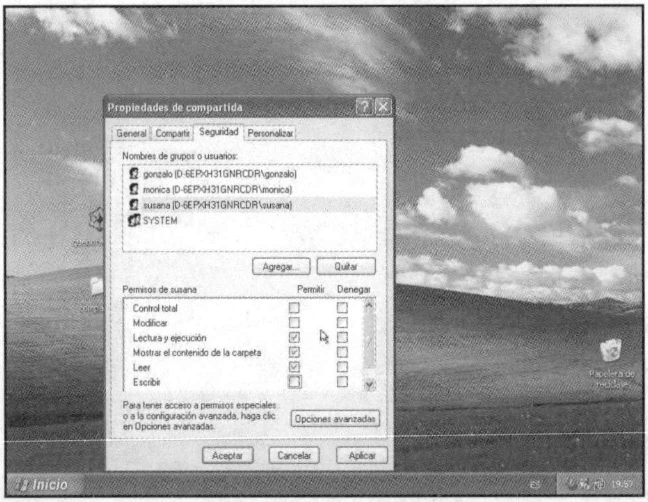

Como podemos comprobar en la pantalla, se han añadido nuestros usuarios. Pues continuar es muy sencillo, basta con pulsar sobre uno de ellos y veremos abajo los permisos que tiene sobre esa carpeta. He seleccionado **SUSANA** y como permisos base tiene, **LECTURA Y EJECUCIÓN**, **MOSTRAR EL CONTENIDO DE LA CARPETA** y **LEER**. De esta manera, este usuario tendrá acceso a la carpeta, podrá verla y leer el contenido, pero no podrá escribir, para ello tenemos que dejar seleccionada la pestaña verde en **ESCRIBIR**, quedando de esta manera:

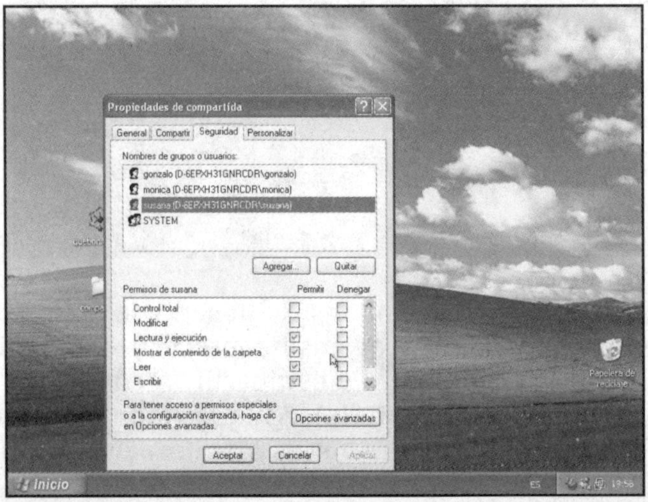

En este momento el usuario **SUSANA** ya tiene establecidos sus permisos, vamos ahora a poner los de **MÓNICA**, que tal y como hemos dicho, queremos que pueda ver la carpeta, que pueda leer, pero que **no pueda modificarla** de ninguna de las maneras. Por lo tanto dejaremos los permisos tal cual están en la imagen.

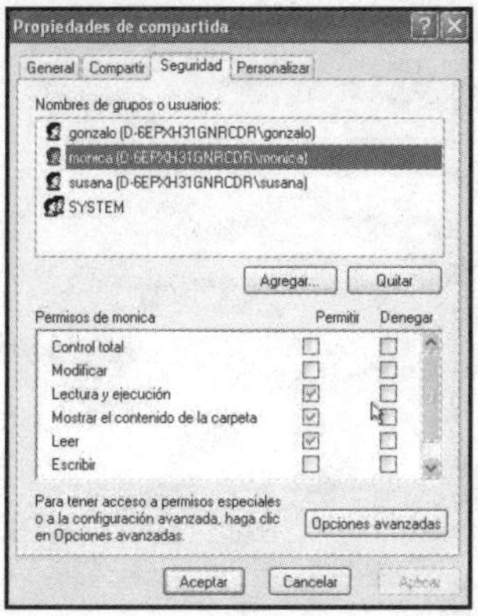

Ahora, al pulsar el botón **ACEPTAR**, ya estará configurada nuestra carpeta con todos sus permisos de seguridad.

Sólo nos queda comprobar que todo ha ido bien y ver que esto de la seguridad informática es cierto ;-)

La primera prueba la llevaremos a cabo con nuestro usuario local (en mi caso SUSANA), así que voy a acceder al sistema como si fuese ella misma. Imaginad que es ella de verdad. Como vemos en la imagen, en la parte de arriba pone el nombre del usuario que ha accedido al sistema:

Rápidamente vamos y pinchamos en **MI PC**. A continuación, como ya sabemos, nos mostrara todo el contenido de nuestro ordenador.

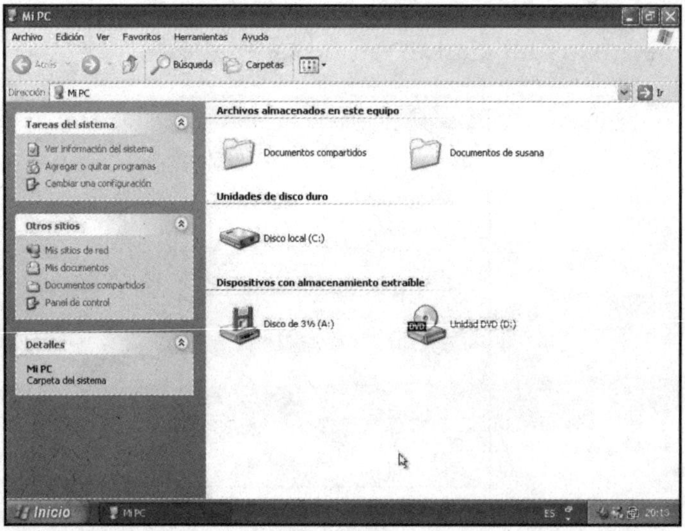

La pestaña o botón que nos interesa es **MIS SITIOS DE RED** (a la izquierda de la pantalla). Una vez que accedemos a ella, vemos que el otro usuario (nosotros, el administrador) tiene compartida una carpeta, que en mi caso se llama **compartida**, aunque sea el mismo ordenador.

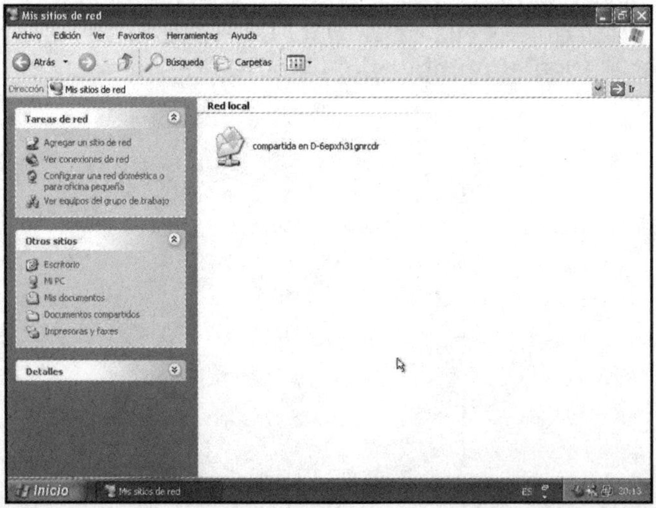

Ahora vamos a acceder a la carpeta para ver si podemos ver el contenido y para comprobar si podemos leerlo y modificarlo tal y como hemos configurado.

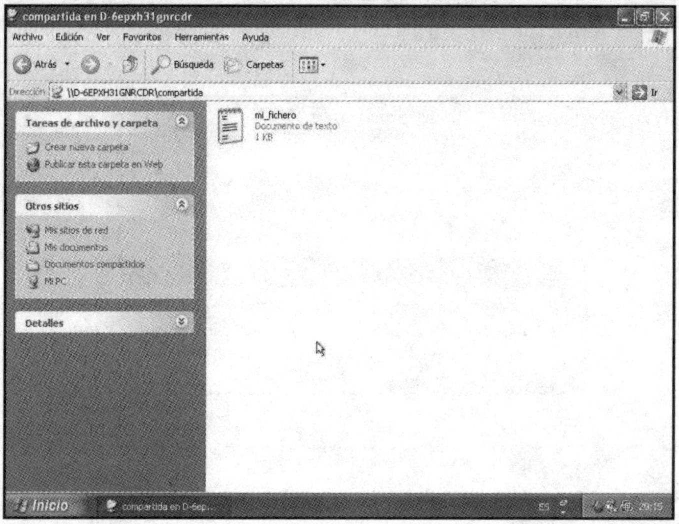

Sí, como podemos comprobar, vemos el archivo; ahora vamos a abrirlo:

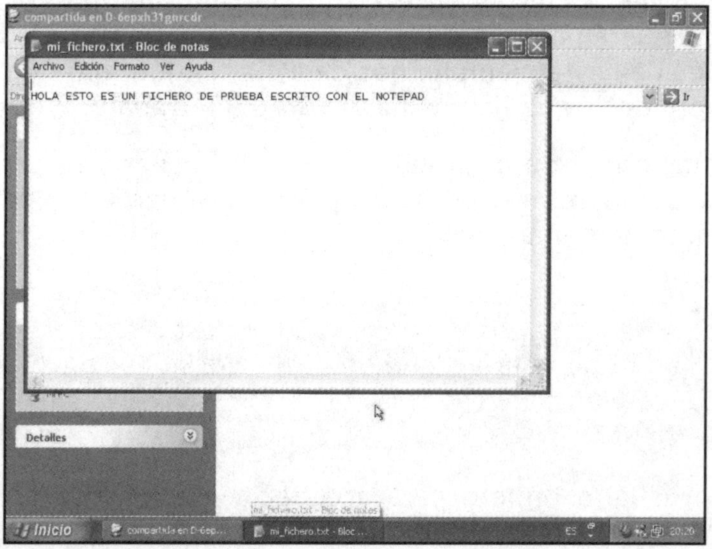

También podemos leerlo y eso quiere decir que todo va tal y como hemos configurado anteriormente. La última prueba es escribir y ver que nos permite guardar los cambios realizados:

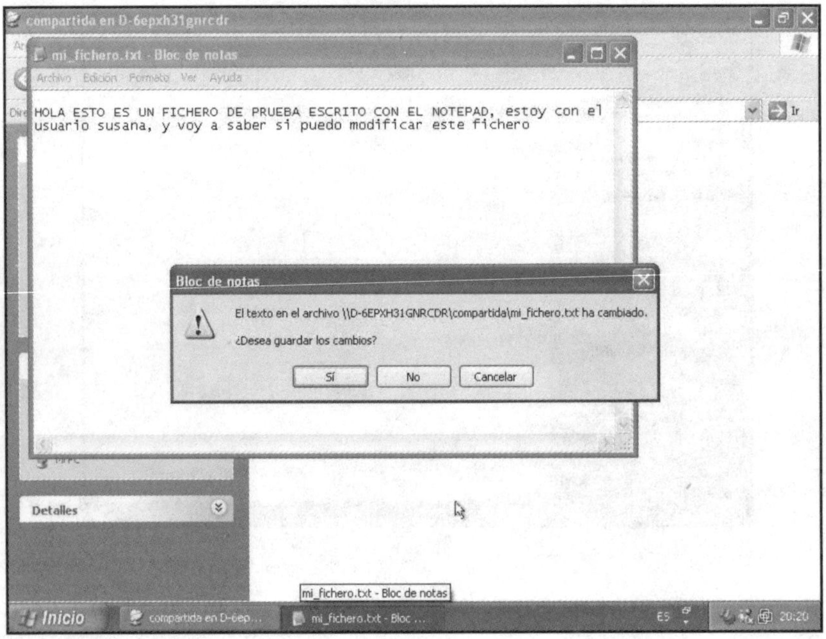

Al modificar el archivo e ir a cerrarlo, podemos comprobar que nos pregunta si queremos guardar los cambios que hemos realizado. Al decirle que sí en este ejemplo, nos deja sin ningún tipo de problema y esto quiere decir que hemos hecho un buen trabajo.

Pero vamos ahora a la prueba de nuestro usuario remoto, recordando que sólo le dimos permisos para ver la carpeta y para poder leer el contenido del archivo.

NOTA: Sobra decir que si el ordenador desde el cual estamos compartiendo no está encendido o en red, nuestro usuario remoto nunca podrá ver esa carpeta ;-)

Nuestro usuario remoto para acceder a ese recurso compartido por nosotros, deberá de acceder a **MI PC**.

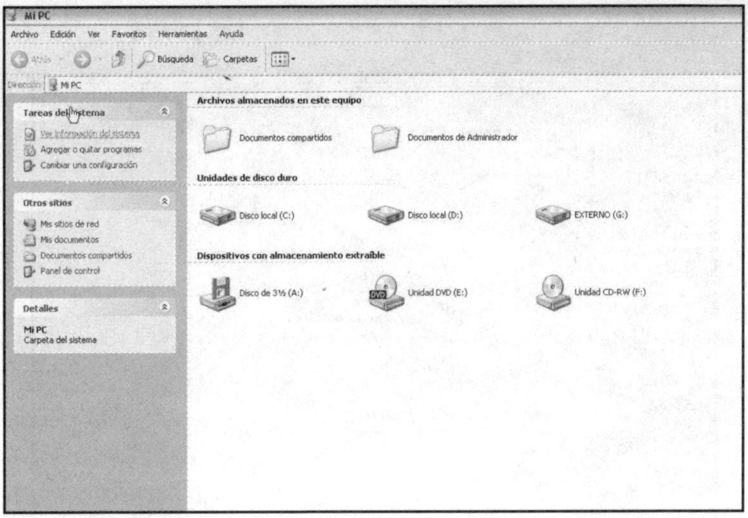

Tal y como antes hemos comentado, nos muestra nuestro ordenador (en este caso el del usuario remoto). Ahora debe pinchar en **MIS SITIOS DE RED**, tal y como hicimos con el anterior usuario:

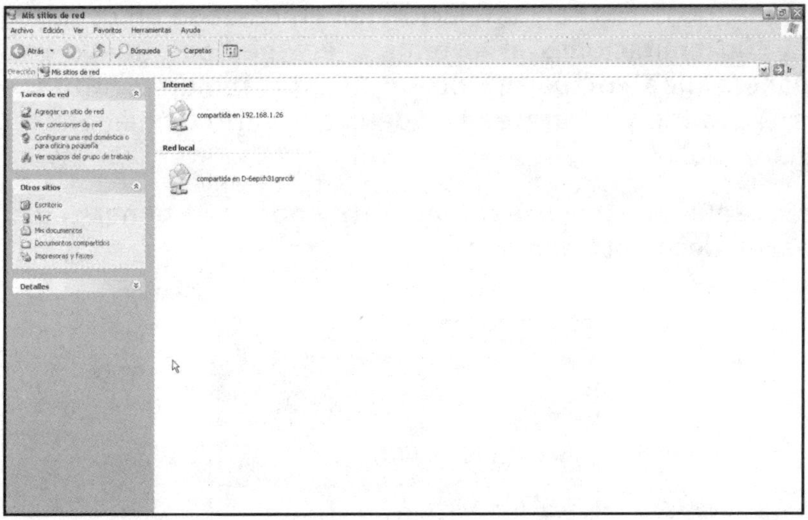

Como se muestra en la imagen, tenemos algo compartido en la RED, sólo nos queda pinchar dos veces sobre la carpeta compartida de la **RED LOCAL**.

En ese momento nos mostrará esto:

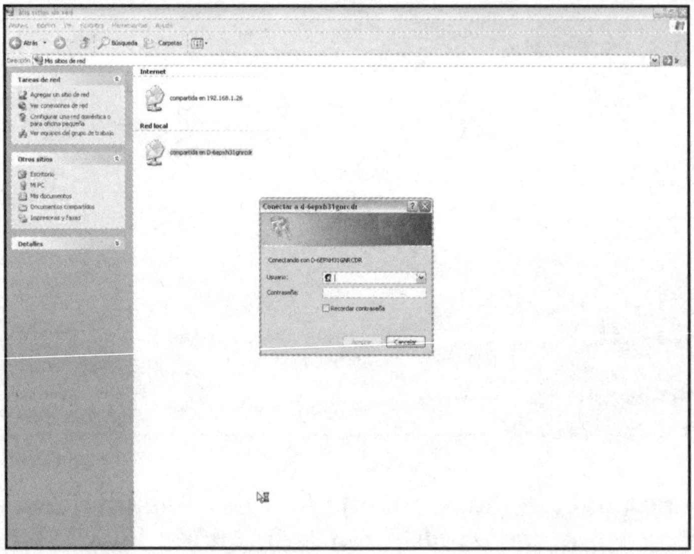

Si, como podemos ver, se nos abre una ventana pidiendo usuario y contraseña, nosotros con antelación le hemos dado un usuario y contraseña con limitaciones al sistema a esa persona (luego explicaré una manera para compartir con un usuario remoto y no tener que decirle el usuario y contraseña y además hacerlo de manera segura y personalizada).

Por lo tanto, nuestro usuario remoto tendrá que poner el usuario y contraseña desde su máquina:

Al introducirlo debemos esperar un poquito, dependiendo de la velocidad de nuestra red local y al final nos saldrá esto:

Eso es fenomenal, nuestro usuario remoto ve nuestro archivo, ese era uno de los permisos establecidos. Vamos ahora a intentar abrirlo y a escribir:

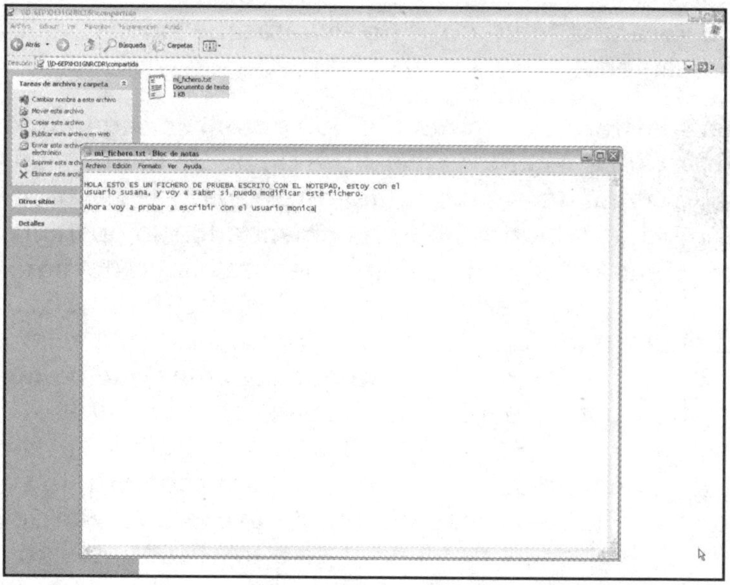

Como bien muestra la imagen, nuestro usuario remoto está escribiendo en un archivo de texto en el que no queremos que escriba. Vamos a ver qué pasa cuando intentemos cerrarlo. Al igual que antes nos pregunta si queremos guardar los cambios y nuestro usuario le dirá que **Sí**, entonces ocurre esto:

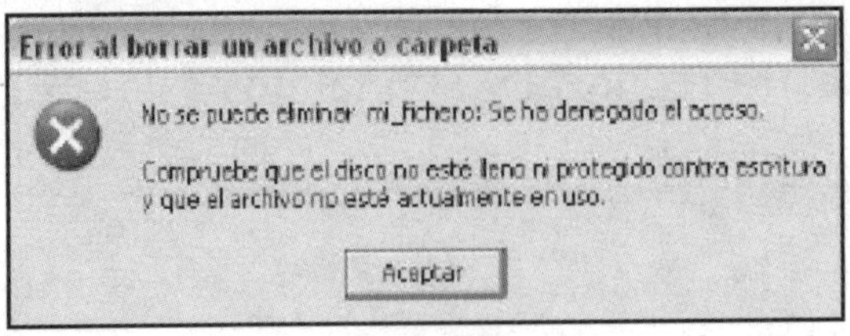

Se aprecia claramente mediante un mensaje de seguridad que no tenemos permisos para modificar ese fichero, por lo tanto nuestra configuración ha sido correcta y precisa.

Ahora contamos con una carpeta compartida y con 2 usuarios, que como sabemos uno es administrador (pero trabaja en local) y otro es remoto y limitado. En este ejercicio práctico hemos aprendido que, siendo limitado o no, podemos con este truco poner los permisos que queramos a cada usuario, con lo que ganamos seguridad. Mi recomendación es que cuando haya que dar un acceso a un usuario remoto, lo creemos limitado, esto evitará que pueda realizar cosas que no deseamos.

Muchos se estarán preguntando que entonces según lo explicado necesitamos varios usuarios en el sistema, por lo menos uno por cada persona con la que queramos compartir. Esto no es del todo cierto ya que tener muchos usuarios no es recomendado. No obstante siempre podremos crear o bien un usuario general llamado por ejemplo: «COMPARTIDO» y dar permisos sobre él, sabiendo que son muchas las personas que tendrán los mismos permisos. Esta situación es buena en sitios con gente de confianza, ya que sabemos que no nos modificarán nuestros datos, pero otra solución es crear grupos, es decir grupos, por ejemplo: FAMILIA, AMIGOS, TRABAJO y en ellos poner permisos de manera general y específica para cada grupo. Luego sólo bastará que ese usuario esté dentro de ese grupo y al seleccionar los permisos elegiremos el grupo y no a los usuarios, con lo que si tenemos 10 usuarios, podremos trabajar en grupos y no de manera individual.

Windows también permite compartir como usuario invitado, el cual es un usuario limitado que tiene acceso a los recursos compartidos. Esta última opción es cómoda pero no recomendable debido a su poca flexibilidad.

Todo esto se está viendo de cara a una red domestica o de pequeña empresa, no obstante de manera informativa explicaré cómo lo hacen las grandes empresas:

Siempre se oye a alguien decir: «Pues el servidor de mi empresa», «es que el controlador de dominio», etc.

En las empresas medianas o grandes lo que utilizan para compartir sus datos de manera segura son servidores, que no son otra cosa que un ordenador más potente de lo normal dedicado exclusivamente a almacenar datos, compartir, permisos, usuarios, impresoras, configuraciones desde un mismo ordenador; además el sistema operativo tiene que ser un server, por ejemplo: «WINDOWS 2003 SERVER», que son sistemas especiales para poder configurar todo lo que queramos compartir y muchas cosas más, como puede ser un servidor web, servidor DNS o de impresión, etc.

Una cosa que también nos podemos plantear en esta parte de la práctica es que es un incordio el tener que poner usuario y contraseña cada vez que alguien quiera acceder a nuestro recurso compartido. No sólo es un incordio, también es poco seguro que alguien tenga un usuario y una contraseña de tu ordenador (por eso recomiendo limitado en remoto). Pero para esto hay una fácil solución, se trata de que a la persona que quiera acceder a nuestro ordenador, le salga en el suyo propio una unidad (os acordáis en **MI PC**), de tal manera que para él parece que está en su propia máquina cuando en realidad está en nuestro recurso compartido y todo esto sin poner usuario y contraseña.

A esto se le llama en el mundo informático **MAPEO DE RED** o MAPEAR LA RED y a continuación voy a explicar cómo se hace.

>>> Mapeo de red, adquiriendo seguridad en recursos compartidos

Para el ejemplo nos vamos a situar en el ordenador de la persona que quiere acceder a mi recurso «sí, la faena de esto es que la primera vez hay que estar en el ordenador de la otra persona» y desde ese ordenador nos vamos primero a ver en la pestaña **MI PC** cómo está configurado su ordenador.

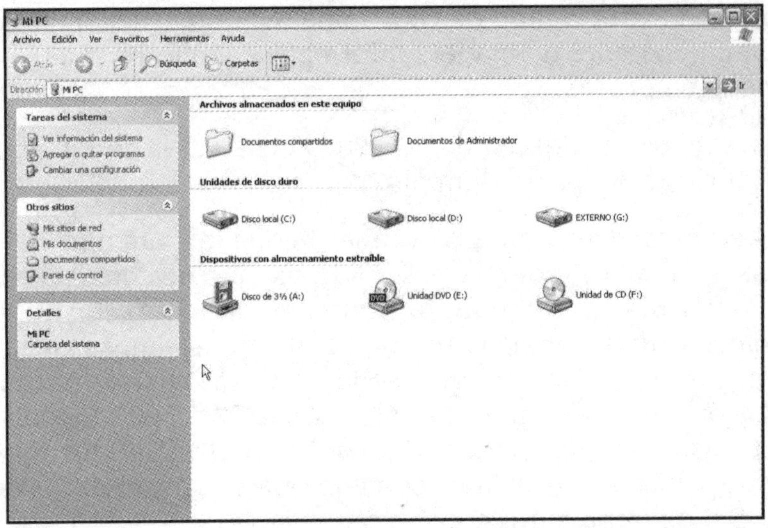

Como podemos apreciar en la imagen, este ordenador tiene bastantes cosas, desde archivos del propio equipo, hasta particiones en el disco duro.

Lo que tenemos que hacer ahora es ir a la pestaña de **HERRAMIENTAS** arriba y al seleccionar nos saldrá un menú que es familiar para nosotros, ya que lo hemos utilizado en otras prácticas y pulsar en **CONECTAR UNIDAD DE RED** y nos aparecerá una pantalla como ésta:

En esta pantalla tenemos que tener seleccionada la casilla que pone **CONECTAR DE NUEVO AL INICIAR SESIÓN**, después tenemos que buscar el recurso compartido el cual queremos que aparezca en el ordenador como una unidad más. Para ello hay que pulsar sobre **EXAMINAR** y veremos algo parecido a esto:

Ésta es una ventana que nos muestra nuestra red y, por lo tanto, si existe o no algún recurso compartido por parte de algún otro ordenador.

Al encontrar nuestro recurso, tenemos que seleccionarlo y pulsar **ACEPTAR** para que nos devuelva a la pantalla anterior pero con el recurso seleccionado:

Como podemos apreciar, ya está la carpeta seleccionada. Ahora tenemos que pulsar sobre: **CONECTAR USANDO OTRO NOMBRE DE USUARIO**, al pinchar sobre esto nos pedirá usuario y contraseña:

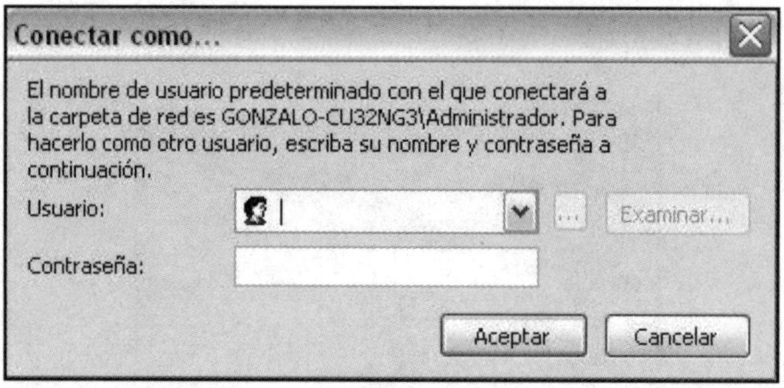

Aquí tenemos que poner el usuario y contraseña que creamos en nuestra máquina, es decir el usuario MÓNICA. Después sólo queda pulsar **Aceptar** en todo y cuando este usuario vaya a su apartado **MI PC**, verá que tiene una unidad más, que será la carpeta compartida. De esta manera, tendremos compartida una carpeta, nuestro usuario podrá verla y en ningún caso ha visto o sabe cuál es la contraseña y el usuario, ya que esto se memoriza y siempre que inicie su ordenador tendrá la unidad disponible (siempre y cuando el ordenador que comparta esté encendido claro, por eso lo de los servidores dedicados ;-)

Aquí podemos ver el resultado final:

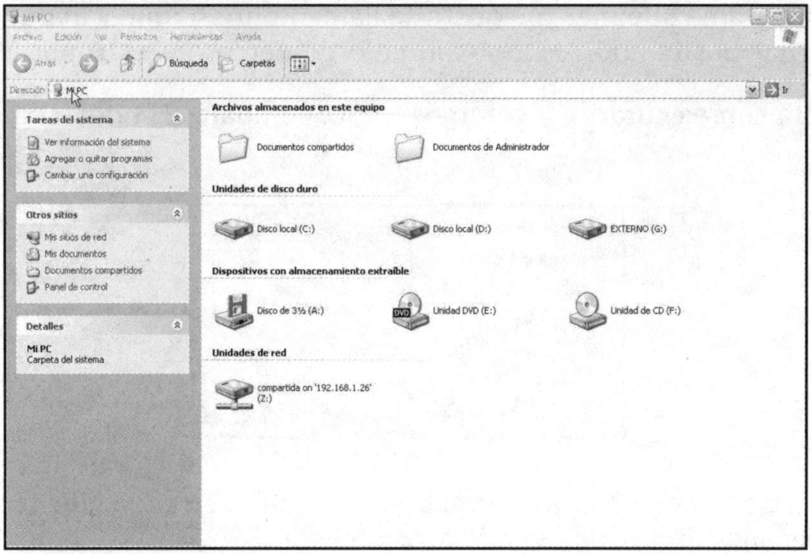

Una vez creados nuestros usuarios y puesto contraseñas a cada uno de ellos, hemos podido comprobar la gran utilidad que tiene el disponer de contraseña. Vuelvo a repetir que «es fundamental para un sistema, aunque sea el de casa». Estos beneficios se plasman en seguridad y eficacia.

Una de las medidas más fuertes de seguridad para el sistema en general es trabajar nosotros como usuario limitado. Esto es un poco molesto ya que nos pedirá la contraseña en multitud de ocasiones, pero es muy seguro para el sistema operativo.

>>> Instalación y configuración de la herramienta RunAsAdmin (programas con usuarios limitados)

Para ganar en seguridad con los usuarios, existen programas que hacen que el sistema operativo arranque con un usuario administrador y luego podamos elegir la aplicación que queramos (por ejemplo, Outlook) para que arranque con unos determinados permisos y así evitar si nos entra un virus por el correo que nos afecte a nosotros, sin duda alguna es una de las mejores medidas globales de seguridad para todo.

El programa que más me gusta se llama RunAsAdmin y lo podemos descargar desde aquí: http://sourceforge.net/projects/runasadmin/

Basta con ejecutarlo, y veremos un icono abajo a la derecha como éste:

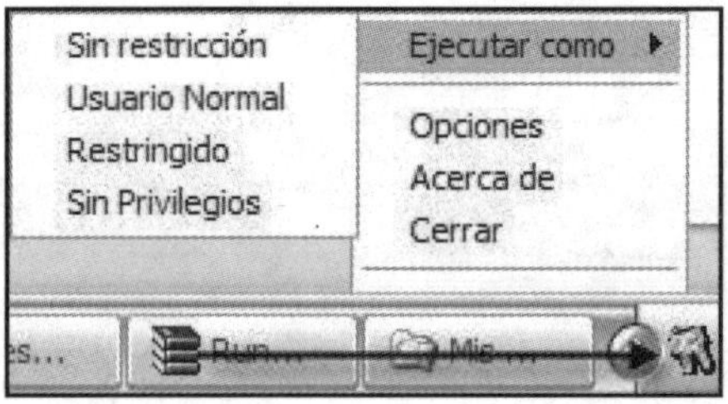

Seleccionamos usuario normal, nunca administrador que sería sin restricción y vemos una ventana como ésta:

Aquí es tan sencillo como darle a **BUSCAR** e ir a la ruta donde está el .exe del programa que queremos que ejecute con permisos de usuario normal (no como administrador) y listo. También en las versiones recientes se integra con el navegador de Windows (es decir el menú de las ventanas) y podemos, por ejemplo, seleccionar el programa y darle al **BOTÓN DERECHO** y vemos esto:

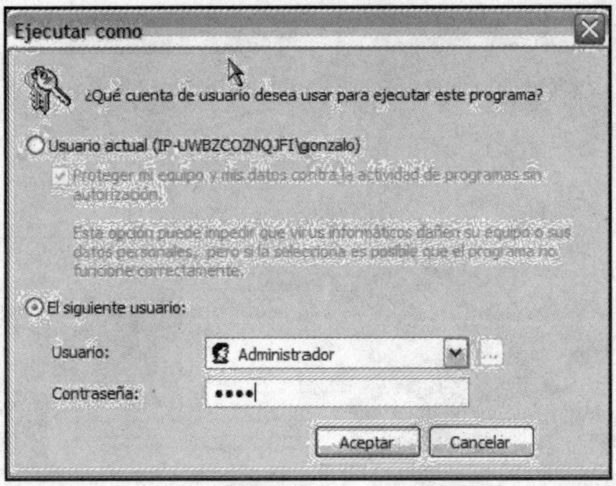

Con lo que podemos elegir el usuario que queremos que ejecute la aplicación.

>>> Bloqueo del Sistema Operativo (Vete tranquilo)

Otra configuración que debemos tener en cuenta para perfilar nuestro sistema operativo, es la de bloquear nuestro terminal. Es decir, si nos vamos a tomar un café ya sea por un rato o por mucho tiempo, estamos expuestos a que cualquier persona vaya hasta nuestro ordenador y haga todo lo que desee con él como, por ejemplo, crearse un usuario con un nombre tal como (win_user) el cual, aunque lo veamos por nuestro ordenador, nunca dudaremos de él por lo curioso del nombre. Esto es lo que hacen muchos virus y hackers cuando acceden a un ordenador; al poner estos nombres el usuario duda de si es legítimo o no.

Para que esto no ocurra, debemos de hacer unos cambios que por defecto no vienen. Una buena manera de «matar dos pájaros de un tiro» es configurar nuestro salvapantallas para que cuando se active, no sólo nos proteja de quemar nuestro monitor sino que también pida contraseña para volver al sistema.

Para realizar esto, tenemos que ir al escritorio y con el cursor del ratón sobre el fondo de pantalla, hacer clic con el botón derecho. Ahí nos encontraremos con varias opciones como éstas:

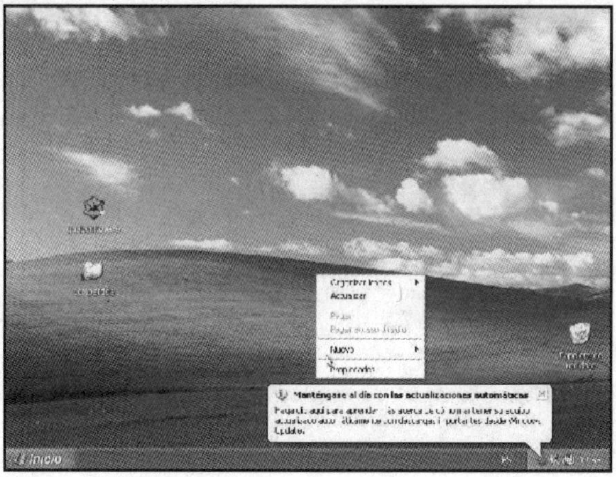

Aquí tenemos que pinchar sobre **PROPIEDADES** para acceder al menú siguiente:

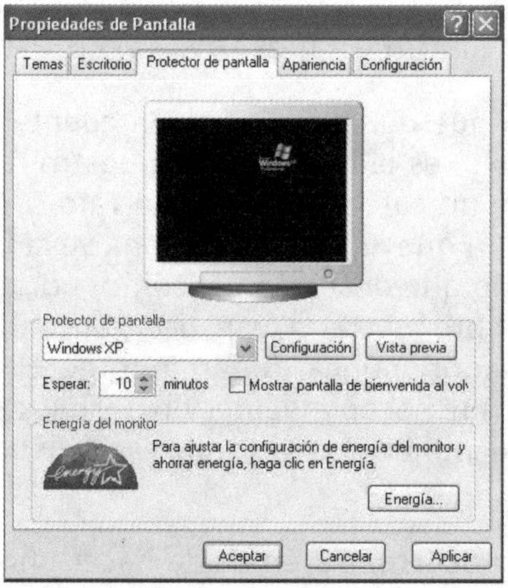

Aquí hay que buscar la pestaña **PROTECTOR DE PANTALLA** y asegurarnos de marcar el cuadradito **MOSTRAR PANTALLA DE BIENVENIDA AL VOLVER**. Una vez seleccionado, hay que pulsar sobre **APLICAR** y **ACEPTAR**.

En este mismo apartado, podemos configurar el tiempo que queremos que tarde en saltar el salvapantallas. Lo normal es poner 10 minutos, pero para aquellas personas que trabajen en oficinas cerca de gente le recomiendo que pongan menos, aunque sea para evitar la típica broma del compañero de ponerte de fondo de escritorio algo picante ;-)

Con esta configuración podemos estar tranquilos, pero nos podemos preguntar: ¿y si yo no quiero que pase tanto tiempo y lo configuro para que salte cada minuto? Pues si lo haces, te será muy incomodo, ya que esto salta cuando detecta inactividad. Imagina que estás leyendo y te salta cada dos por tres, realmente es bastante molesto. Por eso hay un pequeño truco que podemos hacer, por ejemplo, dejar los 10 minutos predeterminados y para caso puntuales o siempre que se quiera podemos utilizar un atajo de teclado. Basta con pulsar el botón de **WINDOWS** y, sin soltar, la letra **L**; con esto se protegerá nuestro ordenador directamente. Una vez más hemos visto una medida en la que la contraseña cobra importancia, ya que si no la tenemos no se bloquea el sistema con protección.

>>> Referencias

Curso de redes muy completo y bien explicado.

http://www.saulo.net/pub/redes/c.htm

Artículo sobre el mapeo de redes en Windows.

http://www.windowstimag.com/atrasados/2003/82_dec03/articulos/a_fondo.asp

9

Seguridad más avanzada en Windows XP

Todos estos consejos son muy interesantes y efectivos pero recordad que la mayor parte de la seguridad está en vuestras manos, en vuestro comportamiento, en vuestra decisión. Perdonad si soy algo pesado con este tema recordándolo constantemente durante el libro, pero la intención es la de concienciar no sólo al usuario, sino también a la persona.

Después de esta breve reflexión, vamos a continuar con el tema que nos atañe.

Hasta ahora todas las técnicas explicadas eran para proteger el sistema y así evitar desastres no deseados. Pero bien, estos siguientes puntos tratan por supuesto de prevención, pero también de observación y conocimiento de lo que ocurre en nuestro sistema operativo. A priori son explicaciones para personas cualificadas o metidas en el mundo informático, pero mi explicación seguirá en el mismo tono que hasta ahora, por lo tanto intentaré que todos los lectores sepan qué es lo que pasa en su sistema de manera amena y comprensible.

Antes de llegar al ejemplo práctico, quiero explicar cada concepto de la manera más sencilla y posible.

Mucho se habla de servicios, puertos de comunicaciones, arranque del sistema, etc., pero todo esto tiene una especial importancia de cara a la seguridad, ya que al tratarse de la base de la informática, debemos de conocerla aunque sea de una manera superficial.

Para estos casos siempre me gusta hacer referencia a una metáfora para que la explicación sea lo más viable y precisa posible.

Imaginad que los ordenadores son casas. Dentro de ellas hay todo un mundo de comunicaciones internas y de circuitos electrónicos. Estas casas para comunicarse con otras casas (ordenadores) lo hacen a través de las ventanas (lo que en los ordenadores llamamos **PUERTOS**).

Para que se establezca una comunicación, la ventana de una casa tiene que tener unas cuerdas de la ropa desde su ventana a la otra: con esto conseguimos que se pongan de acuerdo y se puedan comunicar.

Ahora imaginad que todas las ventanas son diferentes, cada una tiene una característica especial y particular, por ejemplo una tiene una cuerda mas rápida, otra una cuerda más fuerte, a esto es a lo que llamaríamos en informática **PROTOCOLOS**. Es como elegir el medio y la manera por el que queremos que vaya nuestra ropa (información) de un sitio a otro.

Por ejemplo, para navegar por Internet (utilizamos la cuerda rápida) puerto 80 del ordenador, para mandar correo electrónico (utilizamos la cuerda mas gruesa) puerto 25 del ordenador. Ahora bien, siempre son las mismas cuerdas, es decir el correo siempre es el puerto 25 y para navegar siempre se utiliza el puerto 80 (al menos así es la teoría). Hay unas normas estándar que dictan cómo se tienen que comunicar los ordenadores según el protocolo, para que todo el mundo se ponga de acuerdo. Esto como siempre es la teoría, pero imagina que la empresa C.E.N.S. pone una web para que la gente la visite; pues si no la configura para que sea la comunicación por el puerto definido en las normas (puerto 80), nadie la verá a no ser que nos digan cuál es el puerto y eso no les interesa.

>>> Puertos de comunicación

¿Cuántos puertos hay?, os preguntaréis.

Pues que estén definidos por instituciones oficiales, hay desde el 0 al 1024, todos estos números son puertos que tienen asociados un protocolo específico como por ejemplo:

- **80 (http) para navegar.**
- **21 (ftp) para transmitir archivos.**
- **25 (smtp) para mandar correo electrónico.**
- **110 (pop) para recibir correo electrónico.**

Luego hay desde 1024 al 65535, que son puertos libres y dinámicos para que las aplicaciones (programas) se puedan apoyar en ellos.

Para que desde una ventana podamos hablar con otra, la cuerda (el protocolo) tiene que ser el mismo, pero además la ventana (ordenador) con la que queremos comunicarnos tiene que estar abierta (puerto abierto), o a la escucha (esperando a compartir ropa) como se dice en la informática. Por tanto, una de nuestras metas es saber qué puertos (ventanas) tiene nuestro ordenador abiertos, ya que son un acceso para que algún hacker entre en nuestro sistema a través de los diferentes protocolos (tipo de cuerda).

¿Y quién abre estos puertos? Pues bien lo hacen los servicios o aplicaciones, por tanto otro aspecto que hay que controlar de nuestro sistema son los servicios y aplicaciones que arranca (puesto que éstos nos abren ventanas al exterior).

Nuestra primera práctica es saber qué puertos tiene nuestro ordenador abiertos para determinar si son legítimos o no.

Para ello, en primer lugar utilizaremos comandos propios del sistema Windows XP. Para poder ejecutar comandos en el sistema tenemos que ir a **INICIO**, **EJECUTAR** y allí escribir **CMD**.

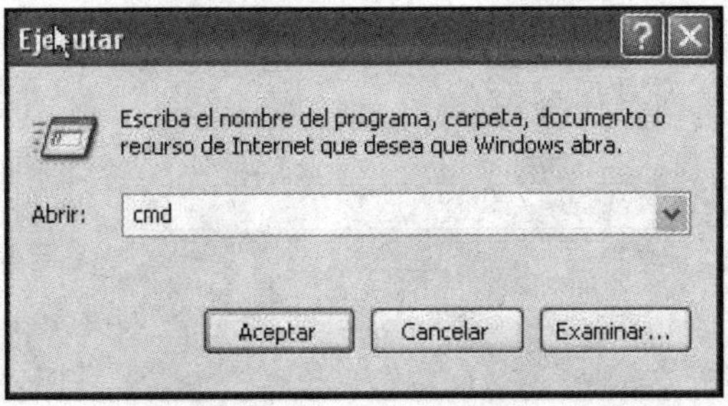

Al pulsar **ACEPTAR**, en ese momento nos saldrá una ventana como ésta:

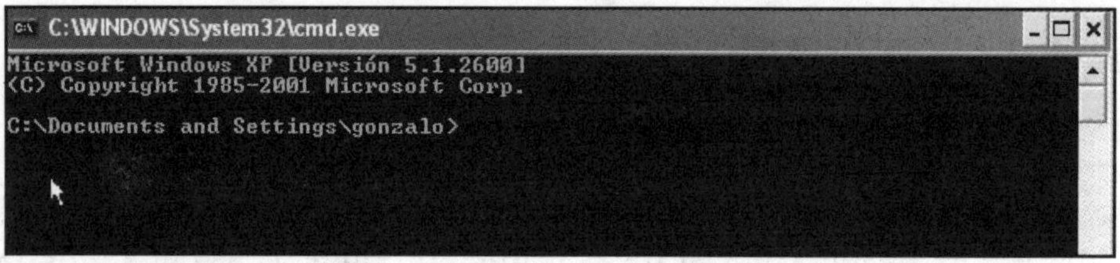

La vuestra será igual, pero con otro nombre de usuario, que en mi caso es Gonzalo.

Esta misteriosa ventana negra no es otra cosa que una consola interna de comandos. Desde aquí podemos hacer infinidad de cosas todas ellas por comandos y la mayoría en formato texto. Esta consola es muy importante para cualquier administrador de sistemas, y por supuesto para nosotros ya que nos servirá para conocer mucho más nuestro sistema.

>>> ¿Cómo saber la dirección IP del ordenador?

Lo primero que debemos saber es nuestra dirección IP. Una IP es como el D.N.I. de una persona, es como la dirección de una casa, y gracias a esa IP (que es un número) los ordenadores saben dónde están los otros en cada momento. Para saber cuál es nuestra IP desde la línea de comandos (cmd), tenemos que poner el comando **IPCONFIG** (en minúsculas) y al pulsar **INTRO** nos saldrá algo como esto:

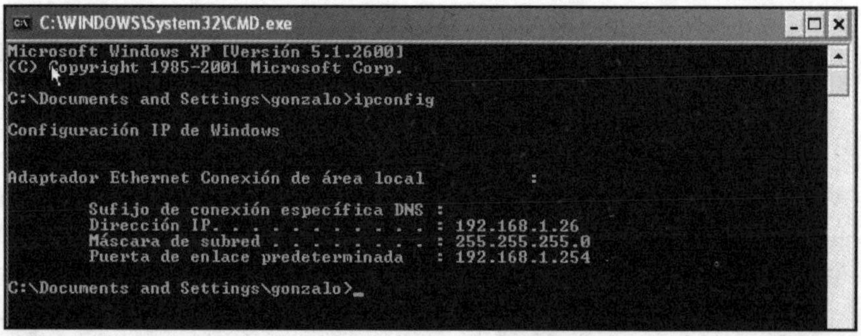

En este ejemplo, mi dirección IP es la 192.168.1.26. En cuanto a la máscara de red, en principio no le haremos mucho caso, ya que eso sería profundizar demasiado en el tema de las comunicaciones. Pero sí nos interesa saber lo que es la puerta de enlace predeterminada, que en mi caso es la 192.168.1.254. Esta puerta es por donde pasan todas las comunicaciones que salgan de mi ordenador, ya sea accediendo a otro ordenador de mi casa (como el de Mónica) o navegando por Internet. Es como la central de correos a la que nosotros le damos una carta y ellos ya saben o deben saber cómo hacerla llegar. La puerta de enlace en el ámbito doméstico suele ser el router; luego veremos las ventajas de tener un router frente a un módem.

Hay un comando en Windows que sirve para ver cuáles son los puertos que nuestro sistema tiene abierto. Es **NETSTAT - AN** (en minúsculas). Al escribirlo en la consola y pulsar **INTRO**, veremos lo siguiente.

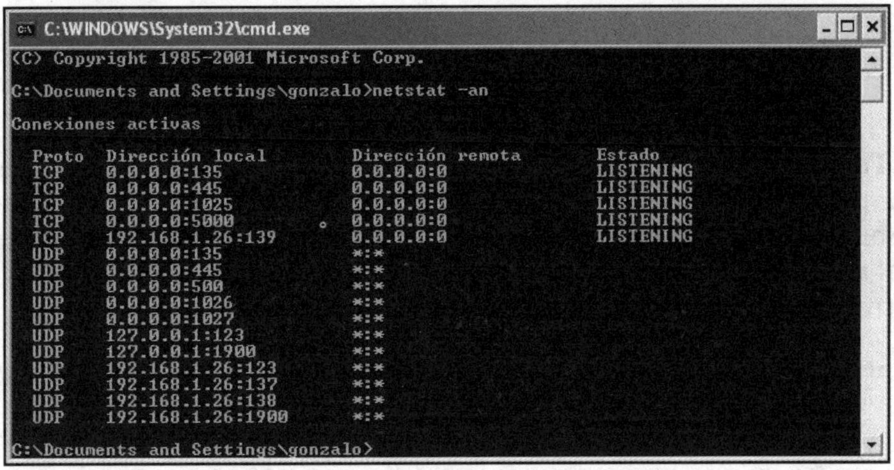

La opción **-AN** es para ver los puertos a la escucha y el numero de puerto. Si ejecutamos -**NETSTAT /H** podemos ver todas las opciones que tiene.

Como podemos apreciar en la imagen, tenemos información detallada. Por un lado la primera columna, nos dice qué protocolo está usando. En este caso los generaliza en dos grandes grupos (**TCP** y **UDP**, estos se explican en el capítulo de firewall). La segunda columna muestra las direcciones locales y los puertos, es decir las direcciones de nuestro ordenador. La tercera columna muestra la dirección remota, en este caso no hay ninguna. La última columna es el estado, es decir, si está a la **escucha**, - **listening** (**abierto** y esperando conexiones), **establecida** o **cerrado.**

Algunos estaréis diciendo que veis más de una dirección. Pues bien, la 0.0.0.0, y la 127.0.0.1 son direcciones especiales que todos los ordenadores llevan. Sirven para comunicaciones internas, por tanto nuestra dirección real y la que nos atañe es la que hemos visto con el anterior comando, **192.168.1.26**.

Como podemos apreciar en la imagen, muestra la dirección junto a un número:

192.168.1.26:139

Éste número es el puerto que está o bien abierto o establecido.

El puerto **137, 138, 139** e incluso el **445** es por normativa el **NETBIOS y SMB**, que es un protocolo que utilizan los Windows para compartir carpetas o impresoras. Gracias a este protocolo podemos compartir información entre ordenadores. Vamos a ver un ejemplo real que nos servirá para ver cómo se establecen las comunicaciones entre los ordenadores.

Seguiremos los ejercicios como anteriormente, es decir teníamos una carpeta compartida en nuestro ordenador y ahora vamos a acceder desde otro de nuestra casa. Los pasos para establecer la conexión los omito, ya que han sido ampliamente explicados.

Así que poneos manos a la obra, llegad desde el ordenador al que le «mapeamos» la carpeta compartida y acceded al archivo que pusimos de prueba.

Una vez que hemos accedido a la carpeta, vamos ahora al ordenador principal y repetimos los pasos para abrir una consola (ya explicado) y pondremos el mismo comando que nos interesa en este ejercicio –**NETSTAT** –**AN** (minúsculas). El resultado será éste:

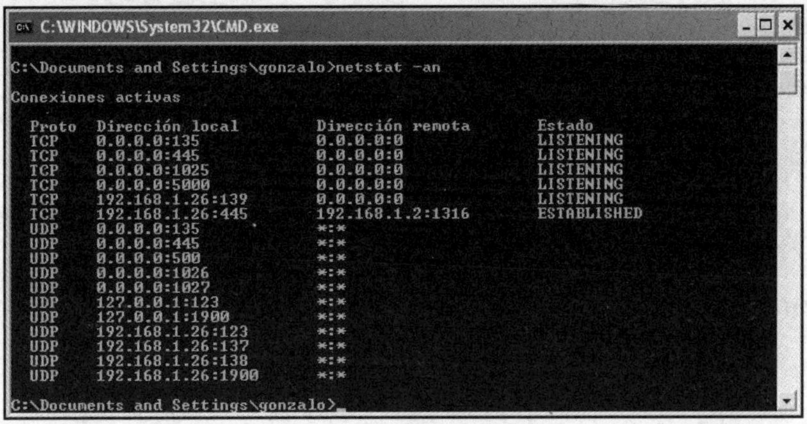

```
C:\WINDOWS\System32\CMD.exe

C:\Documents and Settings\gonzalo>netstat -an

Conexiones activas

  Proto  Dirección local          Dirección remota       Estado
  TCP    0.0.0.0:135              0.0.0.0:0              LISTENING
  TCP    0.0.0.0:445              0.0.0.0:0              LISTENING
  TCP    0.0.0.0:1025             0.0.0.0:0              LISTENING
  TCP    0.0.0.0:5000             0.0.0.0:0              LISTENING
  TCP    192.168.1.26:139         0.0.0.0:0              LISTENING
  TCP    192.168.1.26:445         192.168.1.2:1316       ESTABLISHED
  UDP    0.0.0.0:135              *:*
  UDP    0.0.0.0:445              *:*
  UDP    0.0.0.0:500              *:*
  UDP    0.0.0.0:1026             *:*
  UDP    0.0.0.0:1027             *:*
  UDP    127.0.0.1:123            *:*
  UDP    127.0.0.1:1900           *:*
  UDP    192.168.1.26:123         *:*
  UDP    192.168.1.26:137         *:*
  UDP    192.168.1.26:138         *:*
  UDP    192.168.1.26:1900        *:*

C:\Documents and Settings\gonzalo>_
```

Como vemos en la imagen, tenemos nuestra IP con el puerto 445 conectada a otra IP **192.168.1.2** (que es el otro ordenador) que es quien se ha introducido en nuestra carpeta compartida. El estado es establecido, por lo que todavía sigue conectado a nuestro recurso. Si pusiésemos este mismo comando en la otra máquina (es decir la que se conecta), veríamos algo como esto.

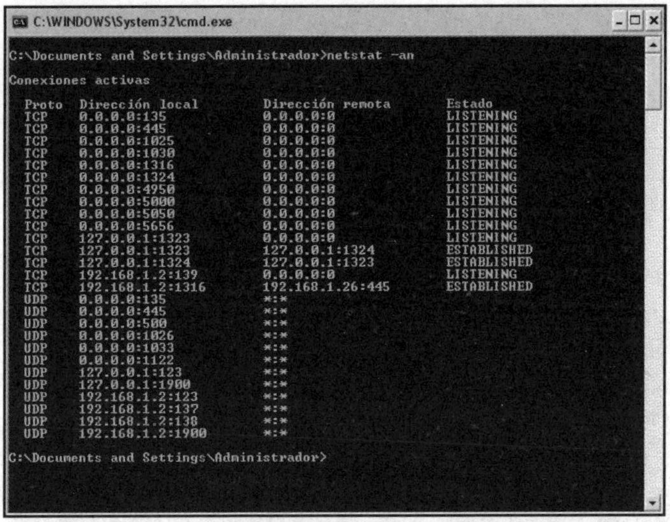

```
C:\WINDOWS\System32\cmd.exe

C:\Documents and Settings\Administrador>netstat -an

Conexiones activas

  Proto  Dirección local          Dirección remota       Estado
  TCP    0.0.0.0:135              0.0.0.0:0              LISTENING
  TCP    0.0.0.0:445              0.0.0.0:0              LISTENING
  TCP    0.0.0.0:1025             0.0.0.0:0              LISTENING
  TCP    0.0.0.0:1030             0.0.0.0:0              LISTENING
  TCP    0.0.0.0:1316             0.0.0.0:0              LISTENING
  TCP    0.0.0.0:1324             0.0.0.0:0              LISTENING
  TCP    0.0.0.0:4950             0.0.0.0:0              LISTENING
  TCP    0.0.0.0:5000             0.0.0.0:0              LISTENING
  TCP    0.0.0.0:5050             0.0.0.0:0              LISTENING
  TCP    0.0.0.0:5656             0.0.0.0:0              LISTENING
  TCP    127.0.0.1:1323           0.0.0.0:0              LISTENING
  TCP    127.0.0.1:1323           127.0.0.1:1324         ESTABLISHED
  TCP    127.0.0.1:1324           127.0.0.1:1323         ESTABLISHED
  TCP    192.168.1.2:139          0.0.0.0:0              LISTENING
  TCP    192.168.1.2:1316         192.168.1.26:445       ESTABLISHED
  UDP    0.0.0.0:135              *:*
  UDP    0.0.0.0:445              *:*
  UDP    0.0.0.0:500              *:*
  UDP    0.0.0.0:1026             *:*
  UDP    0.0.0.0:1033             *:*
  UDP    0.0.0.0:1122             *:*
  UDP    127.0.0.1:123            *:*
  UDP    127.0.0.1:1900           *:*
  UDP    192.168.1.2:123          *:*
  UDP    192.168.1.2:137          *:*
  UDP    192.168.1.2:138          *:*
  UDP    192.168.1.2:1900         *:*

C:\Documents and Settings\Administrador>
```

Como podemos ver en este ordenador, nos muestra lo mismo pero al contrario: dice que su máquina (192.168.1.2 está conectada a la máquina 192.168.1.26 por el puerto 445).

Gracias a este comando podemos saber en cada momento los puertos que están a la escucha, cuáles están conectados y cuáles han sido desconectados y sobre todo quién ha realizado estas acciones.

Ahora vamos a ver un ejemplo muy típico: una conexión que va desde nuestro ordenador a un servidor web (puerto 80). Vamos abrir un navegador y a introducir en la barra de direcciones esta dirección: http://www.google.com

Ahora pulsamos **IR**, comprobamos y vemos que estamos en Google:

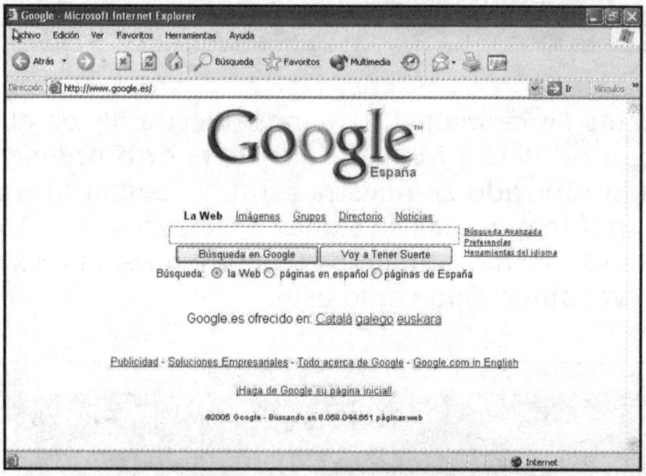

A continuación, abrimos una consola de comandos como sabemos: **INICIO**, **EJECUTAR**, **CMD** y **INTRO**. Escribimos el comando -**NETSTAT** -**AN** (con minúsculas todo), y veremos esto:

Si nos fijamos en la imagen, podemos apreciar que desde nuestra IP (192.168.1.26) se ha establecido una conexión con otra IP (66.249.87.104) a su **puerto 80** (os acordáis que este puerto pertenece al protocolo **HTTP**). Por lo tanto, gracias a este comando hemos podido comprobar que hay una conexión a otra IP, ahora debemos valorar si es por una conexión nuestra o no.

Otra cosa importante que este comando nos puede mostrar es quién o qué programa está a la escucha (listening). Por ejemplo, en la imagen vemos que el puerto 5000 de nuestra máquina está escuchando (esperando comunicarse), pero yo no sé qué servicio o aplicación abre eso. Hay varias formas de averiguarlo, pero aquí voy a mostrar una herramienta muy útil que funciona en la línea de comandos y que ha sido desarrollada por una conocida empresa de seguridad. La utilidad, llamada Fport, es freeware (lo que quiere decir que es gratis) y se puede descargar desde esta dirección:

http://www.foundstone.com/

http://www.foundstone.com/index.htm?subnav=resources/navigation.htm&subcontent=/resources/freetools.htm (Descarga directa)

>>> Instalación y uso práctico de la herramienta Fport

En la misma web arriba citada, se pueden encontrar muchas herramientas de seguridad, pero son para un nivel más avanzado.

Una vez descargada la aplicación, que viene comprimida en un archivo .zip, lo descomprimimos y lo ponemos en el escritorio. Como podemos ver, es una carpeta llamada f-port 2.0, que es la versión que hay en el momento de escribir el libro.

Para acceder a ella desde la línea de comandos, debemos abrir una consola como antes.

>>> La línea de comandos en Windows, manejo básico

Para movernos por los directorios desde la línea de comandos, tenemos que utilizar el comando –**CD** (en minúsculas) y el nombre del directorio, para meternos en un directorio y el comando -**CD ..** (en minúsculas) para salir del mismo e ir uno más atrás (es como dar a la carpeta con la flecha hacia arriba). Para ver lo que hay dentro de ese directorio, ponemos -**DIR** (en minúsculas) y nos mostrará el contenido del directorio donde estemos en ese momento, que siempre que abrimos una consola nos lleva directamente al del usuario que esté en el sistema. Abajo podemos ver el resultado del comando -**DIR**:

```
C:\Documents and Settings\gonzalo>dir
 El volumen de la unidad C no tiene etiqueta.
 El número de serie del volumen es: 141E-5899

 Directorio de C:\Documents and Settings\gonzalo

25/01/2005  13:05    <DIR>          .
25/01/2005  13:05    <DIR>          ..
12/04/2005  19:32    <DIR>          Escritorio
25/01/2005  13:07    <DIR>          Favoritos
25/01/2005  12:05    <DIR>          Menú Inicio
25/01/2005  13:06    <DIR>          Mis documentos
               0 archivos              0 bytes
               6 dirs   2.951.237.632 bytes libres

C:\Documents and Settings\gonzalo>
```

Como vemos en la imagen, actualmente nos encontramos en el directorio del usuario **gonzalo** y al hacer un -**DIR** vemos lo que tenemos dentro del mismo. Ahora nos interesa ir al escritorio, ya que es allí donde hemos dejado nuestra carpeta con el programa en cuestión. Entonces ponemos -**CD Escritorio** y al pulsar la tecla **Intro** habremos entrado en el escritorio, pero con la línea de comandos (modo texto) ;-)

Una vez dentro del escritorio, hacemos un -**DIR** , para ver si efectivamente está nuestra carpeta que allí hemos colocado. Si es así, entramos en la carpeta de la misma manera que he explicado antes -**CD Fport- 2.0**. Una vez dentro de esta carpeta volvemos a hacer un -**DIR** para ver qué tiene dentro y vemos esto:

```
C:\Documents and Settings\gonzalo\Escritorio\Fport-2.0>DIR
 El volumen de la unidad C no tiene etiqueta.
 El número de serie del volumen es: 141E-5899

 Directorio de C:\Documents and Settings\gonzalo\Escritorio\Fport-2.0

12/04/2005  19:33    <DIR>          .
12/04/2005  19:33    <DIR>          ..
04/05/2001  13:58           114.688 Fport.exe
05/06/2002  22:30             1.477 readme.txt
               2 archivos        116.165 bytes
               2 dirs   2.951.237.632 bytes libres

C:\Documents and Settings\gonzalo\Escritorio\Fport-2.0>
```

Como veis, tenemos el programa que es un **Fport.exe** (os suena la extensión) y un readme.txt (que suele ser información del programa).

Que nadie intente ejecutar este .exe con un doble clic del ratón, ya que no verá nada, como mucho una consola de comandos que aparece y desaparece muy rápido.

Ahora ya nos encontramos en el directorio del programa, así que sólo tenéis que escribir Fport.exe en la consola para ejecutarlo desde la línea de comandos y pulsar **Intro**, ¡BINGO!

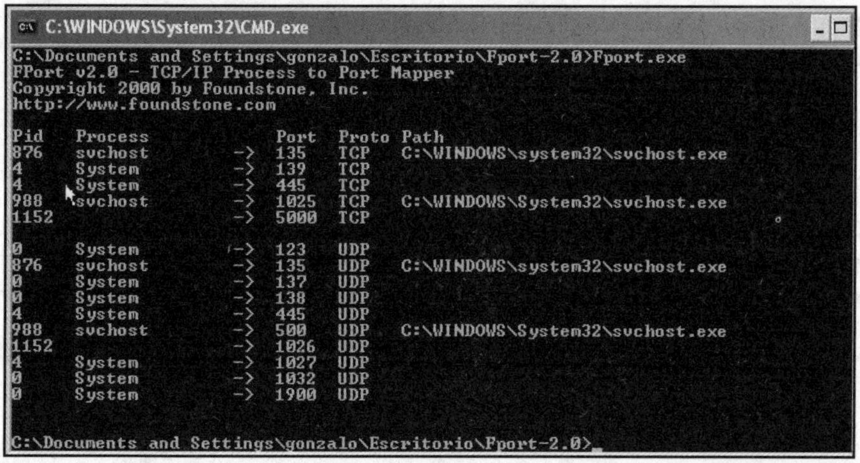

Como podemos ver, este programa nos permite saber la localización del puerto a la escucha o establecido. En mi caso, lo único que muestra es el **svchost.exe**, que es un proceso interno de Windows. Si alguien estuviese ejecutando el Messenger u otra aplicación, se vería aquí su ruta completa, es decir c:\Archivos de Programas\ ..., etc. y de esta manera podríamos saber qué es exactamente lo que está levantando (abriendo) esta conexión.

Para hacerlo mas fácil y bonito, existen programas gráficos que muestran esta información, pero quería aprovechar esta herramienta para explicar por encima la línea de comandos (todos los días se aprende algo).

El programa que voy a mostrar que hace todo esto y algo más se llama **tcpview**.

Hasta ahora hemos visto cómo funciona nuestro ordenador, cómo detectar conexiones raras y averiguar de dónde viene, pero ¿y si sabemos de dónde viene y no sabemos cortarla?

>>> ¿Cómo evitar las conexiones no legítimas?

Esto es precisamente lo que hace este programa. Para descargarlo, basta con ir a la página web de la empresa que lo ha desarrollado. Se trata de un programa freeware y esta misma empresa posee una cantidad de aplicaciones muy buenas y válidas para la seguridad informática, la dirección es: http://www.sysinternals.com/NetworkingUtilities.html.

>>> Instalación y uso de la herramienta TCPVIEW

Allí pincharemos en el nombre del programa y lo descargaremos a nuestro ordenador. Lo podemos colocar, por ejemplo, en una carpeta en el escritorio o en nuestra unidad de datos que se llame aplicaciones.

Una vez descargado y descomprimido el programa, pinchamos sobre el .exe (**tcpview.exe**) y vemos algo parecido a esto:

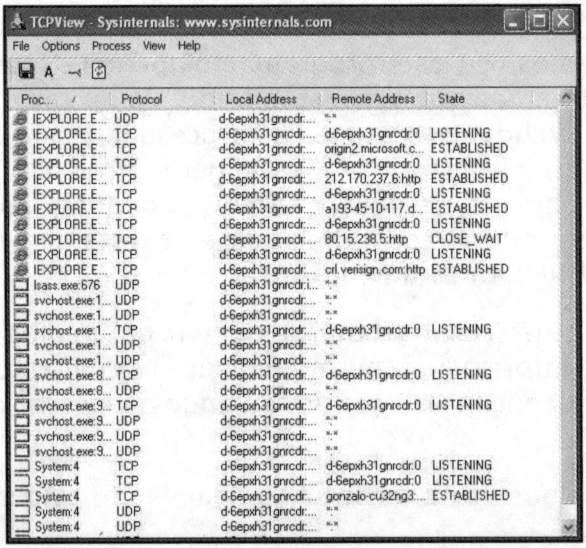

Por un lado nos muestra el programa que está levantando esas comunicaciones como por ejemplo **Internet Explorer**; luego te dice el **protocolo** que utiliza, la **dirección local** (en este caso es el nombre de mi equipo) y la **dirección remota**, además del estado en el que se encuentran las comunicaciones. Podemos ver también al final que hay una comunicación establecida con una máquina. En este caso es otro ordenador que tengo en casa, que está conectado a la unidad compartida que configuramos al principio. Si este ordenador no fuese de confianza o si lo fuera pero deseamos desconectarlo, podríamos hacer lo siguiente.

Situamos el ratón sobre la conexión que queremos detener y pulsamos el botón derecho:

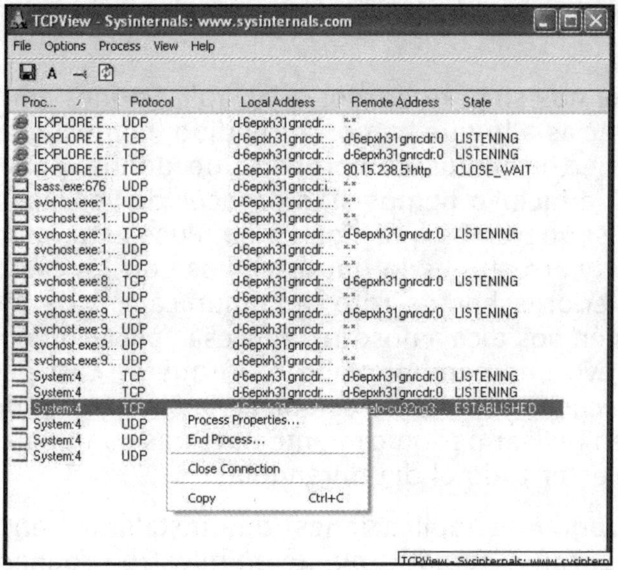

Al aparecer este menú, debemos elegir **END PROCESS** y esa comunicación desaparecerá, vamos que este ordenador se desconectará de esa carpeta compartida. Esto está muy bien por si apreciamos comunicaciones que no son legítimas. Otra cosa peculiar de este programa es que nos permite ver las comunicaciones en tiempo real y con unos bonitos colores; sin duda alguna un gran trabajo de unos buenos programadores.

>>> Los Servicios en Windows XP Profesional

Bueno, poco a poco pero de manera firme, cada vez tenemos más conocimientos de lo que ocurre en nuestro ordenador y eso sin duda nos hace ir un paso por delante con respecto a los ataques informáticos.

Lo siguiente que vamos a ver son los servicios. ¿Qué son los servicios? Ya hemos explicado lo que es un puerto, lo que hace, todos sabemos ya que existen aplicaciones que abren un puerto... Pues bien, los servicios también abren puertos, es decir, son aplicaciones orientadas a dar servicio, o para el sistema o para otras aplicaciones.

Por ejemplo, el servicio **telnet** abre el puerto 23 y el servicio **plug and play** de Windows abre el puerto 5000.

NOTA: No necesariamente un servicio debe abrir un puerto.

¿Y para qué nos sirve referirnos a las aplicaciones como servicios? Pues bien, gracias a lo que hemos aprendido, hemos podido detectar un puerto abierto, hemos comprobado de dónde viene ese puerto (aplicaciones) e incluso hemos sido capaces de ver las comunicaciones y decidir si queremos que sigan o no. Pues esto, pero de manera manual y más correcta, es lo que hacemos con los servicios. En los ejemplos anteriores hemos roto la comunicación de alguna aplicación, pero quién nos dice a nosotros que esa aplicación no puede establecer de nuevo una comunicación o, lo que es casi peor, dejar un puerto a la escucha esperando establecerla sin que nosotros lo sepamos. Está bien revisar periódicamente nuestras comunicaciones, pero no podemos estar todo el día mirándolas.

Muchos programas (aplicaciones) que instalamos en nuestra máquina, se arrancan automáticamente en nuestro ordenador abriendo puertos que a lo mejor no queremos utilizar en ese momento. Pues bien, podemos hacer dos cosas:

1. En algunos programas podemos configurar que sólo arranque cuando nosotros le digamos (que normalmente es cuando vamos a utilizarlos).
2. Hay programas que no tienen esta opción o que son programas internos del sistema operativo, con ellos debemos hacerlo de manera manual.

Para ello nos valdremos primero del comando que nos mostraba los puertos a la escucha, y como podemos ver en la imagen, tenemos lo de siempre a la escucha, pero no hay servicios que hayan abierto un puerto. Pues bien, en nuestro ejemplo abriremos un servicio de manera manual para ver cómo abre el puerto y deshabilitaremos servicios peligrosos que Windows XP trae por defecto.

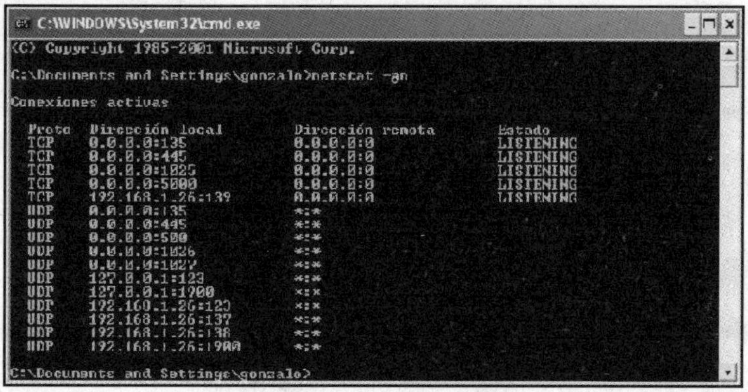

Bien, una vez que tenemos localizada una conexión «sospechosa», podemos utilizar el programa de consola **fport** o la aplicación visual **TCPVIEW** y si con esto sabemos de dónde viene esa comunicación, debemos pensar si la eliminamos o no. En este caso vamos a habilitar un servicio muy conocido y poco seguro que se llama **TELNET** y que utiliza el **puerto 23** para comunicarse; para ello, vamos a ir a **INICIO**, **PANEL DE CONTROL** y aquí en la izquierda hay una opción que se llama **CAMBIAR A VISTA CLÁSICA.**

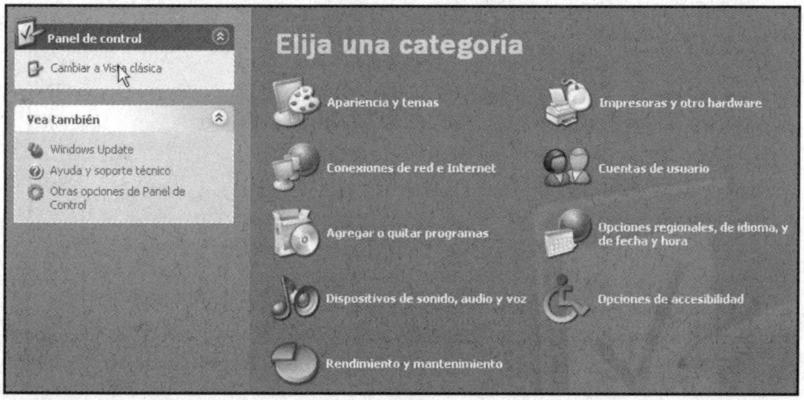

Una vez elegida la vista clásica, veremos que aparecen nuevos iconos (¿que Windows oculta opciones por un tipo de vista? Pues sí, esto ocurre cuando lo estético vende mas que lo funcional y práctico). Es una de las diferencias estéticas con respecto a Windows 2000.

Aquí hay opciones muy interesantes, como se puede observar en la imagen:

La que más nos interesa es una que pone **HERRAMIENTAS ADMINISTRATIVAS**, así que pinchamos sobre ella y nos aparece esto:

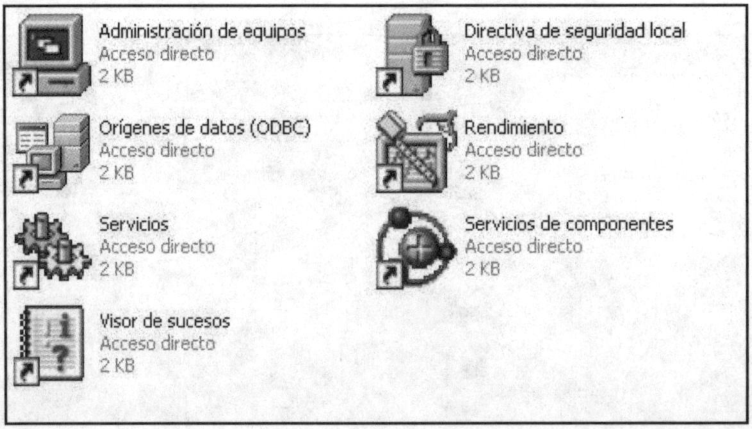

Todas estas herramientas son muy importantes para cualquier administrador de sistemas y, por supuesto, para el usuario que quiera saber más de su ordenador.

De todas ellas la que ahora nos importa es la que pone **Servicios**; pinchamos sobre ella y vemos esto:

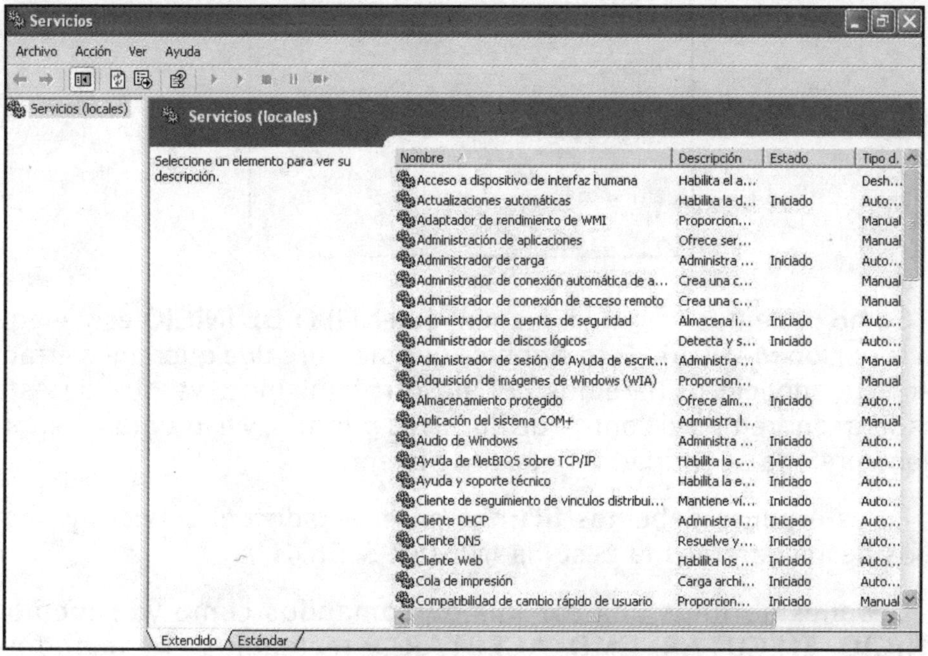

Ésta es la ventana desde donde podemos ver y configurar todos los parámetros de los servicios de nuestro sistema.

Como se aprecia en la ventana, está dividido en columnas. La primera es el nombre del servicio, la segunda la descripción, la tercera el estado actual del servicio, la cuarta es el tipo de inicio (esto nos interesa), y la quinta es cómo inicia la sesión ese servicio.

Vamos ahora a buscar el que nos interesa, el **TELNET** y una vez que lo encontramos ponemos el cursor sobre él y hacemos clic con el botón de derecho. Aparecerá un menú pequeño; allí tenemos que pulsar **PROPIEDADES**. En ese momento veremos esto:

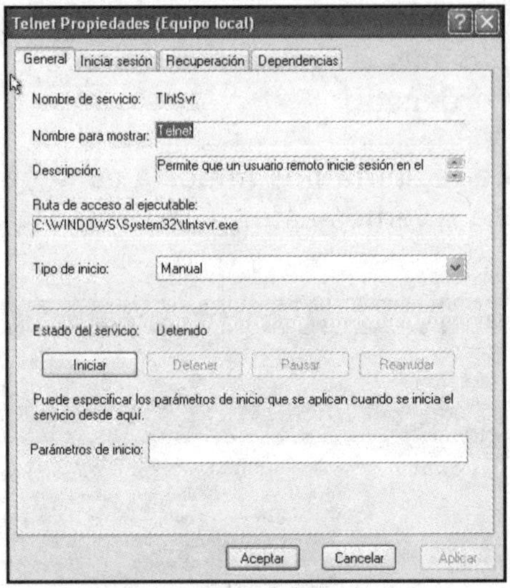

Como podemos ver en la imagen, en el **TIPO DE INICIO** está elegida la opción **MANUAL**. Esto significa que siempre que queramos arrancar este servicio lo haremos por nosotros mismos, ya que de esta manera tendremos el control de nuestros puertos, y eso ayudará enormemente a la seguridad de nuestro sistema.

En este punto debemos fijarnos en el estado del servicio y para ellos desplegaremos la pestaña **INICIAR SESIÓN**.

Después abrimos una consola de comandos como ya sabemos (**INICIO**, **EJECUTAR**, **CMD**, **ACEPTAR**) y tecleamos el comando -**NETSTAT -AN**. Veremos esto:

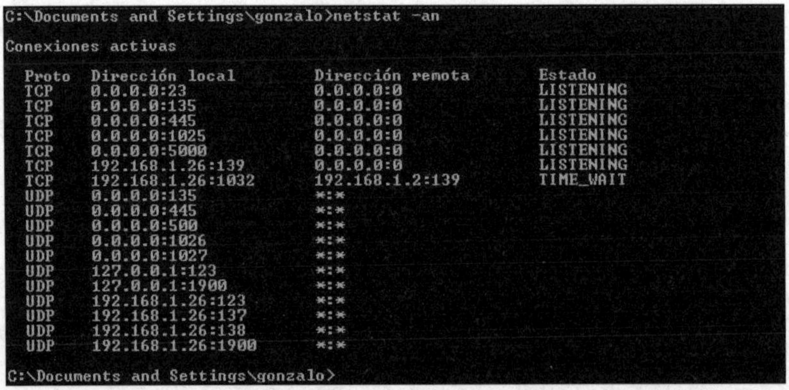

Como se puede apreciar en la imagen, ahora tenemos un puerto abierto, es el **23** que corresponde al servicio **TELNET**. Esto significa que tenemos un hueco más por donde un intruso puede acceder a nuestro sistema o simplemente dejarlo fuera de servicio. A esto último se le llama en el mundo de la seguridad denegación de servicio (D.O.S.).

Para ver los programas que se ejecutan al inicio de Windows, podemos hacerlo de varias maneras. Una de ellas es ésta: **INICIO**, **EJECUTAR**, **MSCONFIG** y veremos una pantalla como ésta:

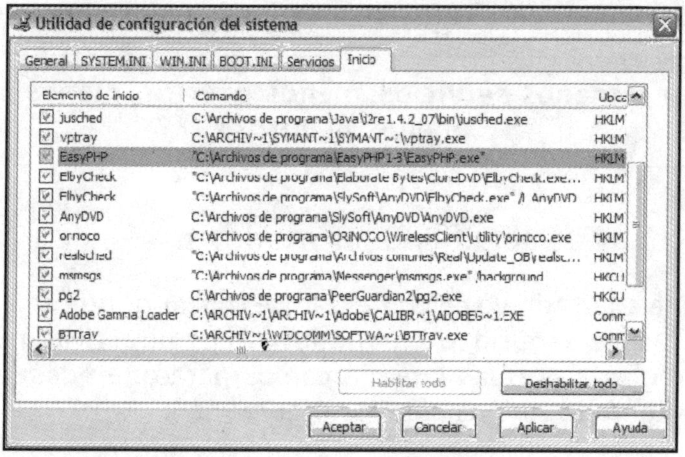

Basta con desmarcar la casilla de un elemento y pulsar **ACEPTAR** para que no arranque la próxima vez que reiniciemos la máquina.

Ya conocemos dónde Windows guarda los servicios y además sabemos que se pueden manipular para que arranquen de forma manual, automática y muchas otras cosas. Ahora ya que estamos con el tema de los servicios, debemos aprovechar nuestro conocimiento para deshabilitar dos de estos servicios que no se recomienda tener habilitados, pero que Windows tiene por defecto.

>>> Deshabilitar servicios peligrosos en Windows

Los servicios son el **MENSAJERO**, ya que hay muchas vulnerabilidades que se aprovechan de este servicio y muchos programas espía que te engañan a través de mensajitos (tiene usted spyware en su máquina, pinche aquí) para que pensemos que son del sistema y caer en su trampa.

Otro servicio importante que hay que deshabilitar es el de **REGISTRO REMOTO**. Esto evitará que muchos virus puedan acceder a vuestro registro de manera remota. Es una muy buena medida de seguridad.

Con esto, nuestra máquina quedará muy bien configurada en cuanto a servicios. Luego, cada uno en casa o en la oficina puede indagar todo lo que quiera en este tema y tener activos los servicios justos y necesarios (como debe ocurrir en servidores dedicados),

Porque a menos servicios, menos puertos, menos accesos, menos peligros.

>>> Directivas de seguridad en Windows

Bien, en este apartado voy a comentar y explicar dónde se encuentran las directivas de seguridad en Windows. Las directivas no son otra cosa que reglas o normas que marcamos para que nuestra máquina esté más segura (o menos si se configura mal).

Para ver las directivas de seguridad, debemos dirigirnos a **INICIO, PANEL DE CONTROL, VISTA CLÁSICA, HERRAMIENTAS ADMINISTRATIVAS, DIRECTIVA DE SEGURIDAD LOCAL** y veremos esto:

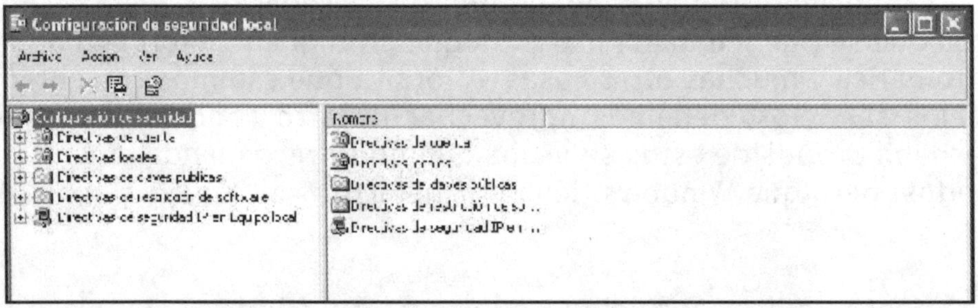

En esta pantalla tenemos infinidad de opciones para que nuestro sistema esté más seguro, pero en mi ejemplo configuraremos unos parámetros que considero más necesarios que otros. Tenemos que

pinchar sobre **DIRECTIVAS LOCALES** y después en **OPCIONES DE SEGURIDAD** y en la tercera línea tenemos una frase que dice:

Acceso a redes: No permitir enumeraciones anónimas de cuentas y recursos compartidos SAM (¿os suena?). Pues bien, hacemos doble clic sobre él y veremos esta pantalla:

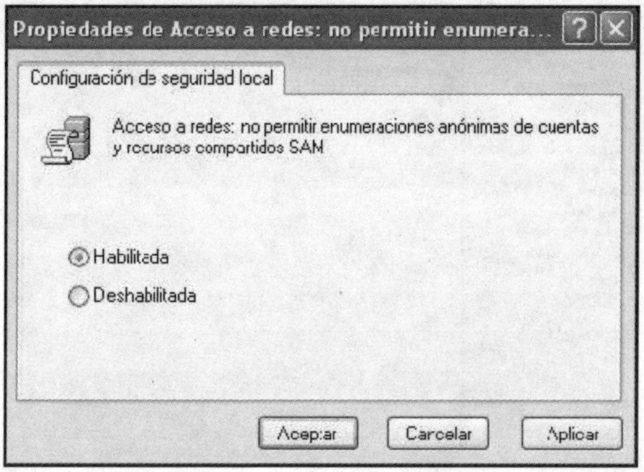

Aquí tenemos que pulsar sobre la opción **HABILITADA**, y darle a **ACEPTAR**. Esto nos ayudará a que un intruso no pueda recoger información privilegiada de nuestro sistema.

Ahora buscaremos la opción que pone **Inicio de sesión interactivo: No mostrar el último nombre de usuario**. Aquí haremos lo mismo, doble clic y elegir la opción de **HABILITADA**. Con esto logramos que cuando nuestra máquina inicie la sesión, no se vea el nombre del último usuario que accedió a ella.

Dentro de la configuración de la seguridad, es recomendable que se activen ciertas cosas, que desde este apartado se pueden hacer, pero que serían algo complicadas de explicar. No obstante, el lector siempre puede practicar estas configuraciones, como por ejemplo activar las auditorías de seguridad, para que se registre cuando un usuario pone mal la contraseña o permitir la ejecución de ciertos programas, etc., luego le bastará con ver el visor de sucesos. Se puede acceder al visor de sucesos en Windows de multitud de maneras, pero voy a aprovechar el tema para explicar una ventana de configuración que mí me gusta mucho porque en ella aparece todo muy claro. Vamos hasta el icono **MI PC**. Basta con seguir la ruta **INICIO**, **MI PC**, y hacer clic sobre el mismo con el botón derecho. Después, pulsamos **ADMINISTRAR** y veremos esto:

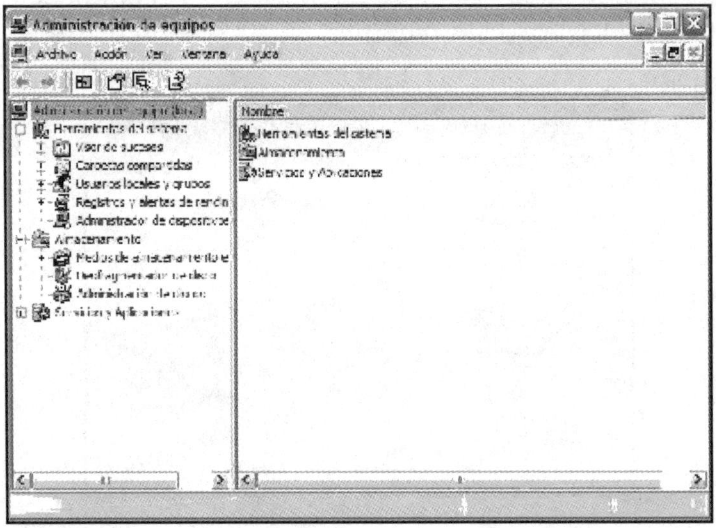

Desde aquí se puede hacer casi de todo: crear usuarios, ver el visor de sucesos (logs del sistema), ver las carpetas que tenemos compartidas, crear usuarios, administrar dispositivos, información del disco, servicios y aplicaciones, etc.

>>> Referencias

Página española de los documentos oficiales (RFC) sobre protocolos.

http://www.rfc-es.org/

Artículo sobre intrusiones por puertos.

http://www.seguridadenlared.org/es/index1esp.html

Guía oficial de seguridad en Windows XP Profesional.

http://www.microsoft.com/downloads/details.aspx?Familylid=2D3E25BC-F434-4CC6-A5A7-09A8A229F118&displaylang=en

10

Técnicas para recuperar el sistema operativo y proteger datos

Poco a poco pero de manera eficiente, estamos consiguiendo un sistema cada vez más seguro. Gracias a estos sencillos consejos podemos disponer de un ordenador bien protegido, pero el tema de la seguridad va más allá y me refiero a que a veces no basta con tener un sistema protegido hasta los dientes. ¿De qué sirve tener todo protegido si un día sale un nuevo virus que nuestro antivirus no reconoce y perdemos toda la información que hay en nuestro ordenador? En esta parte del libro veremos una herramienta para evitar el desastre en nuestros datos y realizar planes de contingencia.

En primer lugar deberemos siempre mirar por la protección de nuestros datos, sobre todo de aquellos que son importantes para nuestro día a día o que, simplemente, tienen un cierto valor. ¿Os acordáis al principio cuando recomendaba realizar dos particiones? Pues bien, esa es una de las medidas, ya que lo que tenemos que hacer es guardar toda la información valiosa dentro de esa partición. Yo, por ejemplo, estoy guardando lo que escribo del libro en otra partición; cuando digo otra partición, me refiero a una distinta a la que tiene el sistema instalado, que suele ser por defecto la unidad (c:). Lo bueno de esta configuración es que cuando el sistema operativo quede inestable principalmente por un nuevo virus o por algún programa mal instalado, etc., siempre podremos instalar un sistema operativo nuevo indicándole durante la nueva instalación que lo haga sobre la partición donde se encontraba el anterior. De esta manera tendremos un sistema nuevo y limpio y todos los datos que necesitamos y queremos en nuestra partición.

Pero este sistema, sinceramente es bueno pero un poco engorroso, ya que si que es verdad que disponemos de un sistema nuevo, también es cierto que ese sistema no tiene nada instalado. Nos faltará, por ejemplo, el driver de nuestra tarjeta grafica, los programas con los que trabajamos habitualmente o muchas cosas que cada uno va configurando en su ordenador. Ahora debemos instalar todo de nuevo y volverlo a configurar (en el peor de los casos no está mal), pero no es práctico y menos cuando hay herramientas que te pueden solucionar este problema.

>>> Uso y configuración del Restaurador del sistema en Windows XP

En el mismo sistema operativo Windows XP Profesional, nos encontramos con una utilidad llamada Restaurador del sistema. Antes de nada debemos verificar que no tenemos esta utilidad deshabilitada en nuestro sistema. Para ello pincharemos en -**INICIO**, botón derecho sobre **MI PC**, **PROPIEDADES**.

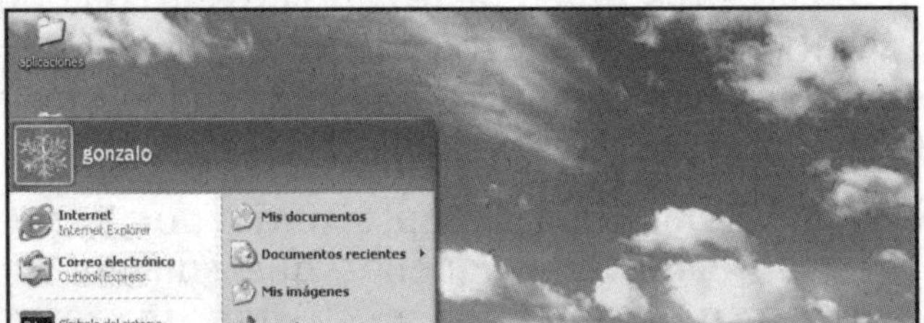

Al pulsar sobre **PROPIEDADES**, aparecerá una ventana con varias opciones y parámetros tales como el nombre del equipo y las características técnicas. Pero la pestaña que nos interesa es la llamada **RESTAURAR SISTEMA**. Pulsaré sobre ella y aparecerá un recuadro similar al que muestra la siguiente imagen:

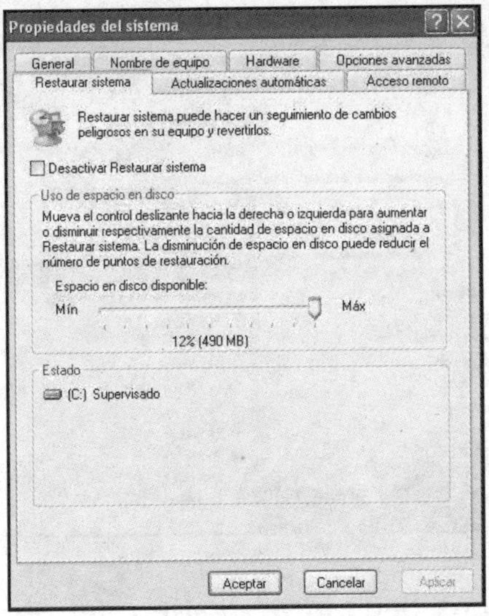

Tras asegurarnos de que la pestaña que pone **DESACTIVAR RESTAURAR SISTEMA** no está activa, ya podemos realizar nuestro primer punto de restauración.

CONSEJO: Para realizar un punto de restauración, debemos estar seguros de que nuestro sistema está tal y como queremos que esté. Esto quiere decir que esté libre de virus, con todos los drivers instalados y con todos los programas que queramos utilizar, ya que cuando lo restauremos volverá a este estado en el que lo marcamos como punto de restauración. No obstante, después podemos ir añadiendo programas y otras cosas, verificar que todo va bien y volver a crear un punto nuevo de restauración más actual. También es normal que alguna actualización del sistema o incluso determinados programas te creen puntos de restauración en el sistema, por lo tanto siempre podremos recurrir a ellos en caso de producirse un error.

Ahora tenemos que ir al programa en cuestión. Para ello pulsamos **INICIO, TODOS LOS PROGRAMAS, ACCESORIOS, HERRAMIENTAS DEL SISTEMA, RESTAURAR SISTEMA.**

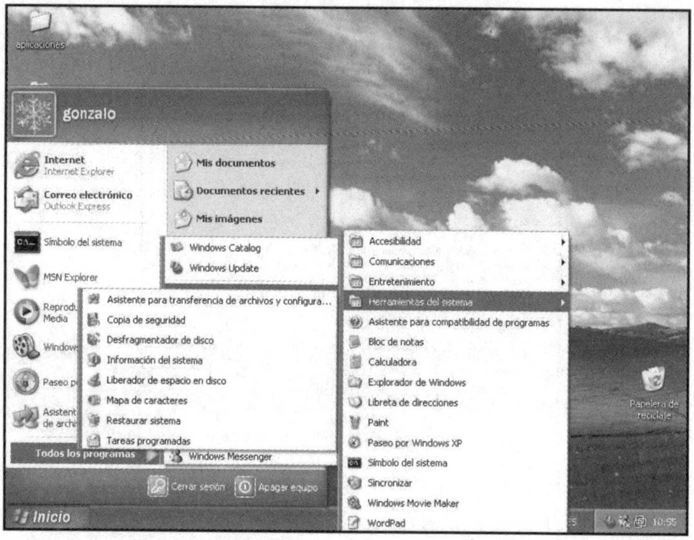

Una vez que hemos llegado al destino del programa, pinchamos sobre él y nos saldrá una ventana como ésta:

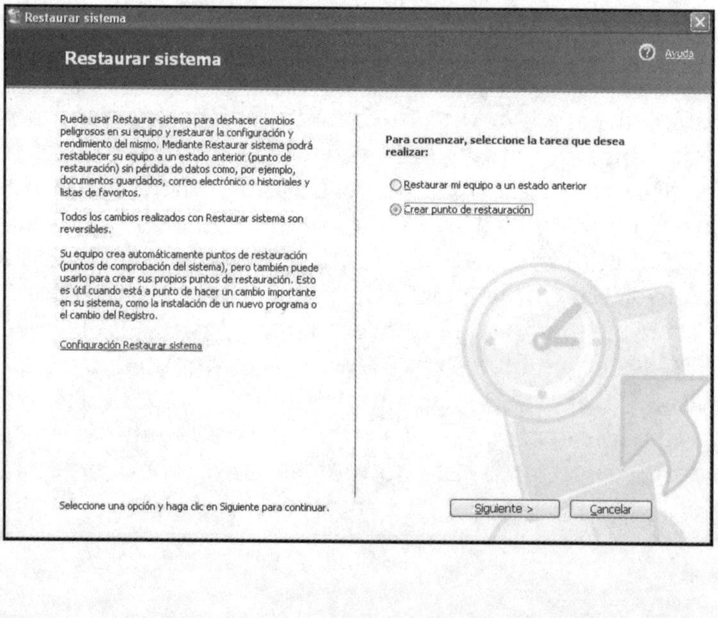

Este programa es muy sencillo y a la vez eficaz. Como podemos apreciar, aparecen dos opciones clave:

- Restaurar mi equipo a un estado anterior.
- Crear un punto de restauración.

Ni que decir tiene que lo primero que debemos hacer es crear un punto nuevo de restauración, por lo tanto le damos a -**SIGUIENTE**:

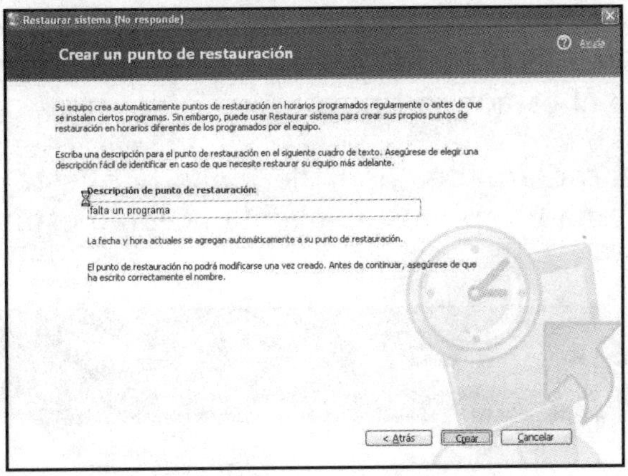

Aquí le indicamos cómo se va a llamar nuestro punto de restauración. En mi caso he puesto **FALTA UN PROGRAMA**, ya que voy a instalar más de un programa hasta que llegue a mi sistema perfecto para marcar otro punto. No obstante es un buen seguro tener diferentes puntos de restauración. Por lo tanto le damos a **CREAR.**

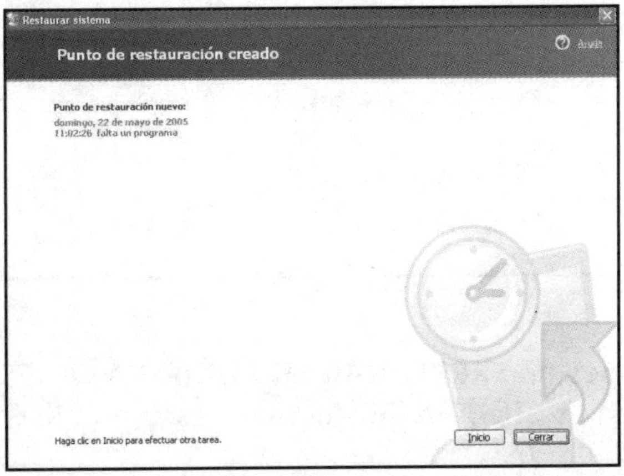

Como podemos ver se nos ha creado perfectamente el punto de restauración. Como se nos indica la fecha y hora del mismo, esto nos ayudará junto a nuestra descripción a saber cómo se encontraba nuestro sistema en el momento de crear este punto. Ahora pulsamos **CERRAR**.

A continuación, para probar este sistema y que todo ha ido correctamente, debemos realizar una comprobación. La mejor comprobación es hacer una modificación y luego volver a nuestro estado anterior, por lo tanto crearemos una carpeta en el escritorio que se llame por ejemplo **PRUEBA_RESTAURACIÓN** para ver que al restaurar ya no está (porque está en el estado inicial).

Al crear la carpeta debemos ir de nuevo a nuestro programa de **Restaurar sistema** y veremos una ventana como ésta:

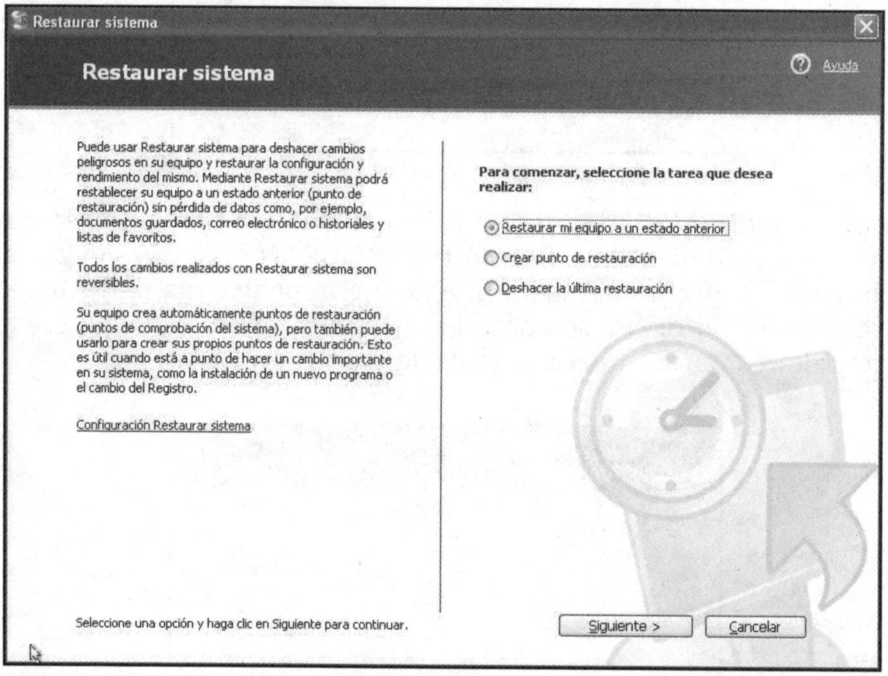

Pulsamos la pestaña **RESTURAR MI EQUIPO A UN ESTADO ANTERIOR**, y pinchamos **SIGUIENTE**. Al hacer esto nos llevará a un menú más o menos como éste:

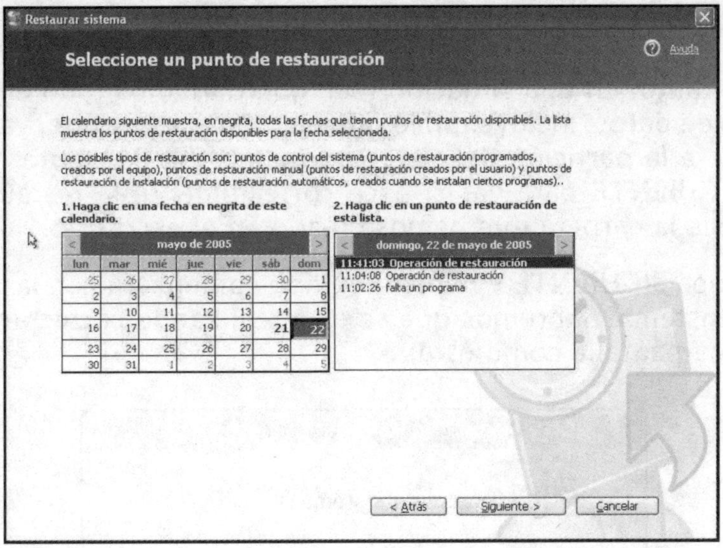

En mi caso hay mas opciones ya que he realizado antes alguna que otra operación, pero si habéis seguido las indicaciones tendréis en el menú el día que hicisteis el punto de restauración y las diferentes descripciones. En nuestro caso, la que nos importa es la de **FALTA UN PROGRAMA**, por lo tanto pincharemos sobre ella y después le daremos a **SIGUIENTE** y nos mostrará una ventana como ésta:

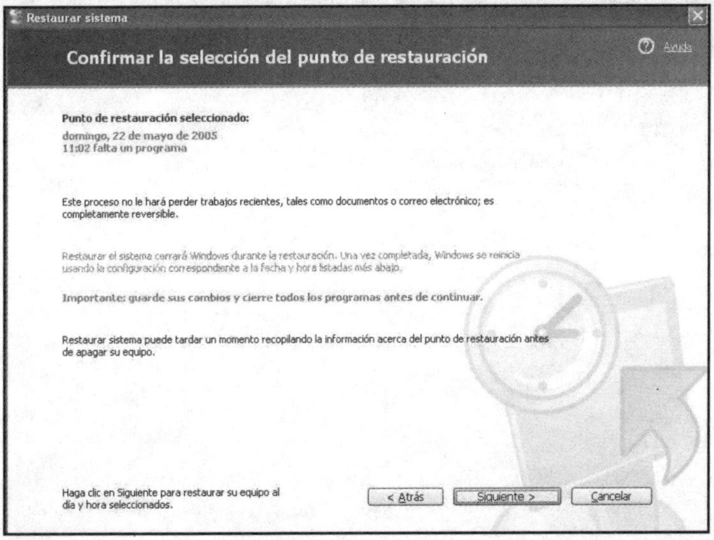

En esta ventana nos avisa de que debemos guardar los datos o cambios que hayamos hecho posteriormente al punto de restauración. Por tanto, en una situación real, guardaríamos todo en nuestra partición de datos, incluyendo lo que haya en el escritorio, ya que eso pertenece a la partición del sistema (unidad C:). Por tanto, vamos a pulsar **SIGUIENTE** para ver si hace correctamente la restauración y desaparece la carpeta que hemos creado en el escritorio.

Pulsamos **SIGUIENTE** y nuestro equipo comenzará con la restauración del sistema. Sabremos que se está realizando correctamente, si vemos una pantalla como ésta:

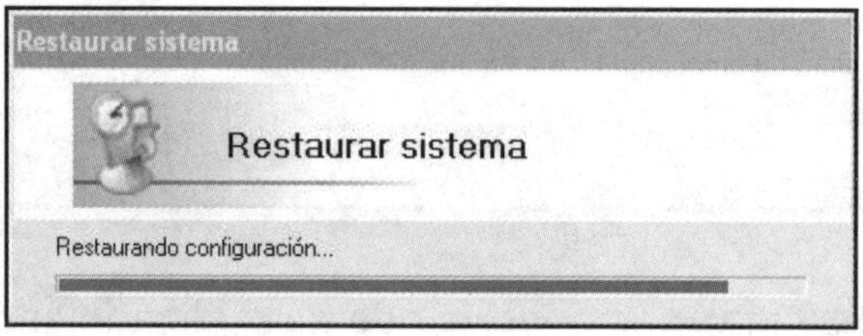

Después de este proceso, que puede durar más o menos en función la potencia de la máquina, el sistema se reiniciará y al arrancar nos mostrará una ventana como ésta:

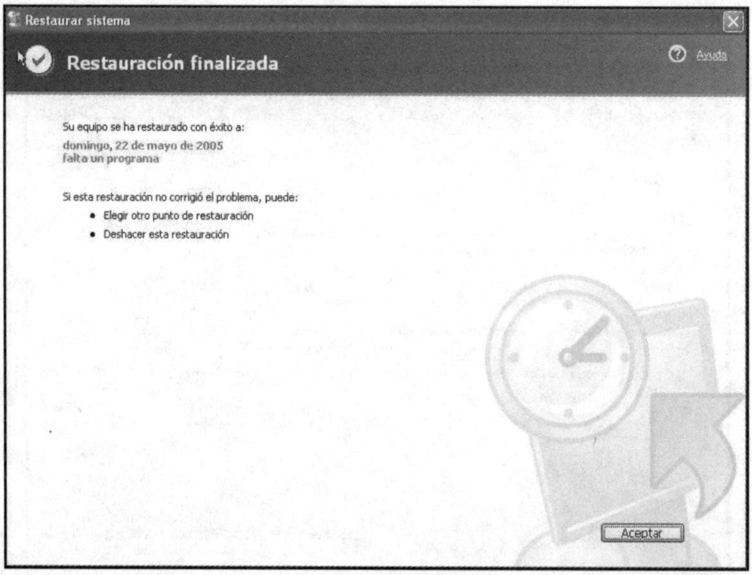

Esta ventana nos confirmará que todo ha ido correctamente y que por lo tanto nuestro sistema se ha recuperado. Hacemos clic en **ACEPTAR** y al ir al escritorio confirmamos que la carpeta que creamos ya no está.

Como bien nos dice esta pantalla última, si esto no funciona porque no se ha hecho correctamente podemos **ELEGIR OTRO PUNTO DE RESTAURACIÓN** o **DESHACER ESTA RESTAURACIÓN**.

Con esta herramienta podemos disponer siempre de un sistema fiable para nosotros. Esta herramienta correctamente utilizada nos puede hacer la vida más fácil y ahorrarnos mucho, pero que mucho tiempo y dinero instalando de nuevo el sistema operativo.

Todas estas técnicas son muy buenas de cara a un desastre del sistema, ¿pero qué pasa si se nos rompe el disco duro o lo formateamos (borramos) por error? Pues que lo tenemos difícil. Pero para ello hay métodos muy sencillos que nos pueden salvar.

>>> Backup del sistema y datos

Lo que tenemos que hacer es una planificación de backup (copias de respaldo). En este caso, el sistema operativo cuenta con un sistema de respaldo interno, es decir te genera archivos con los datos guardados. Mi recomendación para el usuario de a pie es que haga grabaciones en un cd o dvd con cualquier programa de grabación como por ejemplo Nero, Easy creator, el propio de Windows, Alcohol 100% (este último es muy rápido y eficaz) y que se lo organicen de una manera que sea práctica.

En las empresas, los sistemas cuentan con agentes de backups muy fuertes tales como Veritas, en el que realizan backup de manera centralizada y ordenada. En nuestra casa debemos hacer lo siguiente: en primer lugar comprar dos cd o dvd regrabables (dependiendo de los datos) y en uno poner una etiqueta que ponga semanal y en el otro mensual. Después grabaremos un cd/dvd a la semana con los cambios de esa semana (parcial), y al mes con todos los datos del mes (incremental), con lo que tendremos siempre los datos frescos de esa semana y los del mes completo por si acaso se nos rompen las diferentes utilidades. La primera grabación debe ser la mensual (completa) y ya después cada semana. Que esa semana pierdes los datos, te quedan los de la semana anterior y siempre de respaldo los del mes completo. Esto por supuesto es relativo, ya que a lo mejor hay personas modifican muchos datos diarios y tienen que hacer una grabación diaria y otra semanal. Esto pasa mucho por ejemplo en los bancos, los cuales están constantemente haciendo backup (a tiempo real) ya que los nuevos datos son constantes y de suma importancia.

En este apartado hemos visto cómo podemos prevenir antes que curar, ya que principalmente los virus y demás ataques generan inestabilidad en el sistema y pueden dejarlo totalmente «roto». Por ello es importante guardar a modo de backup nuestros datos y ¿por qué no?, generar un punto de restauración de nuestro sistema operativo que en parte no deja de ser un backup de nuestro sistema, pero totalmente completo.

>>> Referencias

Artículo sobre copias de seguridad en Windows XP (recomendado).

http://www.microsoft.com/spain/windowsxp/using/setup/getstarted/backup.mspx

Página de la Asociación de usuarios de Internet.

http://aui.es/contenidos/aui_index.php3

Página muy conocida en el mundo de la seguridad. Publican un boletín diario llamado «Una al día», en el que informan sobre temas de seguridad informática.

http://www.hispasec.com/directorio/laboratorio/unaaldia.html

Página de seguridad que publica noticias acerca de este mundo.

http://www.kriptopolis.com/

Página dedicada a la legislación de los fraudes y delitos en Internet.

http://www.delitosinformaticos.com/

11

Amenazas en Internet, navegando de manera segura

Sin duda alguna el mundo de la informática no hubiese llegado a este nivel de expansión sin uno de los mayores inventos de la historia, me refiero por supuesto a Internet.

Gracias a Internet, millones de personas pueden comunicarse entre sí y pueden compartir el conocimiento haciendo mucho más grande el intelecto personal de la gente. En Internet nos encontramos con todo un universo de datos con un solo clic. Es una ventana a un nuevo mundo en el que nadie quiere faltar, lo que ha provocado que ocupe un lugar muy importante tanto para empresas como para particulares.

Para navegar por Internet sólo hace falta una conexión y un navegador. Es este último el que interpreta el lenguaje de los ordenadores para navegar (HTTP- Hyper Text Transfer Protocol) y no lo muestra de manera normal a los usuarios.

Como he comentado antes, en Internet está absolutamente todo, tanto lo bueno como lo malo, y eso hace que debamos ir preparados para evitar más de un disgusto.

Las amenazas más típicas de Internet van desde el contagio con un virus a ser hackeado por un troyano, etc.

La inocencia de ir navegando y pinchar en algo llamativo puede provocarnos más de un problema, puesto que con ese clic puedes estar aceptando que un archivo espía registre las paginas que visitas o incluso que te localicen el número de la tarjeta de crédito.

Para estar bien preparado e ir por Internet sin miedo a nada, basta con un poco de sentido común y un buen navegador; es el caso del navegador de moda: **FIREFOX**.

Firefox es una derivación del proyecto Netscape. Se trata de un navegador web rápido, estable, fiable y sobre todo muy seguro.

>>> ¿Por qué Firefox es seguro?

¿Y por qué es seguro? Es seguro porque su configuración desde el código ha sido pensada para ser segura y eficaz. A diferencia de Internet Explorer (que es el navegador que Microsoft incluye en sus sistemas operativos), Firefox presenta seguridad a la hora de visitar páginas Web anómalas o simplemente bloquear esos popups publicitarios llenos de spyware y malware. Gracias a su sencillo uso, podemos disponer de una navegador sensacional para disfrutar en Internet.

Una de las cosas comunes entre los navegadores es que la mayoría de los virus, troyanos, spyware, etc. están programados para que Internet Explorer se vea afectado por ellos, con lo que corremos mucho riesgo de ser infectados por cualquier archivo anómalo.

Hay últimamente una serie de artículos que hablan de que Internet Explorer es más seguro que Firefox. Mi recomendación es que se lea con precisión ya que se ha demostrado que Firefox no sólo es más seguro sino que sus desarrolladores tardan muchísimo menos que Microsoft en sacar un parche con la solución. También se ha demostrado que las vulnerabilidades encontradas en Internet Explorer son mucho más graves y han estado durante bastante más tiempo sin ser resueltas. Lo que pasa que hay muchos intereses creados con respecto a este tema. Sin duda alguna hasta la aparición de Firefox nadie le había hecho frente a Internet Explorer.

Como dato anecdótico, comentar que Firefox es una aplicación freeware, que está en constante evolución y mejora por parte de toda una comunidad de informáticos tanto profesionales como particulares.

Hay en la actualidad una curiosidad con este navegador y es que Google, para promocionarlo, paga a los usuarios un euro por cada descarga del mismo (sin duda una buena forma de promocionar este navegador).

Sin dar más rodeos, vamos a probar este estupendo navegador. Lo primero que tenemos que hacer es dirigirnos a la Web oficial y descargarnos la versión mas reciente:

La dirección es ésta: http://www.mozilla.org/products/firefox/

En el momento de escribir yo estas líneas, la versión mas reciente es la 1.0.3. Una vez en la página, le damos a download y lo guardamos en nuestro ordenador. Cuando se haya descargado, hacemos doble clic y aparecerá algo parecido a esto:

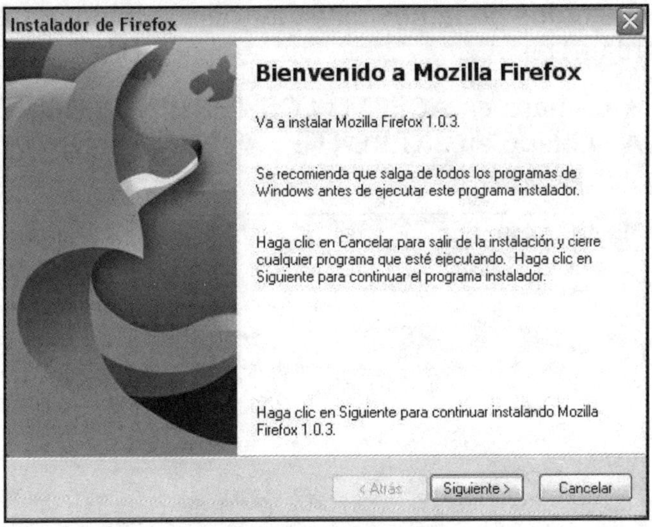

Ésta es la pantalla de bienvenida, en la que nos recomiendan que cerremos todos los programas para que la instalación sea mas rápida. No obstante, si tenemos un buen ordenador no habrá ningún problema, por lo tanto pulsamos **SIGUIENTE**.

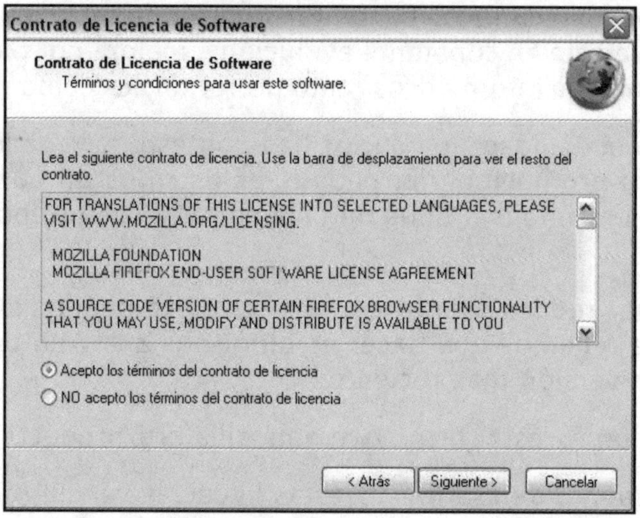

En esta pantalla tenemos la licencia de Firefox. Debemos leerla, pero principalmente pone que se trata de un software libre y que cualquier modificación en el código debe ser comunicada a la comunidad para que todos podamos disfrutar de sus mejoras. ¡Está bien la filosofía ¿verdad?! ;-)

Pinchamos primero en **ACEPTO LOS TÉRMINOS DEL CONTRATO DE LICENCIA**, y luego en **SIGUIENTE**:

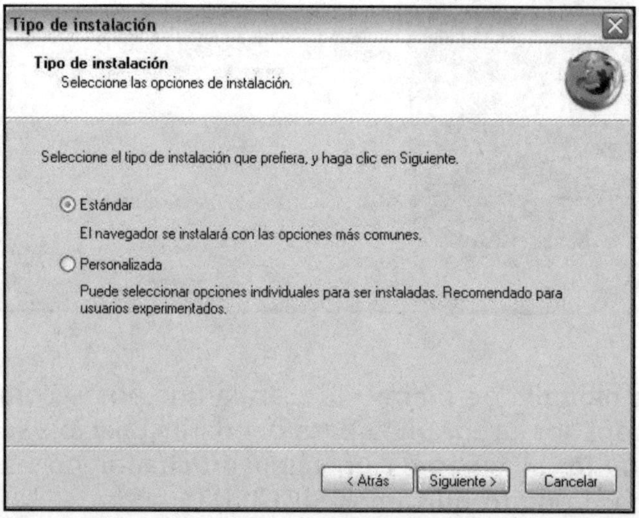

Aquí seleccionaremos el tipo de instalación **ESTÁNDAR**, ya que nos dará todo lo que necesitamos y después pulsamos **SIGUIENTE**:

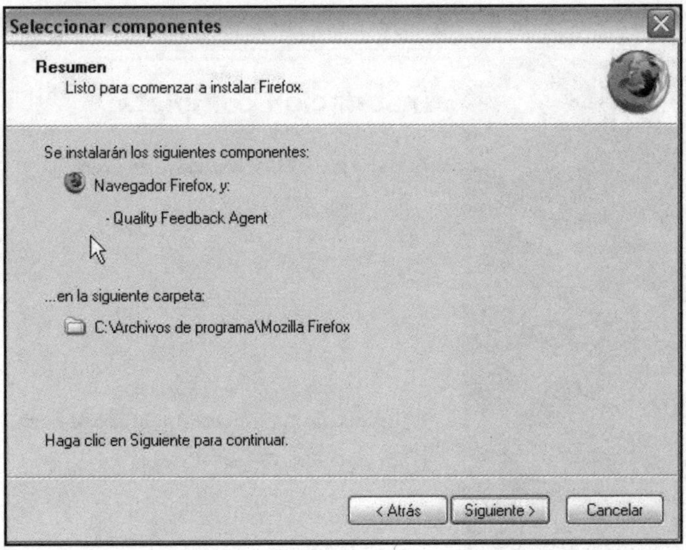

En esta pantalla nos muestra los componentes que se van a instalar y dónde los va a instalar; pulsamos **SIGUIENTE**:

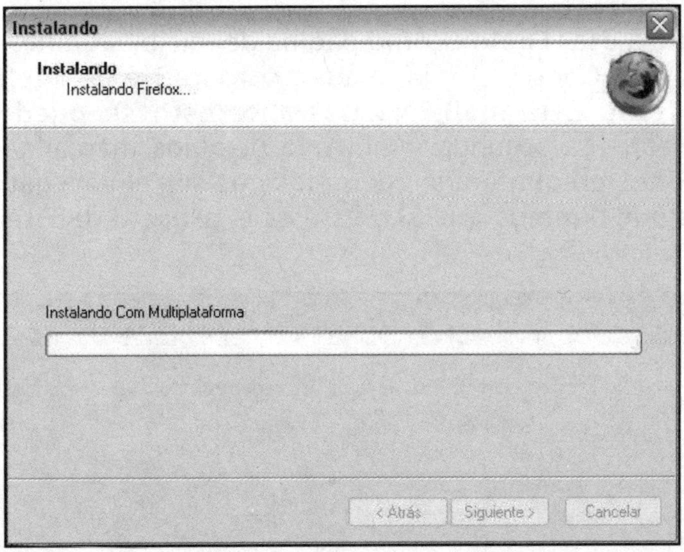

Una vez que termina la instalación nos mostrará una pantalla con estas dos opciones:

En cuanto a usar Firefox como página de inicio, significa que nuestra página será Google con la imagen corporativa de Firefox (la verdad es que no está mal). No obstante esto se puede cambiar posteriormente. La segunda también la dejamos marcada y al pulsar **FINALIZAR** nos preguntará si queremos que sea el navegador por defecto, a esto le diremos que **SÍ** y éste es el aspecto de Firefox:

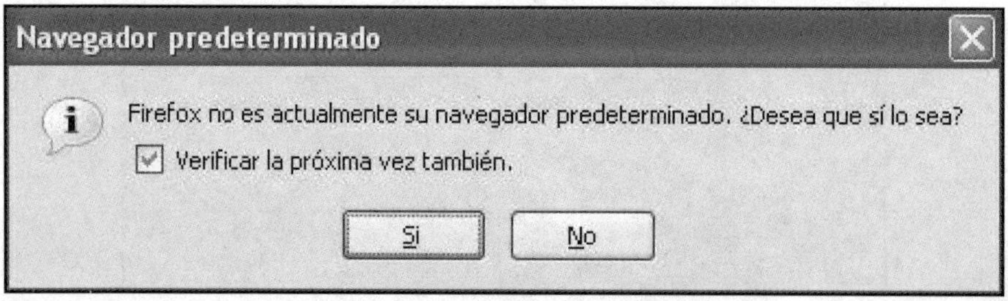

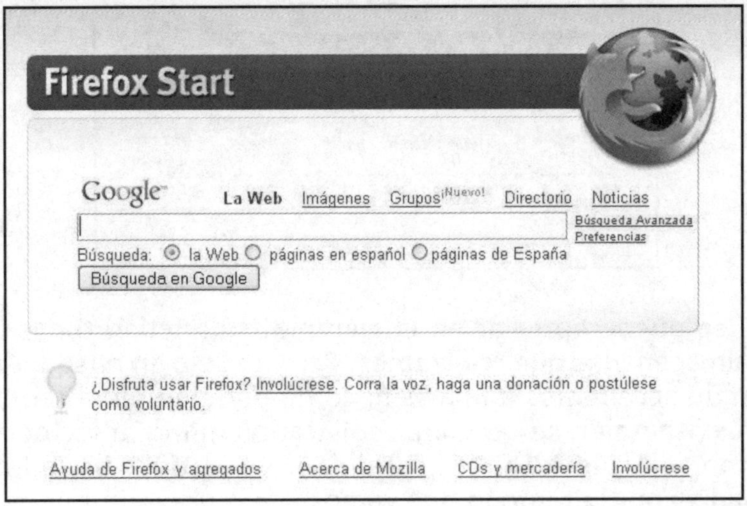

Ahora ya podemos navegar con nuestro nuevo navegador. Lo primero que vamos a ver es el «**autocompletado**». Me refiero a cuando buscamos algo, por ejemplo en Google, o introducimos datos en un formulario de una página web y el navegador nos pregunta si queremos que se active **autocompletar**. Esta función es práctica para recordar lo que hemos buscado, ya que nos permite volver más rápido a determinados sitios. No obstante, puede resultar incómodo y peligroso en dos situaciones. La primera es cuando compartimos ordenador (sin sistema de ficheros NTFS y diferentes usuarios) y la segunda es cuando nos infectamos con cualquier spyware (archivo espía) y éste mira por defecto lo que buscamos enviando estos datos junto a otros al creador del mismo. Así es como consiguen rellenar sus bases de datos y saber tus gustos y preferencias para más tarde mandarte spam (correo basura) con tus gustos. Lo que debemos tener en cuenta es que este sistema se puede desactivar cuando queramos y que también podemos realizar simplemente una limpieza temporal.

>>> Configuraciones de seguridad en Firefox

Ejemplo práctico:

Abrimos nuestro navegador y le damos a buscar, por ejemplo «coches», después cerramos el navegador y lo volvemos a abrir y ponemos en la barra de busqueda una «c» y vemos esto:

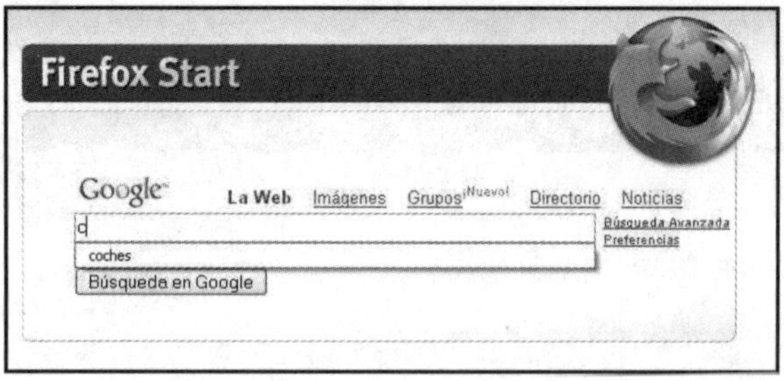

Como se puede apreciar en el ejemplo, se quedan todas las búsquedas almacenadas que realizamos. Pero no sólo en búsquedas, también cuando accedemos a una web, como por ejemplo a ver el correo en Hotmail, también se quedará registrado (animo al lector a que lo pruebe con cualquier página o formulario). El artífice de todo esto es el navegador, por lo tanto lo que vamos a aprender ahora es a limpiar esta **caché** o archivo de páginas visitadas.

Abrimos el navegador y pinchamos sobre **HERRAMIENTAS**, **OPCIONES** y vemos una pantalla con un menú como éste:

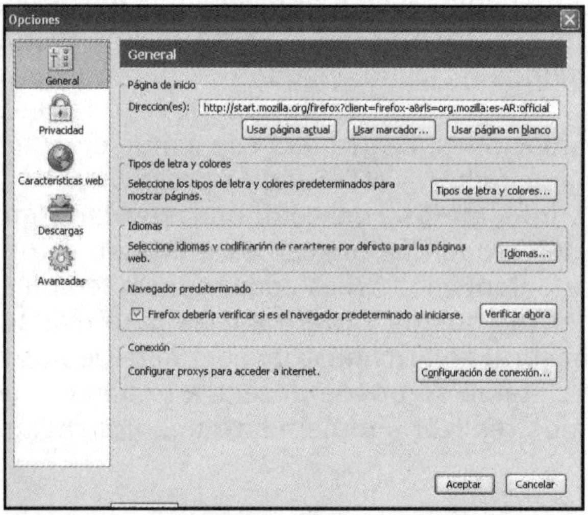

Como vemos, desde aquí podemos configurar gran parte de las funcionalidades mas importantes de Firefox. En la izquierda tenemos un menú con iconos y en la derecha parámetros para configurar. Como podemos apreciar, en esta primera pantalla tenemos entre otras cosas la posibilidad de cambiar la página principal por la actual de Firefox.

En este caso, lo que nos interesa del menú es la pestaña de privacidad, así que pulsaremos sobre ella y veremos esto:

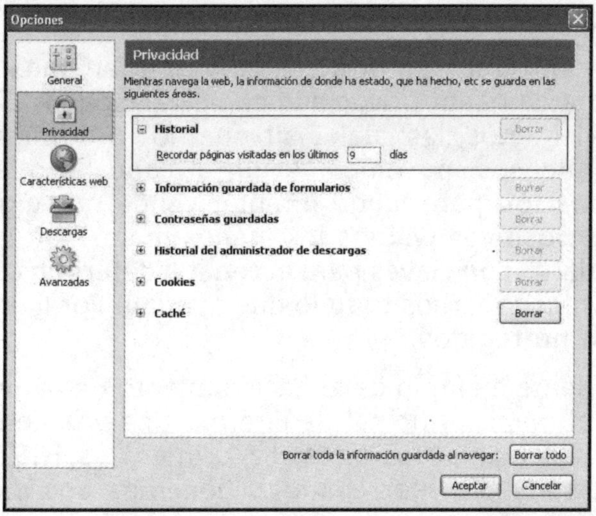

Esta pestaña es muy importante dentro de la seguridad, ya que desde aquí se pueden hacer muchas cosas interesantes como por ejemplo lo que nos atañe ahora: limpiar la caché de las búsquedas y formularios. Para ello pinchamos sobre **INFORMACIÓN GUARDADA DE FORMULARIOS**, y pulsamos **BORRAR**.

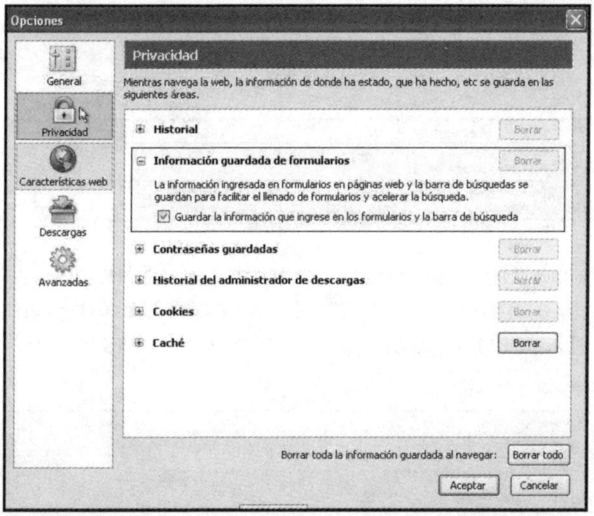

Con esto ya no tendremos cacheado nada de búsquedas y formularios. Como podemos ver dentro de la misma opción, tenemos una pestaña para poder elegir si nos resulta cómoda o no la opción del **autocompletado** (esto debe valorarlo cada uno).

Ahora nos centramos en otra cuestión que tenemos que tener en cuenta a la hora de ganar privacidad con el navegador. Se trata de las páginas que visitamos, las cuales sirven a los programas espía para saber por dónde nos movemos. Al fin al cabo, lo que intentan es recabar información para luego intentar vendernos algo. Esto es lo que hacen los positivos (vamos los menos malos), ya que los malos intentará quedarse con claves para acceder a determinados sitios personales e intentar robarnos todo lo que puedan. Por lo tanto tenemos que estar bien protegidos.

Para el siguiente ejemplo de almacenamiento de páginas visitadas, nos vale con el menú principal de Firefox. Una vez dentro, tenemos que pinchar sobre dos opciones. La primera es **HISTORIA**L, esta opción es para cuando, por ejemplo, ponemos una dirección en el navegador directamente y al poner el principio de la dirección nos sale todo entero. Esto resulta muy cómodo, pero poco discreto. La otra pestaña es **CACHÉ**, que se encarga de almacenar las páginas para su posterior visita. Si borramos estas opciones, dejaremos limpio casi todo el navegador.

NOTA: En cuanto a la caché hay un ejemplo práctico que determina el funcionamiento de este sistema. Por ejemplo, cuando abrimos el navegador y nos muestra una página por defecto.

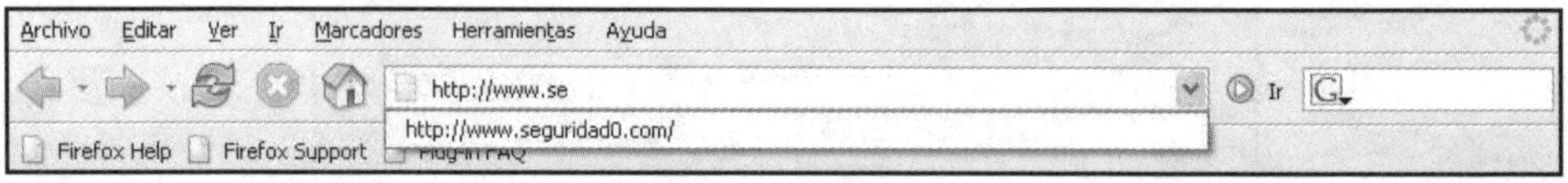

Aquí vemos un ejemplo de las páginas que he visitado los últimos 9 días (se puede ampliar o acortar esta caché). En mi caso sólo ha sido una, pero en el vuestro podrían ser algunas más.

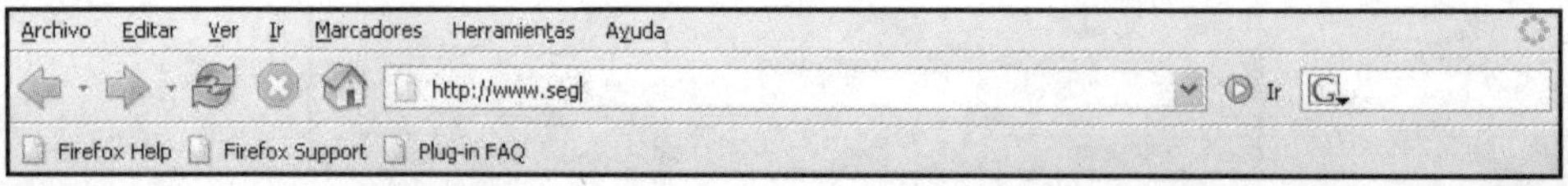

Una vez vaciada la pestaña **HISTORIAL**, ponemos el principio de alguna web y comprobamos que ya no está guardada.

Otra cuestión que debemos tener en cuenta en nuestra navegación es la aceptar o rechazar las famosas **cookies**.

>>> ¿Qué son y qué hacen las cookies?

Las cookies son pequeños ficheritos que se almacenan en un directorio de nuestro ordenador. Las cookies las hacen los administradores de sitios web, para recabar estadísticas, información personalizada, perfiles de usuario, identificación, hora de último acceso, etc.; es decir cuando por ejemplo entramos en ebay y ya tenemos una cuenta creada, automáticamente nos pone: «Bienvenido Fulanito de tal». Esto no es por arte de magia, es por las cookies que guardan nuestra información. Por ellas, las web saben cuándo las visitamos (hora y fecha), cómo las visitamos (el navegador que tenemos) y qué visitamos (por dónde nos movemos dentro la web con nuestra dirección IP).

Con todos estos datos, ellos hacen estadísticas para mejorar sus estrategias de venta. Así, por ejemplo, en Amazon (tienda virtual especializada en ocio), cuando accedes, saben que eres tú, pero lo mas sorprendente te vas a tu **HOME PERSONAL** y te encuentras sugerencias de libros que casualmente son de la misma temática que los últimos libros que compraste o cuya información visitaste.

Pero no todo es color de rosa en el mundo de Internet y las cookies no son una excepción, ya que gracias a la mala configuración de ciertos navegadores como Internet Explorer, las web «malignas» pueden instalar en nuestro ordenador además de cookies, cosas como spyware, malware, etc., Hay que elegir, por tanto, cuáles aceptar y cuáles no.

Como siempre, aquí entra en juego la capacidad humana para decidir. Si, por ejemplo, nos piden la aceptación de una cookie en Hotmail, pues la aceptaremos para que guarde nuestra información. Sin embargo, si nos aparece una web porno pidiéndonos que aceptemos tal cosa, nunca jamás en nuestro sano juicio aceptaremos.

Además de por la información que reúnen, las cookies son peligrosas en algunos escenarios, ya que a veces sólo con una simple cookie te autentificas (entras con tu usuario) en un sitio directamente (vamos, sin necesidad de teclear ni tu usuario ni tu contraseña) y esta característica puede ser utilizada por terceras personas para hacerse pasar por ti.

Por tanto, las cookies son una de estas cosas de debemos de limpiar en nuestro navegador de vez en cuando. En Firefox es tan simple como ir a **HERRAMIENTAS**, **OPCIONES**, **PRIVACIDAD** y hacer clic en la opción **BORRAR** dentro de la pestaña de cookies.

En esta misma pestaña, nos encontramos con varias opciones que pueden facilitarnos la vida, entre ellas si queremos que nos pregunte por cada cookie, lo cual resulta muy engorroso. Otra de las opciones es **EXCEPCIONES**. Está bien si solemos navegar por el mismo sitio, ya que lo podemos poner aquí para que lo acepte siempre. Otra pestaña curiosa es **VER COOKIES**, si pinchamos en ella podemos ver nuestras cookies:

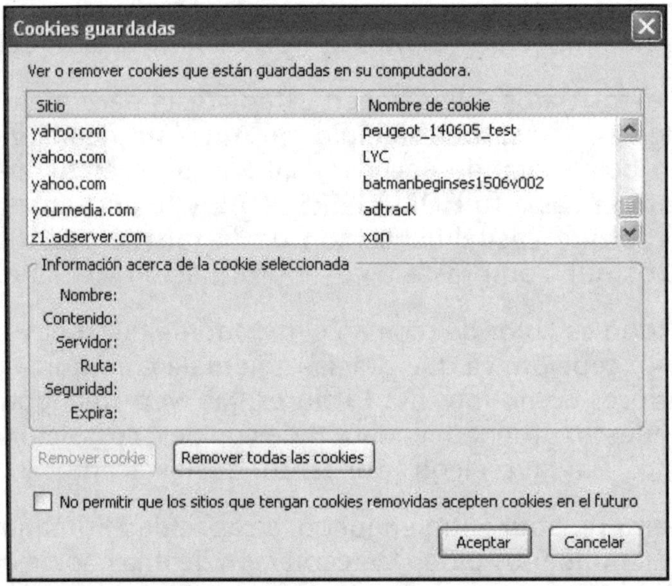

En resumen podemos decir que depende bastante de uno mismo el uso adecuado de las cookies y que no viene nada mal borrarlas de vez en cuando para que nuestro navegador se sienta ligero y que nosotros no nos sintamos vigilados. Recuerda «**EL GRAN HERMANO TE OBSERVA**».

Otro tema importante es el tema de las contraseñas. Quizás sea el tema más importante, porque un intruso con una contraseña «es todo». Vamos a ver qué es lo que hace un navegador cuando ponemos una contraseña en una página web.

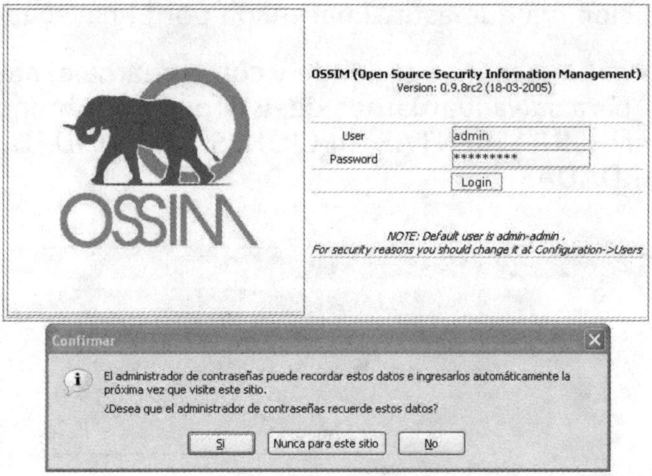

En este ejemplo estoy accediendo a una aplicación en un servidor web. Introduzco el usuario, pongo la contraseña y me aparece el cuadro azul que me pregunta si queremos que guarde la contraseña y el usuario para esta dirección.

Tenemos 3 opciones, si pulsamos **NO**, cada vez que visitemos el sitio correspondiente nos hará la misma pregunta. Si hacemos clic en **NUNCA PARA ESTE SITIO**, nunca se guardará y no lo volverá a preguntar; pero si le damos a **SÍ**, la próxima vez que visitemos el sitio pasará esto:

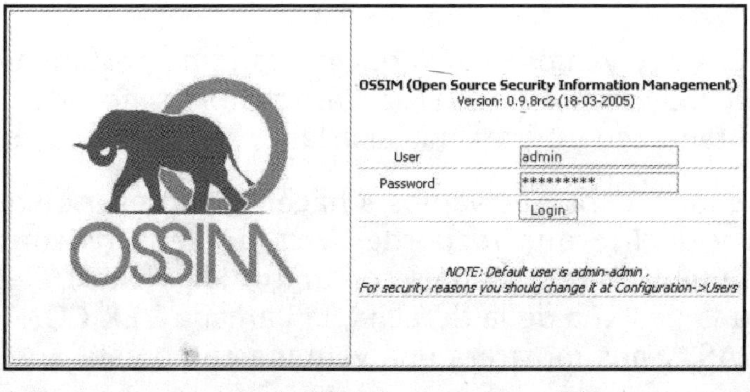

Pues eso, nos pone automáticamente la contraseña. Esto es realmente cómodo para el usuario, pero tiene sus limitaciones y complicaciones, por ejemplo si viene alguien mientras no estamos en nuestro puesto (de ahí que al principio del libro enseñe como bloquear la terminal). También los programitas spyware son capaces de llegar a esta información, ya que está almacenada por el navegador.

Vamos a continuación a ver dónde y cómo guarda el navegador las contraseñas para salvaguardarnos de este peligro. Abrimos Firefox y pinchamos en **HERRAMIENTAS, OPCIONES, PRIVACIDAD, CONTRASEÑAS GUARDADAS.**

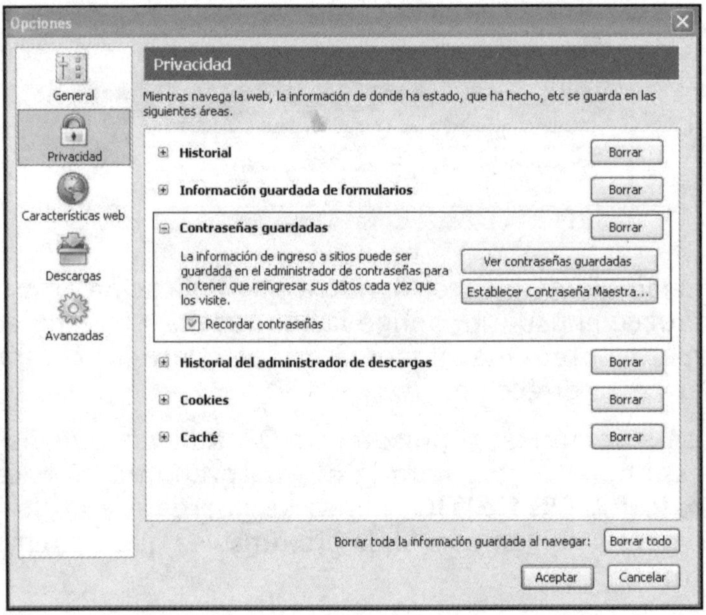

Lo primero que vemos es una opción con una pestañita que pone: **RECORDAR CONTRASEÑAS**; si la desactivamos no nos preguntará nada, pero tampoco podrá almacenarlas.

La siguiente prueba que vamos a hacer es ingresar de nuevo en la aplicación y decirle que recuerde la contraseña (vosotros podéis hacerlo en una web que tengáis costumbre de visitar). Después nos dirigimos a la pestaña de la derecha, la llamada **VER CONTRASEÑAS GUARDADAS**, y nos mostrará una ventana como ésta:

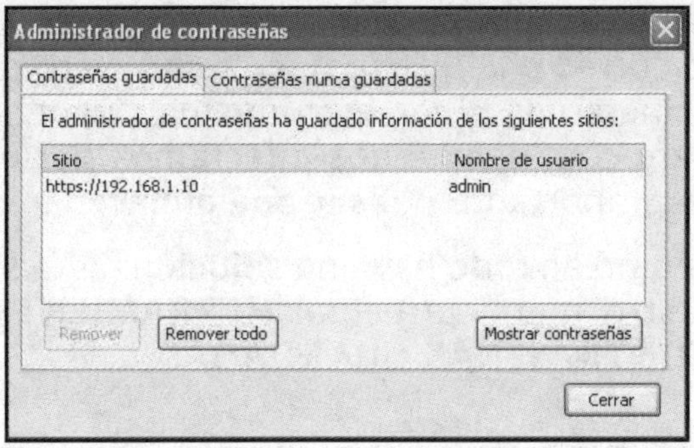

Como podemos apreciar, en esta ventana tenemos el sitio web, que en mi caso es una dirección IP porque está dentro de mi casa. Vosotros tendréis algo como **http://www.yahoo.es** u otra dirección. También a la derecha nos muestra el nombre de usuario que en este caso es **ADMIN**, y vemos que abajo hay dos pestañas, una que pone **REMOVER TODO** y más a la derecha **MOSTRAR CONTRASEÑAS**. Pulsamos en **Mostrar contraseñas** y pasa esto:

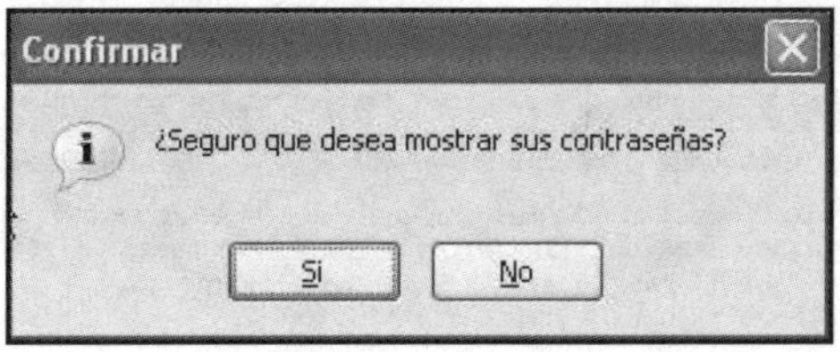

Nos pregunta si estamos seguros. A esto le diremos que -**SÍ** y entonces aparecerá esta información:

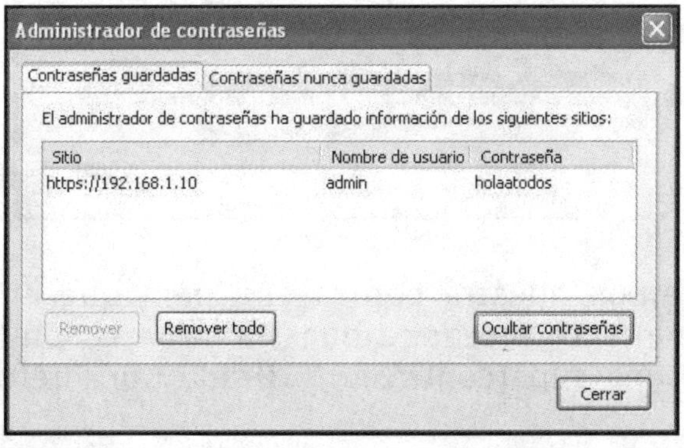

TACHÁN ¡¡¡La contraseña de la pagina web (que pueden ser perfectamente nuestro correo o la que sea), en texto claro para poder hacer con ella lo que queramos. Pues esto mismo pueden hacerlo ciertos spyware y malware con los que nos infectamos por no estar protegidos, y por ello es importante pensar qué almacenamos y qué no.

No obstante, como en todo hay una solución. Es la siguiente: vamos de nuevo a nuestro menú principal **HERRAMIENTAS**, **OPCIONES**, **PRIVACIDAD**, **CONTRASEÑAS GUARDADAS**:

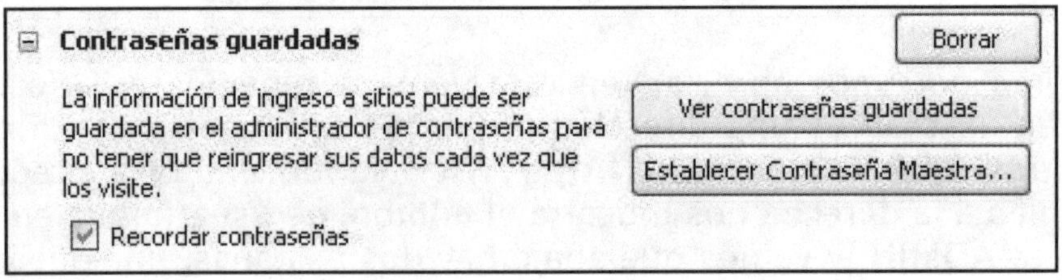

Aquí pulsamos sobre **ESTABLECER CONTRASEÑA MAESTRA** y aparecerá una ventana como ésta:

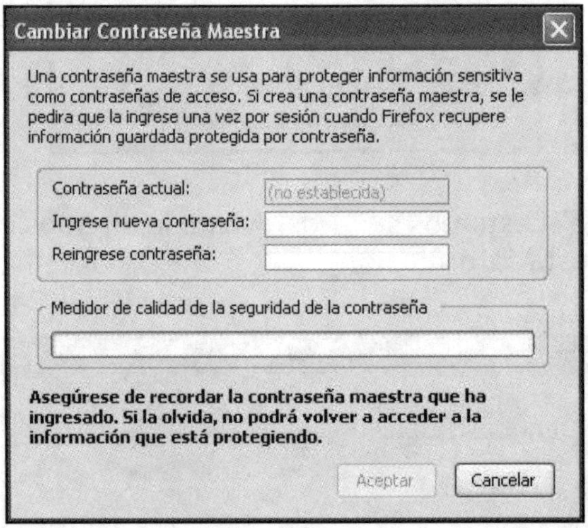

Aquí pondremos nuestra contraseña para que en caso de que alguien o algo intente acceder a nuestra información privilegiada se encuentre con una supercontraseña cifrada por Firefox y no pueda acceder a ella.

Como podemos ver, cuando vamos escribiendo la contraseña, abajo aparece una raya verde que mide el nivel de seguridad de la misma. Por supuesto, hay que intentar que sea una contraseña lo más fuerte posible.

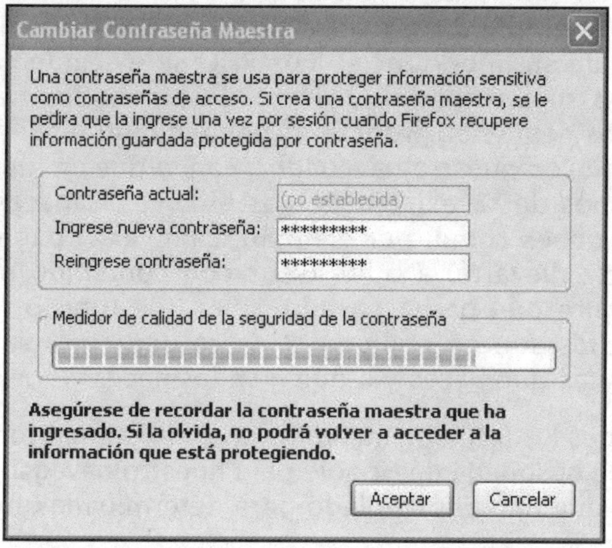

Ahora volvemos a entrar en el menú de siempre para ver qué usuarios y contraseñas nuestras tiene el navegador. Veremos una pantalla como ésta:

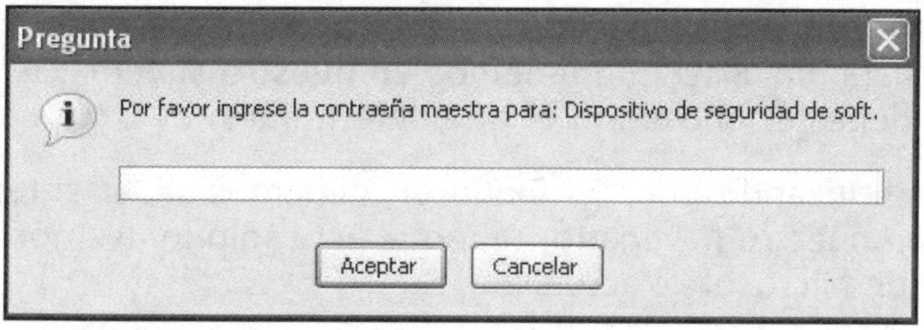

Como podemos observar, nuestros datos más importantes quedan protegidos mediante una contraseña.

Con estas configuraciones y sobre todo mucho sentido común, tendremos un navegador web seguro, robusto y rápido con lo que podemos navegar con más tranquilidad por el gran mar que es «Internet».

>>> BHO Browser Helper Object (Ayudante de objetivos del navegador). ¿Qué es y cómo actúa un BHO?

Los **BHO** son pequeñas aplicaciones que se instalan junto al navegador de manera equivocada e ignorada (la mayoría de las veces) por los usuarios, casi siempre a través de barras de ayuda, o con spyware y malware (de ahí su importancia). Los BHO se ejecutan cada vez que abrimos nuestro navegador y están desarrollados para Internet Explorer. Estos pequeños programas pueden o no tener aspecto final (es decir visible) en nuestro navegador, con lo que en muchas ocasiones no sabemos de su existencia. Los BHO con capaces de realizar diferentes acciones como, por ejemplo, cambiar la página de inicio, redireccionarte (llevarte) a otras webs con contenido normalmente obsceno (seguro que os ha pasado), fuera de tono o de negocios. Muchos de ellos son en realidad spyware que controla estadísticamente las visitas que haces y a quién se las haces.

Pero no todos los BHO son malignos para el sistema, como por ejemplo la barra de búsqueda de Google para nuestro navegador o algunos de Microsoft que han desarrollado para determinadas funciones.

>>> Instalación y uso de la herramienta BhoList

Por lo tanto, como usuarios cada vez más interesados en seguridad, debemos primero conocer si nuestro sistema tiene o no tiene BHO. Para ello utilizaremos una herramienta gratuita que permite ver, a modo de lista, los BHO que tenemos en nuestro sistema. A partir de esta lista debe ser el usuario el que determine si es legítimo o no.

Aun no utilizando Internet Explorer, debemos saber si tenemos o no BHO en nuestro navegador (aunque éste sólo lo usemos para ir a la página de Microsoft a actualizar).

El programa se llama «bholist» y se puede descargar desde este link:http://www.spywareinfo.com/~merijn/files/bholist.zip

Una de las cualidades de este programa es que es totalmente gratuito y la otra es que no requiere instalación en nuestro sistema, es decir, basta con hacer doble clic sobre el archivo ejecutable (.exe) y nos mostrará el programa.

Una vez efectuada la descarga, descomprimimos el archivo .zip a un directorio. En ese momento pinchamos sobre el bholist.exe que contenía el .zip y veremos una pantalla como ésta:

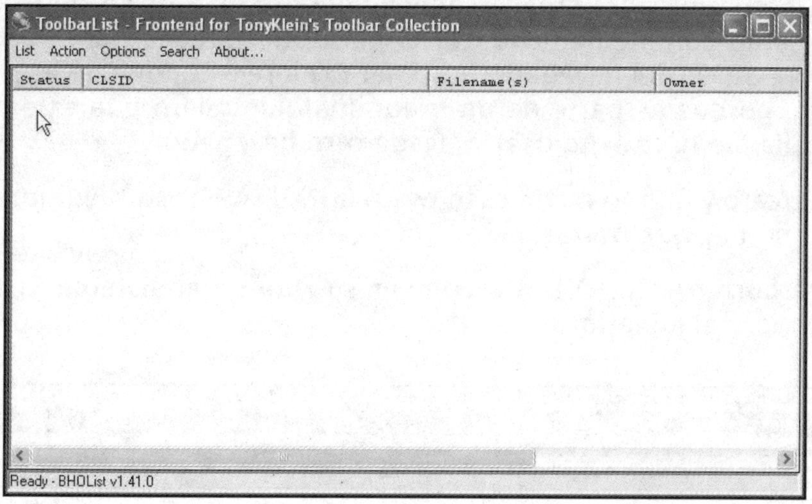

Ahora pulsaremos -**F6** en nuestro teclado o iremos a **LIST, SHOW ONLY INSTALLED BHO'S** para que nos muestre sólo los BHO instalados en el sistema. Entonces, si tenemos todo correcto en nuestro sistema veremos algo parecido a esto:

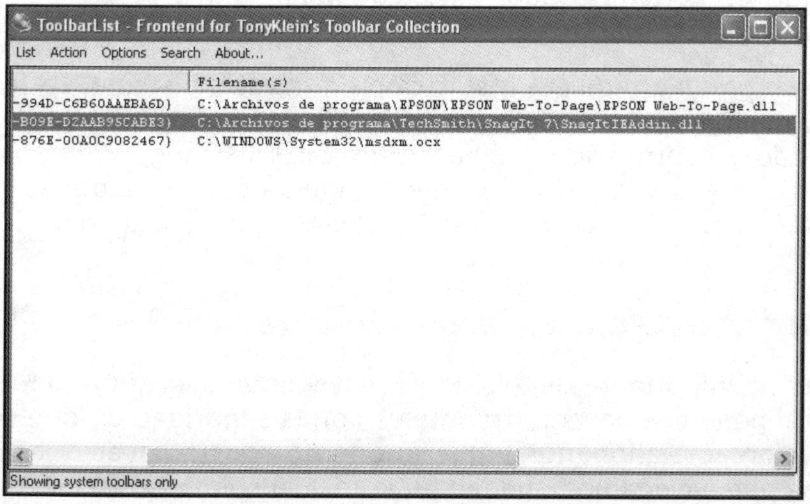

Como se puede apreciar en la imagen, tengo instalados 3. El primero es un BHO que te instala la impresora Epson sin preguntarte absolutamente nada; éste lo podemos eliminar, ya que no lo quiero para nada. El segundo de la lista sin embargo es un BHO instalado a partir de un programa para crear imágenes del ordenador, por lo tanto te pone como complemento un BHO para que puedas hacer uso del mismo a través del navegador Internet Explorer. Aunque no lo utilizo, lo dejo, porque es parte de un programa que quiero que esté por si algún día me hace falta usarlo desde otro navegador.

El tercero y último en mi caso es un BHO de Microsoft legítimo, por lo que no hay que borrarlo.

Para borrar un BHO basta con ver su ruta en el sistema, ir a ese directorio y eliminarlo:

```
C:\Archivos de programa\EPSON\EPSON Web-To-Page\EPSON Web-To-Page.dll
C:\Archivos de programa\Adobe\Acrobat 6.0\Reader\ActiveX\AcroIEHelper.dll
C:\Archivos de programa\TechSmith\SnagIt 7\SnagItBHO.dll
```

Pero, ¿qué pasa si borramos un bho por equivocación? Pues que habremos cometido un error y para eso existen otros programas algo más complejos y completos, pero también gratuitos.

Uno de este tipo es el BHODemon, que monitoriza los BHO y permite deshabilitarlos temporalmente (mucho mejor), hasta que sepamos que lo queremos quitar o no. Lo podemos descargar en: http://www.definitivesolutions.com/files/BHODemon10Setup.exe

Este programa requiere instalación en nuestro sistema. La instalación y configuración lo dejaré a cargo del lector, ya que queda bien explicado y controlado el tema de los BHO, así que los curiosos lo descarguen y lo vean. No obstante si algún lector tiene dudas puede preguntármelas en el correo elctrónico que encontrará al final del libro.

>>> Navegar de manera anónima, ¿es posible?

Otro tema importante dentro de los navegadores es sin duda alguna saber si podemos navegar tranquilos con la seguridad de que somos completamente anónimos y que lo que nos gusta hacer o los sitios por los que navegamos quedan en la más absoluta privacidad.

En este apartado se explica cómo nos identificamos en Internet, qué huellas vamos dejando por los servidores web y sobre todo cómo navegar de manera anónima por Internet.

Lo primero es saber cómo se comunican las máquinas entre sí en Internet. Al igual que en los primeros capítulos del libro explique de manera metafórica cómo se comunican los ordenadores en una red de casa (cuerdas de ropa, cartero que hacía de router, ¿¿os acordáis??), en este apartado veremos cómo nos comunicamos con otros ordenadores desde nuestra casa pasando por Internet.

Existen dos tipos de direcciones (D.N.I. del ordenador) en las comunicaciones, las internas o **privadas** y las externas o **públicas**. En casa, dentro de nuestra red utilizamos las internas, que están definidas por un estándar (que no vamos a explicar técnicamente), y que pueden empezar por diferentes rangos, como por ejemplo:

- La **clase A** comprende redes desde **10.0.0.0** hasta **127.0.0.0**
- La **clase B** comprende las redes desde **128.0.0.0** hasta **191.255.0.0**
- Las redes de **clase C** van desde **192.0.0.0** hasta **223.255.255.0**
- Etc.

Por lo tanto, estas direcciones y todos sus rangos los podemos utilizar en una red privada o interna (vamos en casa o en la empresa) y así nuestros ordenadores saben comunicarse entre ellos porque conocen las dirección de todos los de su red. Pero, ¿qué pasa si en otra red como, por ejemplo, la de mi primo en su casa hay también estas direcciones? ¿Y cuando todo el mundo navega por Internet coinciden las direcciones? ¿No se solapan?

Lo primero es muy normal, casi todo el mundo tiene en casa el rango 192.168.x.x (siendo x cualquier numero desde el 0 al 254) y no por ello hay problemas cuando navegamos o salimos a la red de redes (Internet). Es para evitar este problema por lo que se crearon direcciones IP privadas y públicas.

Cuando adquirimos nuestra ADSL para casa o la oficina, nuestro proveedor de servicios nos asigna una IP pública, que a su vez puede ser de dos tipos:

- IP dinámica.
- IP estática.

La primera va cambiando de número, con lo que nunca disponemos de la misma. Esto a veces es beneficioso, siempre y cuando no queramos dar servicios al exterior como, por ejemplo, tener en casa un servidor web o un servidor de correo con nuestro propio dominio, ya que entonces necesitaremos una ip estática para que «Internet» sepa dónde están nuestros servidores en cualquier momento que alguien lo solicite.

Nunca existen dos direcciones públicas iguales, ya que entonces nuestro ordenador no sabría a cuál de ellas ir. ¿Y si tenemos más de un ordenador en casa con direcciones privadas y navegamos con ellos a la vez? En este caso, todos los ordenadores adquieren, gracias al router, la misma IP pública para navegar, pero el router es capaz de saber a qué ordenador pertenece cada conexión, por lo que no hay que preocuparse.

Pero el otro «inconveniente» que tiene tener IP estática (es decir, que siempre es la misma dirección), es que la gente sabe quién eres en cualquier momento y a partir de ahí puede intentar atacar tus sistemas siempre que lo desee. Aunque si sigues correctamente los consejos de este libro no tendrás problemas ;-)

>>> ¿Cuál es tu dirección IP pública?

¿Que no sabes que IP pública tienes? Pues vamos a verlo. Abre un navegador (por supuesto Firefox) y escribe en la barra de direcciones esta dirección: http://www.whatismyip.com.

Accede a la web y verás algo como esto:

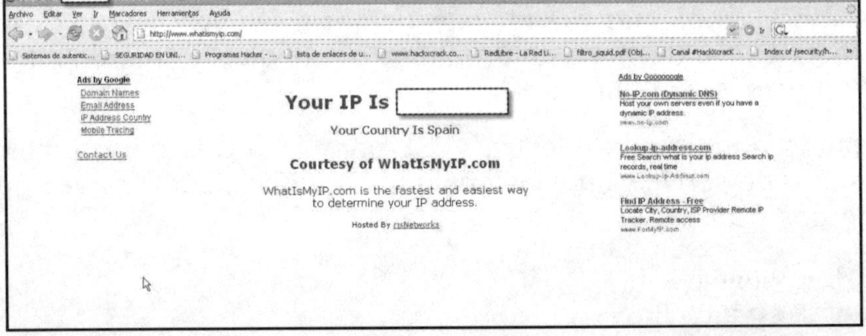

Como se puede apreciar en la imagen yo he ocultado mi dirección ;-), porque es estática y personal, pero vosotros veréis vuestra dirección publica, vamos tal y como en Internet (es decir todos) os ven. Es vuestro identificador y es muy válido para muchas más cosas, no sólo en tema de comunicaciones; por ejemplo nos dice el país desde el que la visitamos. En esta página podemos saber en cualquier momento cuál es nuestra dirección IP pública.

Esta dirección personal es registrada en muchos sitios por Internet; nuestro proveedor es el primero que controla los horarios de acceso a Internet, paso de información por router, Proxy, etc.

>>> ¿Qué son los proxys?

Los proxys son máquinas dedicadas entre otras cosas a dar acceso a Internet (u otra red) y cuentan con numerosas funciones, pero lo más importante que debemos saber ahora de un Proxy es que es un elemento que debemos atravesar para navegar (con algunos proveedores) y que en muchas empresas lo tiene dentro de la red corporativa, y de esta manera controlan quién puede navegar y quién no (e incluso los sitios a los que puede acceder).

Además de estos sitios, en todo servidor web queda nuestra IP reflejada, con lo que saben quiénes somos, dónde vamos y qué es lo que hacemos. ¿Qué pasa entonces con nuestra privacidad en Internet?

Un buen día alguien tuvo la idea de poner en Internet a disposición de todos un proxy con dirección anónima para que cualquiera pudiese pasar por él y navegar bajo su IP (la del Proxy) y no con la real, con lo que ganamos privacidad y anonimato.

En cuanto a los proxy, como ya he dicho, es todo un mundo, pero hay que aclarar que en Internet nos podemos encontrar con dos tipos distintos:

1. **Proxy normal**, que registra nuestra IP en su máquina, pero que nos permite seguir teniendo la nuestra al navegar.
2. **Proxy anónimo**, que nos permite navegar con su dirección pública.

Vamos a pasar a la práctica y lo veremos todo más claro. Antes de nada necesitamos Proxys que funcionen correctamente como nosotros queremos. Para ello usaremos de referencia la página antes mostrada (para saber con qué IP navegamos).

>>> ¿Cómo utilizar Proxys anónimos?

Abrimos otro navegador y escribimos esta dirección (hay muchas, podéis investigar en Google).

Por ejemplo: http://www.aliveproxy.com/high-anonymity-proxy-list/

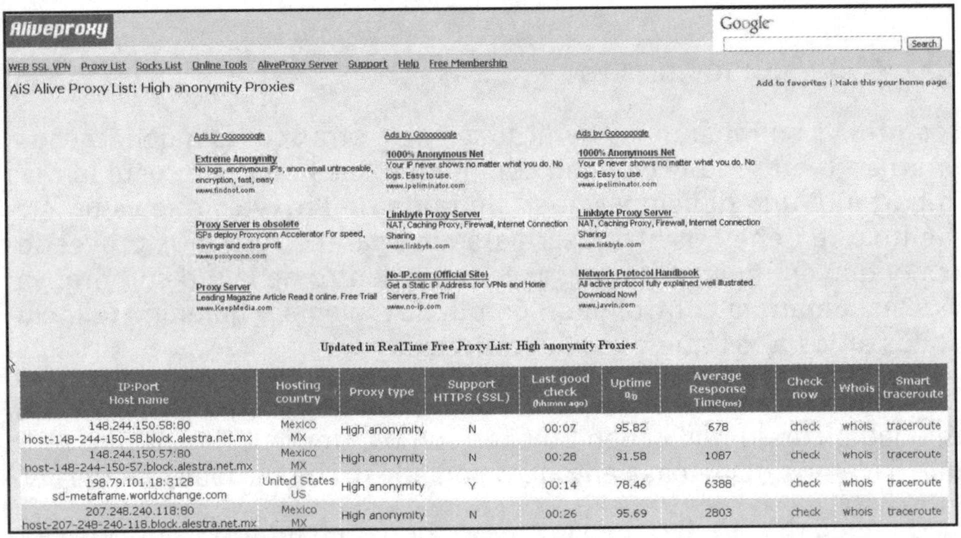

En esta página encontraremos numerosos proxy para navegar de manera segura y anónima. En la primera columna de esta página, vemos un apartado que pone **ip:port**: aquí tenemos las direcciones de lo proxy y los puertos que utilizan. Debemos probar hasta que uno funcione con precisión, es decir, que no registre nuestra IP y que la velocidad de conexión no sea demasiada lenta (ya que la mayoría de los proxy hacen que naveguemos a menos velocidad de lo normal). Es cuestión de encontrar el adecuado.

Vamos a probar con el primero de mi lista que es la IP: **148.244.150.58** pertenece a un proxy que está en México y el puerto por el que funciona es el 80. Hay que decir que desde la propia web se pueden chequear, pero mi recomendación es que lo probemos de manera manual como explico a continuación.

Abrimos un navegador y nos dirigimos a **HERRAMIENTAS, OPCIONES** y vemos el menú principal:

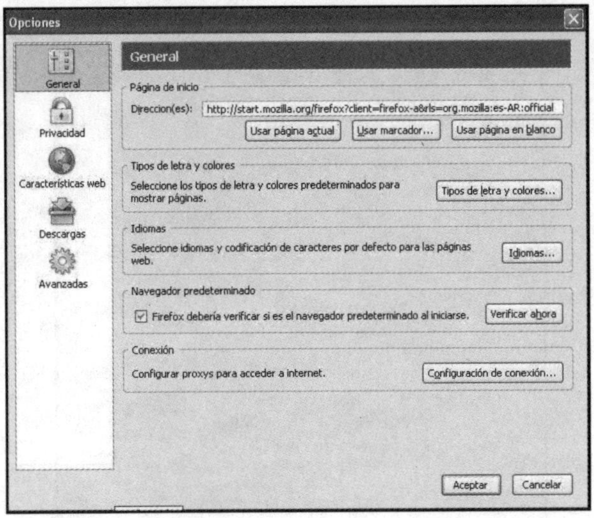

Pulsamos la pestaña **GENERAL** a la izquierda, y luego le damos a **CONFIGURACIÓN DE CONEXIÓN**, abajo a la derecha. Veremos esto:

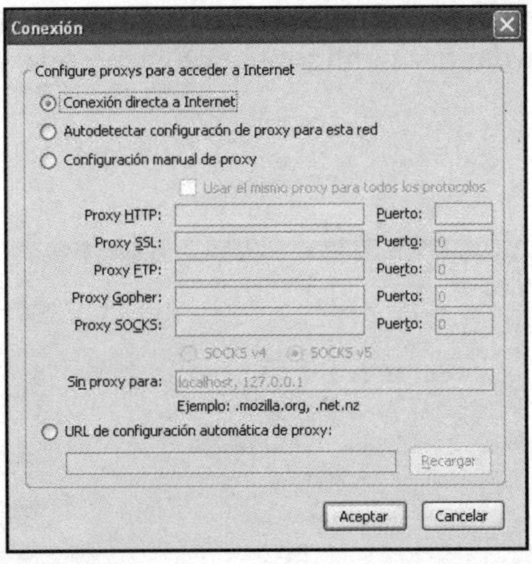

Como se aprecia en la imagen, la pestaña seleccionada es **CONEXIÓN DIRECTA A INTERNET**. Nosotros tenemos que seleccionar la pestaña **CONFIGURACIÓN MANUAL DE PROXY** y en el primer recuadro donde pone **PROXY HTTP**, poner la IP que hemos elegido. A su derecha, debemos poner el **puerto** por el que se comunica ese proxy, que en mi caso es el **80**. La configuración quedaría así:

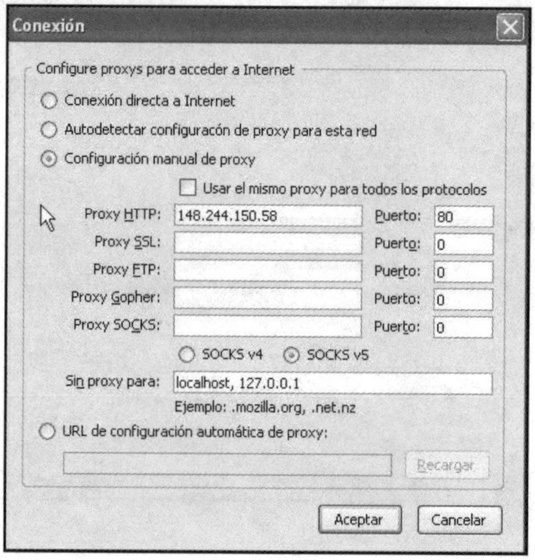

Pulsamos -**ACEPTAR** en este cuadro y luego en el menú principal y le ponemos la misma dirección que antes para ver nuestra IP (si tienes más de una sesión abierta, hasta que no la cierres y vuelvas a abrir no habrá guardado la configuración): http://www.whatismyip.com

Y vemos esto:

Como podemos ver, se registra la IP del proxy anónimo y no la nuestra, con lo que podemos navegar con toda la tranquilidad del mundo sin preocuparnos de nuestra privacidad y anonimato. Ahora somos uno más en Internet, nadie nos puede ver lo que hacemos o dónde lo hacemos. Además en mi caso este en un proxy muy rápido.

Si en cualquier momento queremos volver a nuestra anterior configuración, sólo debemos ir al panel principal y seleccionar la pestaña: **CONEXIÓN DIRECTA A INTERNET.**

>>> Actualizar el navegador Firefox

Una de las cosas más importantes del navegador es tenerlo actualizado a la última versión y con los últimos parches, ya que esto evitará grandes fallos de seguridad. Para actualizar Firefox tenemos dos opciones: ir a su Web oficial y ver la última versión o pulsar sobre el icono arriba a la derecha, justo debajo de la X (de cerrar ventana):

En sus web siempre está la última versión. Si pinchamos este icono o bien nos llevará a la web o bien se descargará e instalará sólo la última versión; eso depende de cuándo haya salido la última.

No obstante yo recomiendo estar al día de las vulnerabilidades y para ellos hay muchos sitios que informan de los parches y nuevas versiones.

>>> HTTPS (SSL)

El protocolo **HTTPS** es la versión segura del tradicional protocolo de navegación HTTP, ya que en él incluye el cifrado de comunicaciones **SSL (Secure Socket Layers)**. Este mecanismo establece un túnel cifrado entre el servidor web por ejemplo https://www.cajamadrid.es y nuestro navegador (en nuestro caso Firefox). Está muy indicado para conexiones en las que debemos poner datos especialmente sensibles, muy utilizado en bancos y todo tipo de comercio electrónico.

El puerto que utiliza el HTTPS es el 443 y navegando vemos que la dirección empieza por HTTPS y además en nuestro navegador aparece un candado como éste:

Esto es la prueba de que nuestro navegador está en un zona segura. ¿Cómo sabe nuestro navegador que es segura esta dirección?

>>> Certificados digitales

Nuestro navegador sabe que es seguro mediante certificados digitales. Hay organismos **CA (Autoridad Certificadora)** que certifican a empresas o personas y estos certificados se almacenan en nuestro navegador (tabla de certificados), de tal manera que cuando entramos a una web, nuestro navegador se valida con el certificado del servidor web y cifra la comunicación. Para entendernos mejor, entramos en Caja Madrid, en ese momento el certificado que hay en ese servidor manda a nuestro navegador (de manera transparente para el usuario) información acerca de ese certificado y nuestro navegador lo valida en función de su tabla. Entonces se establece entre ellos (servidor-navegador) una comunicación segura (cifrada, ilegible).

Si pinchamos con doble clic sobre el candado dorado, podremos ver la información del certificado:

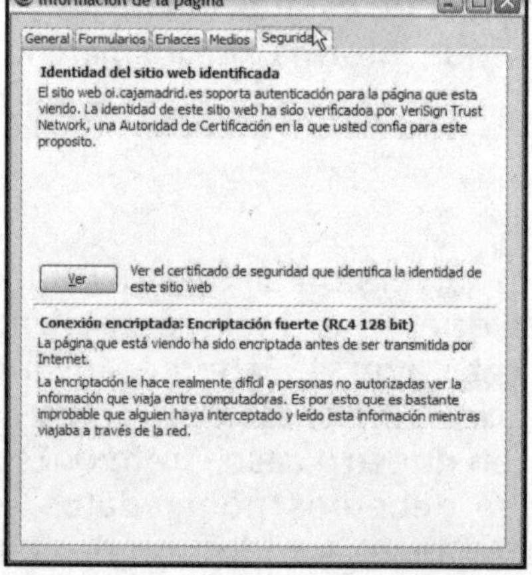

Pero en ocasiones podemos navegar y ver que al acceder a una web nos pregunta si queremos aceptar este certificado. Cuando un servidor web de una página hace esto, quiere decir que no es un certificado legal emitido por una **CA oficial**, pero esto no significa que no sirva para encriptar (cifrar) nuestras comunicaciones y hacerlas seguras. Cuando ocurre esto debemos tener muy claro cuál es el origen del mismo, ya que si no es de nuestra confianza no debemos decirle que si lo acepte, ya que entonces nuestro navegador adquiere ese certificado y lo valida como bueno y esto nos puede llevar a ciertas estafas.

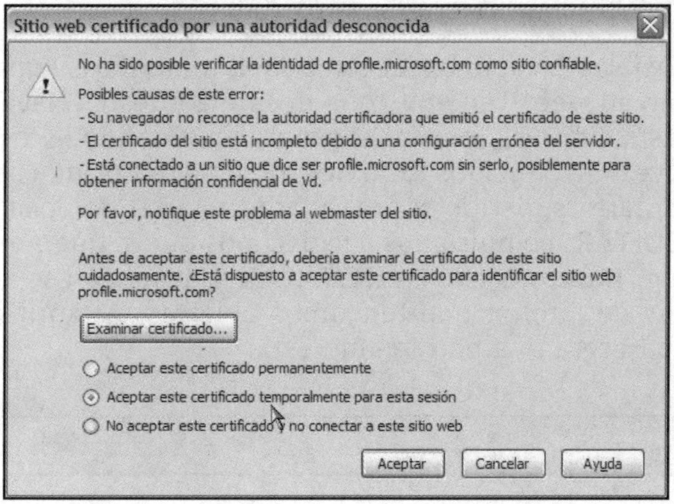

Lo que ocurre es que solicitar un certificado digital oficial no es gratuito y muchas empresas se crean su propia CA para crear con ella sus propios certificados. Éstos se los dan a los usuarios para que los carguen en su navegador (otras veces en otros soportes como llaveros USB) para que de esta manera no nos diga que no es un certificado valido y registrado. Al fin al cabo lo que se busca es cifrar la comunicación para ganar más seguridad y para ello hace falta un certificado digital.

Los estafadores de Internet cada día se lo «curran» más, engañándonos para que veamos el candado y creernos que estamos en una zona segura. Es por tanto otra labor nuestra la de saber aceptar cierto tipo de cosas o no.

>>> Herramienta antifraude Netcraft

Netcraft es una herramienta en formato toolbar (es decir, se nos añade una barra en nuestro navegador) que mediante ciertos patrones identifica la seguridad y legitimidad del sitio web que visitamos.

Cuenta con una amplia base de datos y da capacidad al internauta para denunciar ciertas direcciones no legítimas. Utiliza una gran capacidad de información de todos los usuarios para identificar con mayor precisión la seguridad de un lugar.

Es una herramienta gratuita y la podemos descargar desde su web oficial: http://toolbar.netcraft.com/install

Para la instalación sólo basta con poner un nombre y una dirección de correo en su web. Tenemos que decirle a nuestro Navegador que permita a esta empresa instalar el programa. Cuando le demos a descargar una vez introducidos los datos, observaremos que aparece una barra en la parte superior del navegador y, a su derecha, un botón que pone **EDITAR**. Lo pulsamos y le decimos que sí queremos instalar la aplicación. Hacemos clic en **INSTALAR** y después cerramos todas las ventanas de Firefox que tengamos abiertas. Al abrir una nueva ventana, aparecerá una barra como ésta:

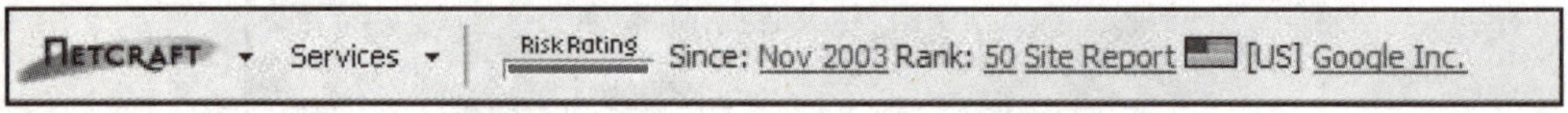

En la imagen podemos ver la información que nos da el programa Netcraft sobre google.com, y podemos observar una barra que pone **RISK RATING** y que debe tener color verde. Pero, ¿qué sucede si visitamos una web con dudosa credibilidad? Pues que veremos algo como esto:

Como podrás ver en tu navegador, el nivel de riesgo ha subido hasta estar rojo. Si queremos ver la valoración que nos da el programa

sobre una web en concreto, tenemos que colocar el cursor sobre el apartado **RISK RATING** y esperar a que salga el resultado. En este ejemplo el **nivel es 10**, lo cual quiere decir que esta web es de dudosa legitimidad y que no debemos introducir ningún dato en ella. Este sistema está luchando mucho contra el famoso *phising*, que explicaremos con más detalle en el capítulo dedicado al correo electrónico ya que utiliza una técnica similar pero específica para el email.

Con esta herramienta será muy sencillo saber por dónde se navega, ya que al acceder a un sitio web nos muestra gran cantidad de información sobre él. Una función muy útil es cuando, por ejemplo, visitamos la web de Caja Madrid y en la barra vemos que la procedencia es Rumanía. Este dato nos debe hace dudar, ya que es poco probable que Caja Madrid tenga su servidor en Rumanía; la barra nos alerta mediante su indicador.

>>> Copias de seguridad en Firefox

Una de las cosas que nos trae de cabeza a casi todos es cuando compramos un ordenador nuevo o tenemos que formatear el antiguo y tenemos que instalar todas las configuraciones de nuevo. No obstante para estas cosas existe solución. En el caso de Firefox y el cliente de correo (Thunterbird) podemos utilizar la herramienta gratuita **BackupFox 0.73 (versión actual)**. Es una herramienta que nos permite crear backups (copias de seguridad) de nuestras configuraciones en Firefox, marcadores, extensiones como Netcraft, etc. y desde el mismo programa instalarlas de nuevo tal y como estaban, en el ordenador que deseemos.

Podemos ver información en su web oficial. Cabe decir que también hace copias de seguridad del cliente de correo Thunderbird, perteneciente a la misma empresa que Firefox.

Vamos pues entonces a descargar el programa desde esta URL: http://mhtools.knoware.nl/raptor/backupfox/backupfox073.zip

Al guardarlo en nuestro escritorio, debemos descomprimir el archivo y meterlo en una carpeta que hayamos creado para él; después hacemos doble clic sobre el archivo .exe y vemos esto:

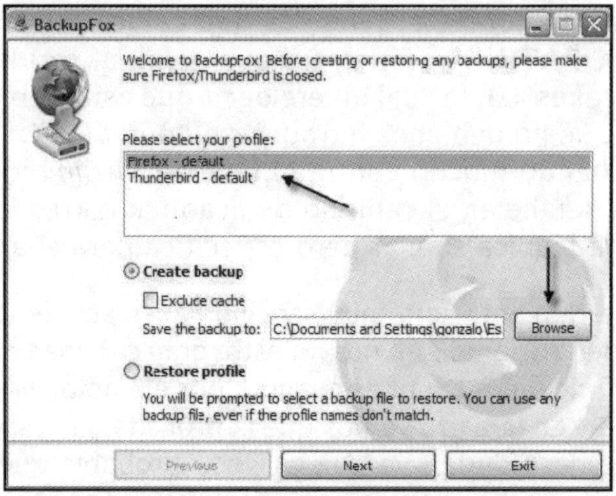

Aquí es donde podemos elegir el programa del que queremos crear la copia de seguridad (backup), seleccionamos la pestaña **CREATE BACKUP** y pinchamos sobre **BROWSE**, y después sobre **NEXT**. Así habremos creado la copia de seguridad de nuestro navegador con todas las extensiones, páginas favoritas, plugins, etc.

Para recuperar la configuración en caso de pérdida, debemos hacer lo mismo, doble clic sobre el .exe y en esta misma ventana seleccionamos **RESTORE PROFILE**, pulsamos **NEXT** y listo, recuperado todo de nuevo.

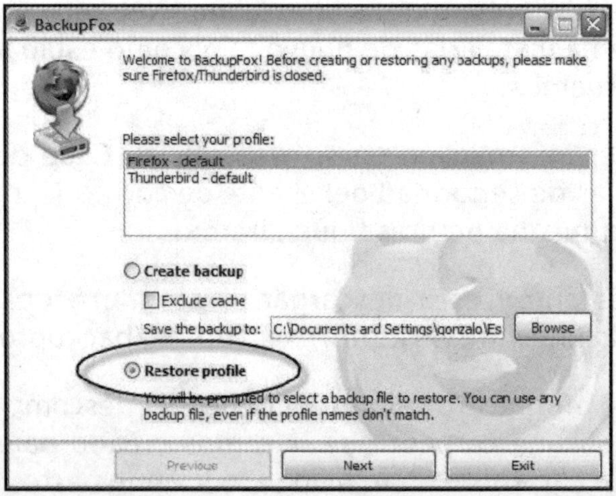

Recomendaciones más importantes a la hora de navegar:

- Nunca debemos acceder a páginas web cuyo origen consideremos dudoso.
- No debemos dejarnos atraer por las ventanas emergentes y en todos los casos debemos cerrarlas y no pulsar sobre ellas.
- No tenemos que aceptar un certificado que no es legítimo para nosotros.
- No debemos acceder a una web a través de un link, por ejemplo, cuando nos mandan por correo una dirección o la vemos en una web. **ESTO NO ES BUENO**, debemos poner la dirección a mano en un nuevo navegador y dirigirnos directamente a ellos; evitaremos grandes fraudes.
- Debemos ser prudentes sobre lo que se acepta o se pincha, leer todo con cuidado y en caso de duda cerrar la ventana siempre haciendo clic sobre la X.

En este capítulo hemos aprendido a navegar de manera segura y eficaz con nuestro navegador Firefox, hemos conocido cómo salvaguardar nuestra privacidad cuando nos movamos por Internet y, sobre todo, hemos comprobado que con unas pequeñas configuraciones y recomendaciones obtendremos una navegación con mucha seguridad. Además, hemos comprendido y aceptado el porqué de todas estas cosas.

Ahora, ¡a disfrutar!

>>> Referencias

Consejos para una navegación segura.

http://navegacion-segura.red.es/

Lista de proxys anónimos.

http://www.proxylists.net/

Artículo sobre los BHO y la guía de instalación de la aplicación anteriormente recomendada **BHODAEMON.**

http://observatorio.cnice.mec.es/modules.php?op=modload&name=News&file=article&sid=231

Artículo que explica las ventajas y desventajas de los navegadores más famosos.

http://www.hispasec.com/unaaldia/2529

12

Seguridad en el correo electrónico, luchando contra el spam

En este capítulo hablaremos de una de las acciones más comunes por parte de los internautas, que es precisamente el uso del correo electrónico. Enviar y recibir correo se ha convertido en más que una simple acción. Internet y, en especial, el correo electrónico ha revolucionado la tecnología tanto en las empresas como en el hogar.

Una de las principales lacras con las que cuenta el correo es el famoso **SPAM** o correo basura. Este nombre se aplica porque el spam era un sustituto de la carne durante la segunda guerra mundial con lo que se daba a entender que era carne adulterada.

No obstante, el problema del spam va más allá que carne adulterada. Actualmente es una de las mayores preocupaciones en la era tecnológica, contra la que desgraciadamente podemos decir que no existe una solución total.

>>> ¿Por qué se envía spam?

Pues muy sencillo, porque es fácil, cómodo y rápido. Existen en el mercado muchos programas que permiten mandar miles de correo en un espacio muy reducido de tiempo y con que sólamente una de las personas a las que llegue compre el producto, ese envío masivo habrá sido más que rentable.

En este apartado se explica cómo los **spamer** (personas que se dedican a mandar spam) se hacen con nuestra cuenta de correo para luego lucrarse con la venta de bases de datos con miles de correos y mandar millones de correos spam ofreciendo alargadores de miembros sexuales, métodos de adelgazamiento o cualquier otra cosa que se les ocurra.

>>> ¿Dónde denunciar el abuso del spam?

Tanto la polémica **ley 34/2002** de Servicios de la sociedad de la información y de comercio electrónico (**LSSICE**), como la ley orgánica **15/1999** de protección de datos de carácter personal (**LOPD**) protegen jurídicamente al usuario ante acciones de envío de correo comercial no autorizados expresamente por él mismo.

Cualquier persona puede denunciar el envío de spam a su cuenta de correo personal o de empresa. Una de las direcciones de las que podemos valernos para cualquier denuncia en cuanto a delito informático es la de la página web de la Guardia Civil, más concretamente el equipo de delitos informáticos (ahora llamado Grupo de delitos telemáticos):

http://www.guardiacivil.org/telematicos/creacion.htm

>>> ¿Cómo encuentra el spamer nuestro correo?

Nuestro correo es un tesoro muy buscado por los spamer, ya que cuando cuentan con un amplio número de correos, ganan mucho dinero en la venta de los mismos o mediante otros métodos. Por ejemplo, una empresa contrata a un spamer para intentar vender un producto y el spamer nos manda un correo con la publicidad y un link como éste:

http//www.loquesea.com/productos/id=2342

Cada vez que alguien pincha en ese link, el spamer gana dinero; gracias al numero final del link (id=2342), se identifica que esa visita se ha producido a través de un correo que él ha mandado realizando spam del producto en cuestión.

Un spamer busca correos por las páginas web con programas llamados **spam bots**, intercambian entre ellos base de datos de millones de correos, localizan direcciones de correo en grupos de noticias (News), los compran, los sacan de formularios falsos y reales, de otros correos (ya que al reenviar queda nuestro correo), etc.

Por lo tanto, tenemos que proteger nuestra cuenta de correo. Lo primero que debemos hacer si queremos utilizar Internet y el correo es no ponerlo a disposición de nadie, solamente de aquellas personas que son de confianza. Para otros temas como listas, foros, formularios de concursos, etc., debemos crearnos una cuenta ficticia para poder darla sin peligro de que ese buzón se inunde con spam y no nos permita recibir el correo que es válido para nosotros. En la actualidad, unos de los mayores problemas para las empresas es el correo basura, ya que se ha demostrado que los trabajadores pierden efectividad y tiempo a la hora de desempeñar su trabajo.

>>> Cuenta gratuita de correo electrónico

Hay en Internet multitud de sitios en lo que te puedes crear una cuenta (gratuita por supuesto) y mi recomendación desde aquí es que os la creéis en los servicios de correo de Google (sí, Google ofrece cuentas de correo y además de las mejores), que ofrece sin compromiso ninguno más de 2 gigas de almacenamiento (y sigue en aumento). Cuenta además con muchas funciones configurables y muy flexibles.

En el momento de escribir estas líneas, sólo se puede adquirir una cuenta de gmail por invitación de otro usuario, pero este sistema es temporal y en breve estará abierto para todo el mundo. No obstante si en el momento de publicar el libro no se ha liberado del todo, me comprometo a regalar una cuenta a cada lector que lo desee.

El correo de google tiene un formato muy atractivo: «usuario@gmail.com» y éste es su panel de configuración:

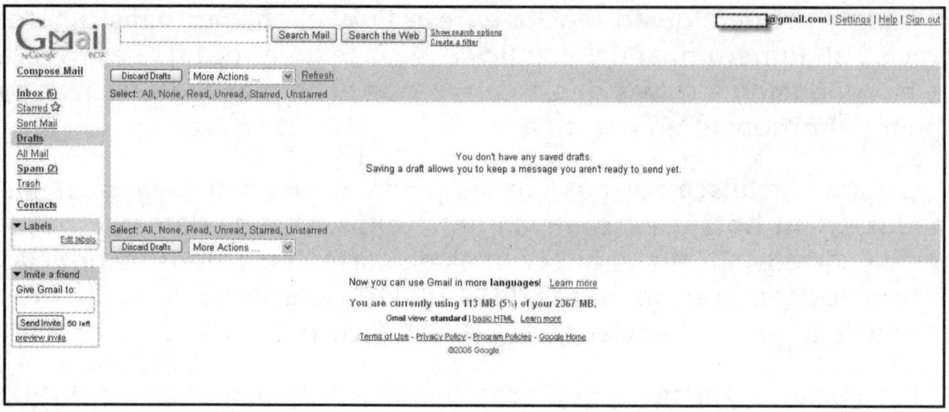

Podemos acceder a la cuenta mediante la dirección: www.gmail.com

Ahora con nuestra cuenta ficticia de correo podemos rellenar formularios, mandar mensajes a destinatarios desconocidos, postear (escribir) en foros, mandar opiniones a grupos de noticias y, en definitiva, hacer lo que queramos.

Otra cosa positiva que tiene crearse una cuenta de este tipo es que desde cualquier ordenador o lugar podemos leerlo. También, si queremos, podemos tenerlo configurado para nuestro cliente de correo favorito; es igual de válido.

>>> Clientes de correo electrónico

Ahora nos centraremos en algo tan importante como necesario, me refiero a los clientes de correo electrónico. Sin duda alguna, hay todo un mundo que nos llevaría días de charla y debate.

En cuanto a seguridad se refiere, es más importante tener una buena configuración que un determinado cliente. Es cierto que hay algunos que son mucho más vulnerables que otros, pero en este aspecto hay que valorar la funcionalidad, conocimientos y disponibilidad del cliente.

En este apartado nos vamos a centrar en la seguridad del cliente de correo más famoso y popular. Me refiero a **Microsoft Outlook**, en la versión que se instala con Windows XP, que es el sistema que estamos manejando en todo el libro.

Voy a explicar muy rápidamente la configuración de nuestra cuenta ficticia en este cliente de correo. Doy por hecho que el lector tiene ya configurado su correo; si no es así, puede hacerlo de forma sencilla utilizando el asistente de configuración.

>>> Configuración de nuestro correo anónimo

Lo datos más importantes para una cuenta de gmail son:

- Servidor (pop3,pop): pop.gmail.com
- Servidor (smtp): smtp.gmail.com
- Usuario: xxxxxxx@gmail.com
- Contraseña: *******
- Puerto pop con cifrado seguro: 995
- Puerto smtp con cifrado seguro: 465

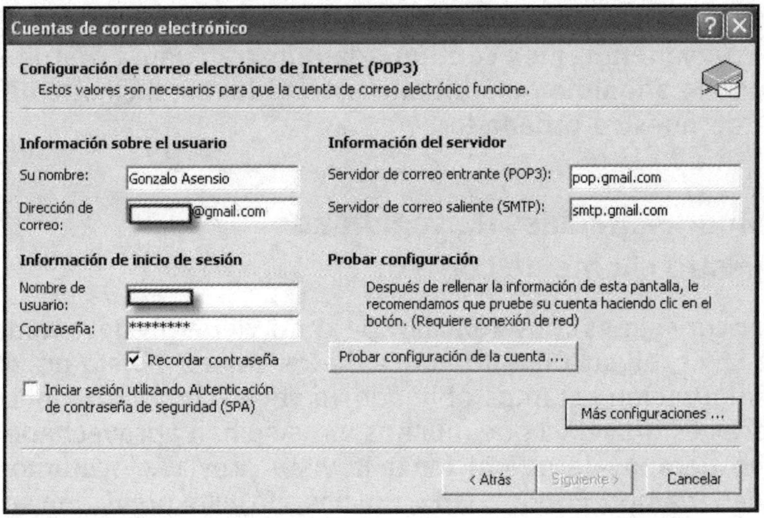

En esta pantalla (a la que llegamos pulsando **HERRAMIENTAS, OPCIONES, CONFIGURACIÓN DE CORREO, CUENTAS DE CORREO ELECTRONICO)**, una vez configurado lo más básico, debemos, en el caso de gmail, poner los puertos de salida del correo, ya que este correo está cifrado y utiliza unos puertos no habituales. Para configurarlo, pinchamos en **MÁS CONFIGURACIONES, AVANZADAS**.

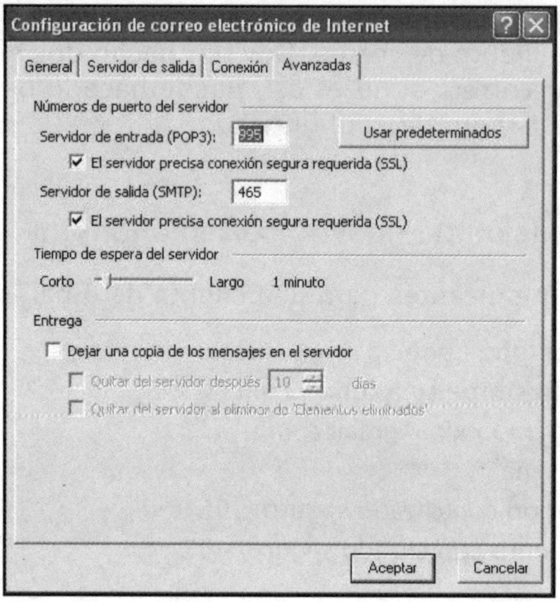

Con esto ya tendremos configurada nuestra cuenta gratuita y anónima (todo lo anónimo que queramos hacerla) en el cliente de correo Outlook de nuestro ordenador.

>>> Primeras medidas de seguridad para nuestro cliente de correo

El primer consejo es muy sencillo, pero no viene predeterminado. Se trata de la visualización automática de los correos (vista previa). Con esta configuración estamos obligados a ver el contenido del correo y eso a veces es grave, ya que muchos virus se han aprovechado durante mucho tiempo, de que al tener la vista previa, ejecutamos cosas que no deberíamos. Por otro lado, gracias a la vista previa, un spammer que nos haya mandado un correo sabrá que nuestra cuenta está activa (en funcionamiento) y nos mandará más correo basura. Si desactivamos esta vista, podemos seleccionar los correos sin peligro y eliminarlos sin problemas. (Muy útil para limpiar el spam y otro ataques).

Una vez abierto el cliente de correo, pinchamos en **VER, PANEL DE VISTA PREVIA.**

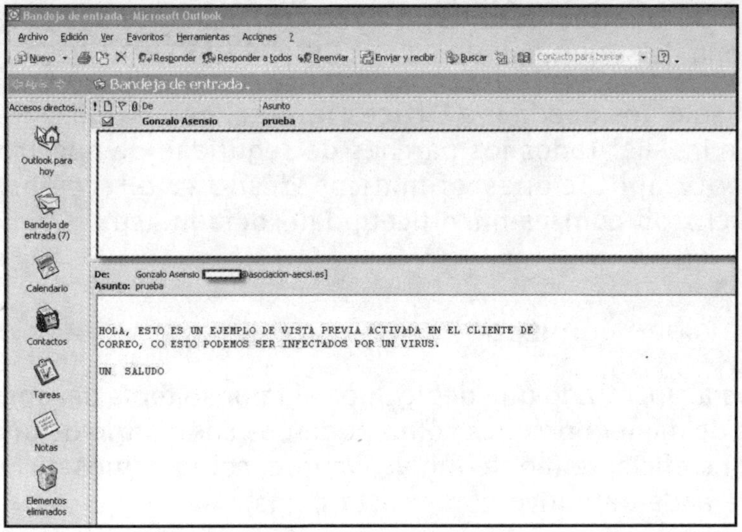

Una vez desactivada ya no tenemos problema en pinchar sobre el correo y eliminarlo o en hacer doble clic para verlo.

Otra gran medida de seguridad que hace que nuestro cliente de correo sea muy seguro es la configuración de la zona de seguridad, ya que con ella se deshabilitan cosas como son los **ACTIVEX**, se requiere la autenticación o se deniega el acceso de sitios malignos, etc. Para ello debemos ir a **HERRAMIENTAS**, **OPCIONES**, **SEGURIDAD**:

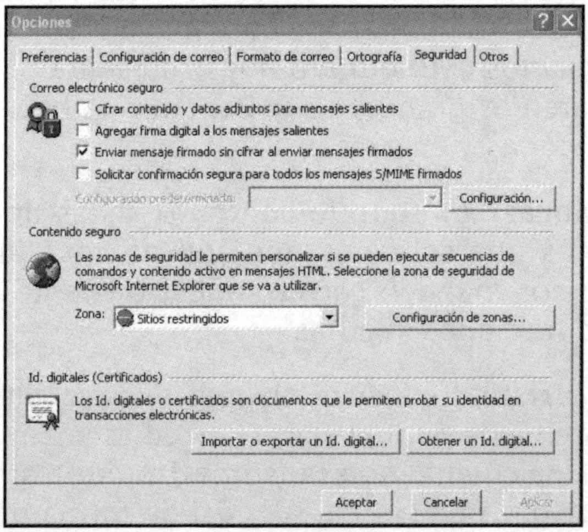

Dentro del apartado **Contenido seguro**, debemos asegurarnos de que la zona de seguridad elegida es **SITIOS RESTRINGIDOS**.

Ahora sólo nos queda ir a **Offices update**, para actualizar nuestro sistema e instalar todos los parches de seguridad de nuestro cliente de correo y aplicaciones ofimáticas desde la dirección: http://office.microsoft.com/es-hn/officeupdate/default.aspx

>>> Soluciones antispam

Llegamos al aparatado que dedicamos al famoso tema del spam. Aquí veremos de manera práctica cómo podemos combatirlo de una manera más que eficiente (no definitiva, ya que, como hemos dicho antes, no existe nada definitivo contra esta plaga).

Actualmente existen diferentes métodos para combatir el spam, los cuales pueden ser puestos en marcha en diferentes sitios. Uno es el servidor de correo (**MTU**) y otro es el cliente de correo (**MTA**). Nosotros, por supuesto, nos vamos a centrar en la seguridad del cliente de correo. Para evitar el spam se pueden utilizar estos métodos:

- Listas negras y blancas.
- Método Heurístico.
- Filtros Bayesianos.

Las **listas negras** se basan en listas públicas de dominios y direcciones de correo que son utilizados para mandar spam, de tal manera que cuando tengamos configurado nuestro cliente de correo con listas negras, evitaremos gran parte del spam que ha sido recolectado por miles de personas y empresas.

Las **listas blancas** son todo lo contrario: listas de direcciones de correo y dominios que sabemos que son de confianza y a las que permitimos que nos manden correo; nuestro cliente las considerará siempre como direcciones seguras.

El método **heurístico** consiste en que nuestro filtro spam valora mediante un sistema de puntos si ese correo es spam o no; por ejemplo, si viene de una cuenta inglesa (suma 1 punto), si además contiene la palabra adelgazante (suma 3), y así de forma que cuando lleve un numero considerable, califica ese mail como spam y lo rechaza (muy inteligente).

Los **filtros bayesanos** realizan muchas operaciones con algoritmos complejos para aprender del correo basura que recibimos y confeccionar una base de datos que sea capaz de saber cuando nos llegue un correo si es spam o no. Lógicamente estos filtros deben de ser enseñados previamente y en algunos casos tardan bastante.

Para luchar contra el spam, nos vamos a apoyar en un programa que se llama **Spamfighter**, que tiene diferentes funciones para combatir el spam. Además de con listas **negras y blancas**, cuenta con un sistema propio que consiste en que cuando el servidor de base de datos detecta que 3 usuarios han seleccionado el mismo correo como spam, envía ese correo a una base de datos común del programa. Este correo queda almacenado y bloqueado para todos los usuarios que tengan instalado este programa. Es una herramienta magistral, ya que hace que cada uno de los internautas pueda ayudar en la lucha contra el spam además de contar con el incentivo de ser gratuita. Cuenta con una base de datos muy grande y con muchos usuarios registrados (y cada vez más).

Gracias a este programa podemos evitar también las técnicas de **phising**.

>>> ¿Qué es el phising?

El **phising** consiste en que un delincuente informático crea una página igual a la de un banco determinado. Mediante este engaño, logra que los usuarios de Internet intenten acceder a dicha página con su usuario y contraseña reales. Así, el delincuente consigue los datos para después acceder a la página real del banco y poder robar su dinero.

La propagación de esta trampa se realiza a través del correo electrónico (la mayoria de las veces) y siempre cuenta con la inocencia del usuario. Falsifican el logo, la web e incluso la dirección en el navegador, y suelen colocar un link para que pinches y vayas a su página falsa. Gracias al programa citado en el apartado anterior, cuando 3 usuarios del mismo lo marquen como spam, ya no te llegará ese correo fraudulento, con lo que evitarás ser estafado con este método. También la herramienta Netcraft (explicada en el capítulo de navegación segura) nos ayuda en este tipo de fraudes, ya que nos marca los correos que intentan hacer phising como de riesgo elevado.

IMPORTANTE: ¡No utilicéis los link para ir a webs!

>>> Spamfighter. Instalación, configuración y uso de la herramienta Spamfighter

Para su descarga tenemos que ir a su página oficial que es:

http://www.spamfighter.com/download_download.asp

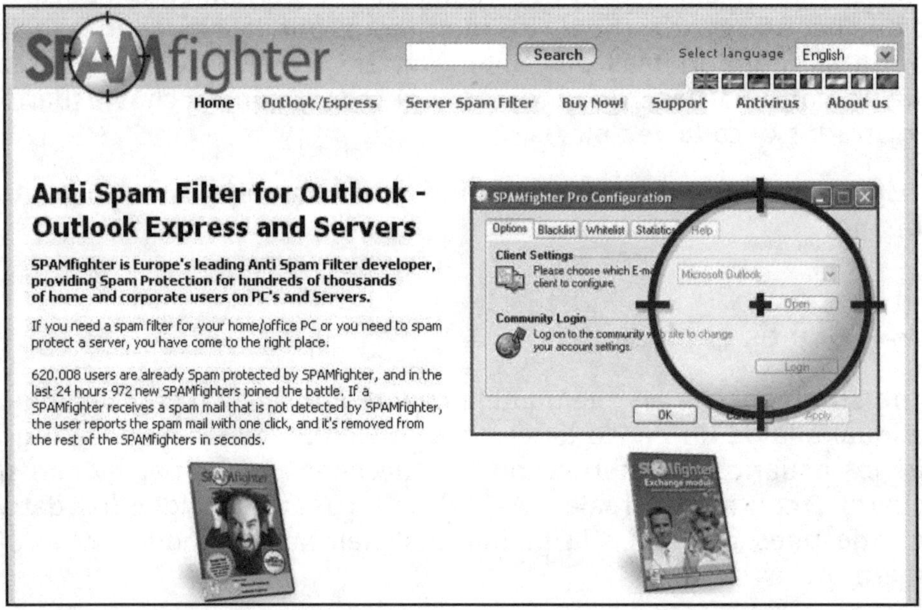

Debemos descargarnos la versión gratuita que es muy buena y perfecta para un uso personal.

Una vez descargado el programa, debemos pinchar sobre el archivo .exe y tras una breve mini-instalación nos aparecerá esta pantalla:

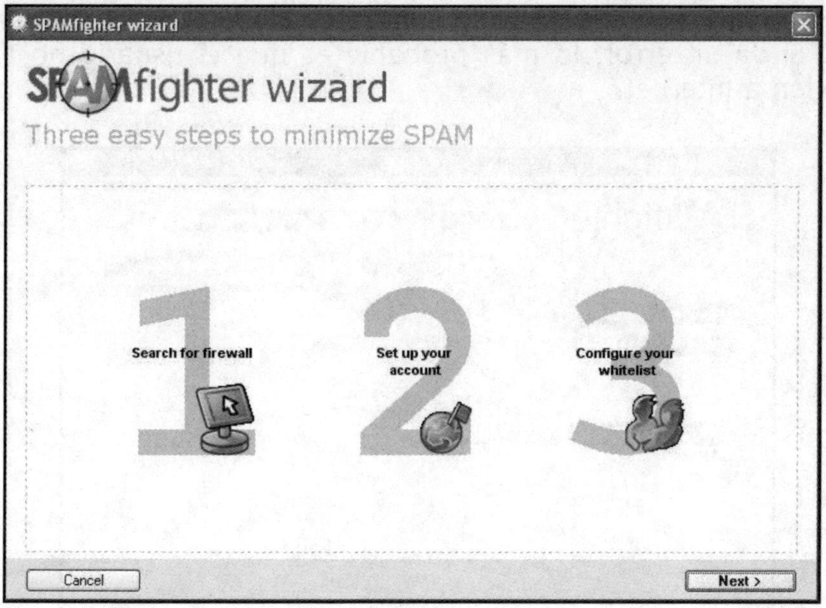

Aquí nos muestra visualmente que la configuración se realiza en 3 pasos:

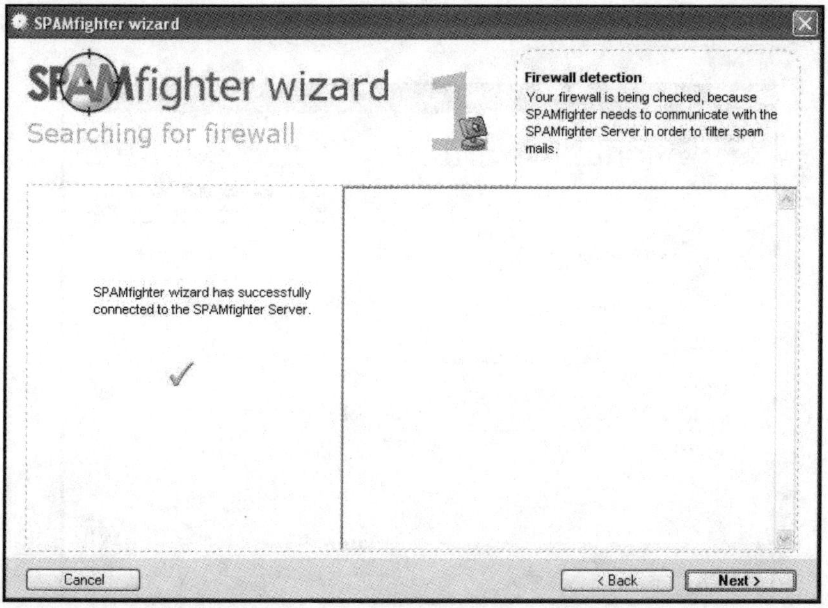

En este paso confirma que ha conectado correctamente con el servidor. Si da un error, lo más probable es que el usuario no tenga conexión a Internet.

Aquí nos pregunta si queremos abrir una cuenta en spamfighter para utilizar el programa. Lógicamente, como es la primera vez que lo utilizamos, le diremos que sí:

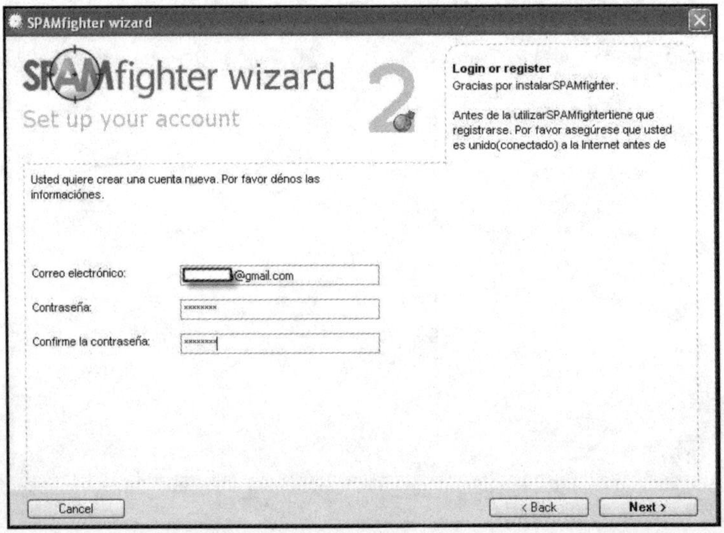

En esta pantalla ponemos nuestra cuenta de correo, la contraseña y le damos a **NEXT**.

Aquí nos dice que se ha configurado correctamente:

Una vez que ya está todo instalado, abrimos nuestro cliente de correo y tenemos que ver una barra nueva como ésta:

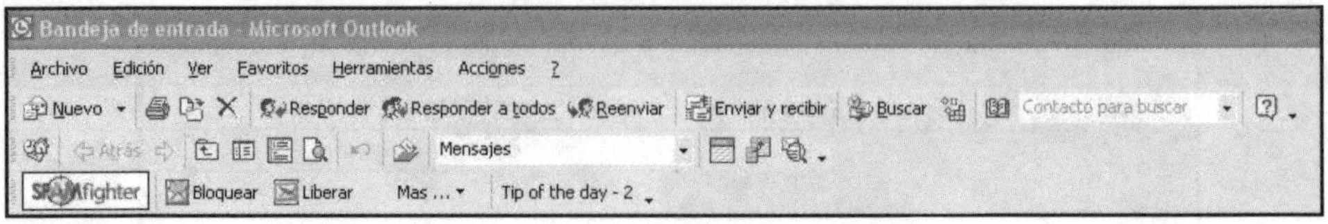

Como podemos apreciar, tenemos a la izquierda un botón que pone spamfighter. Si lo pulsamos, nos llevará a su web a ver nuestras estadísticas, es decir, las webs y correos bloqueados y otras cosas:

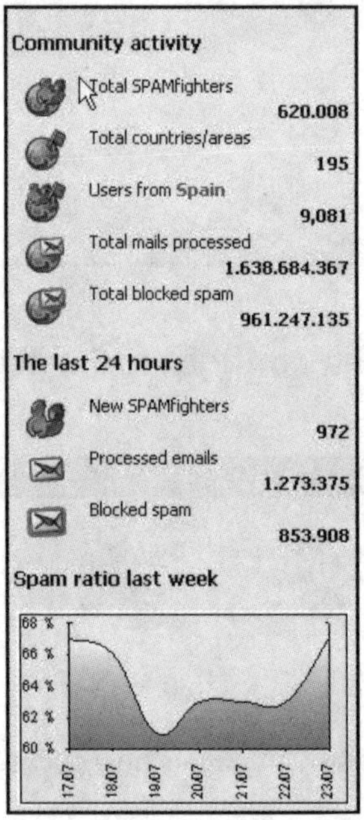

Después vemos la pestaña **Bloquear**. Ahí debemos pulsar cuando veamos un correo que es spam. Pero también podemos recuperarlo, desde la carpeta de spamfighter, si lo hemos marcado equivocadamente.

Por lo tanto, debemos revisar esa carpeta para ver lo que no es spam y liberarlo; de esta manera, y en un poco tiempo, veremos reducido el número de spam en nuestra cuenta de correo.

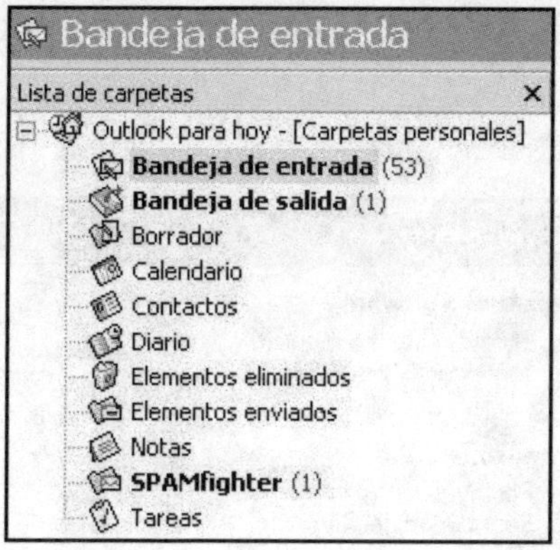

>>> Configuración de spamfighter

Pero spamfighter no sólo cuenta con una base de datos estupenda, también podemos configurar más cosas. Vamos para ello a la pestaña de **MÁS, OPCIONES** y veremos una pantalla como ésta:

Aquí vemos todo lo que podemos hacer con este **filtro anti- spam**. Lo primero que hay que hacer es configurarlo; para ello, nos vamos a la sección de **AJUSTES AVANZADOS**, pulsamos sobre **ABIERTO** y aparecerá esto:

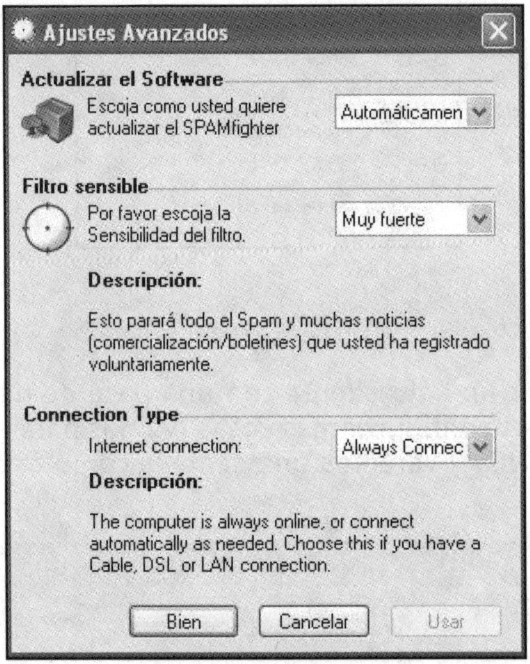

Esta pantalla tenemos que configurarla tal y como aparece en la imagen. En **ACTUALIZAR SOFTWARE**, marcaremos **AUTOMÁTICAMENTE**. La **SENSIBILIDAD DEL FILTRO** al principio la pondremos muy fuerte e iremos revisando la carpeta de spamfighter para liberar los buenos. Al cabo de un mes, si no nos llega más spam lo dejamos tal cual, pero si bloquea demasiados pasaremos a un nivel inferior, así hasta que se ajuste al correo de cada uno. En **CONNECTION TYPE**, si tenemos router, es decir ADSL, marcaremos la opción **ALWAYS CONNECTION** (siempre conectado). Una vez ajustado todo esto, haremos clic en -**BIEN**.

Ahora volvemos a la pantalla inicial de **OPCIONES**, y vemos una pestaña que pone **LISTA NEGRA** y **LISTA BLANCA**. Aquí es donde podemos configurar listas negras y blancas. Pinchamos sobre la **LISTA NEGRA**, que es la más útil de las dos, y vemos esto:

Desde aquí podemos añadir e importar listas de correo declaradas como negras, es decir, direcciones de correo usadas para hacer spam; de igual forma lo podemos hacer con dominios, como en el ejemplo de la imagen: superspam.com.

Pero si encima eres una persona que sabes que sólo vas a recibir correo en un determinado idioma, esta herramienta gratuita de spam nos permite entre otras cosas filtrar los correos por idioma. Con esto nos quitamos de un plumazo muchísimo spam, pero claro sólo sirve para aquellas personas que esperen recibir correos en un único idioma. (Siempre se puede probar e ir mirando la carpeta spamfighter, recordad que hay que ir perfilándolo).

A continuación voy a dar unas direcciones en las que podemos encontrar listas de negras tanto de cuentas de correo como de dominios:

- http://www.ordb.org/
- http://www.orbl.org/
- http://www.dnsstuff.com/

Para los que quieran experimentar con otras herramientas, recomiendo **SPAMBAYES**. Es una herramienta gratuita de código abierto (open-source), que se instala a modo de plugins en varios clientes de correo y que realiza labores de filtrado de spam basados exclusivamente en **filtros Bayesanos**.

http://sourceforge.net/projects/spambayes

>>> Confidencialidad en el correo, cifrado del correo

Otra cuestión importante en el correo es la confidencialidad, es decir, que nadie pueda leer lo que escribimos. Para ello hay mecanismos de cifrado para pasar de un texto plano legible a otro ilegible y que sepan interpretarlo las dos partes: **EMISOR Y REPECTOR**.

En cuanto al tema de cifrado, confidencialidad y privacidad lo veremos con detalle en el capítulo de confidencialidad y privacidad, pero ahora hago mención para aquellos que quieran indagar en el mundo del cifrado con una herramienta para cifrar y descifrar nuestro correo. Es gratuita y tiene un gran potencial.

La herramienta es **GnuPG**, y la encontramos en su Web oficial: http://www.gnupg.org/

En el capítulo de privacidad explicaré que métodos de cifrado existen y haremos prácticas con herramientas para ello; no obstante, para quien quiera adentrarse en el mundo de **gnupg**, aquí ofrezco un link con un tutorial muy fácil de seguir:

http://web.jet.es/thori/tutopage10.htm

Este programa utiliza para cifrar **claves públicas** y **claves privadas** (**asimétrico**), por lo que tanto el emisor como el receptor deben disponer de dichas claves para cifrar y descifrar.

>>> Cifrando nuestro datos con cifrado simétrico

Existe otro tipo de cifrados: los **simétricos**. En el caso del correo o de cualquier cosa nos basta con compartir la **clave única**, que la podemos pasar por teléfono o de palabra previamente.

En estos temas, como he dicho, se profundiza en el capítulo de privacidad. No obstante, voy a adelantar una manera cómoda y segura para cifrar el correo o cualquier texto que queráis. Se trata del cifrado simétrico y para estos casos hace falta un software para cifrar y descifrar, pero también lo podemos hacer apoyándonos en herramientas vía Web sin necesidad de instalar nada en nuestro ordenador (muy útil por si lo hacemos a través de otro).

Por ejemplo, imaginad que queremos mandar a un amigo un texto cifrado con algo confidencial. Para ello nos vamos a apoyar en esta herramienta que cede la revista de seguridad informática «Seguridad0».

http://www.seguridad0.com/cripto/

Vamos a esta dirección y una vez dentro vemos esto:

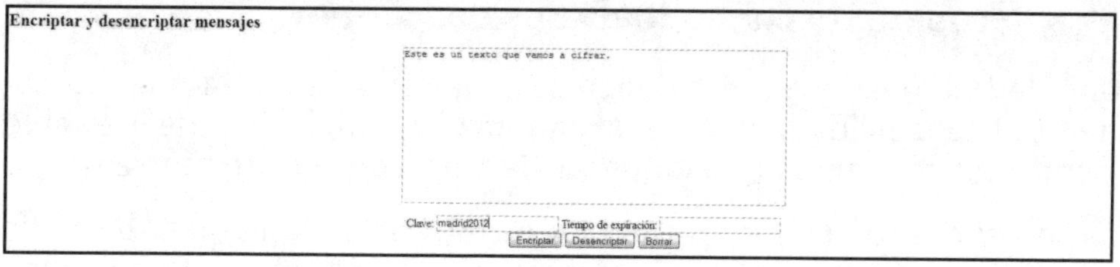

Como podemos apreciar en la imagen, cuando vamos a la web indicada vemos este recuadro en donde tenemos que poner el texto que queremos cifrar y en donde pone **CLAVE**. Debemos poner la contraseña que ya hemos comunicado a la persona a la que le vamos a mandar el correo (cuanto más compleja más seguro); también podemos poner el tiempo de expiración que no es otra cosa que el tiempo que queremos que dure la clave de cifrado. Tras realizar este proceso nos queda un documento cifrado en **MD5** sobre **XOR** y vemos algo como esto:

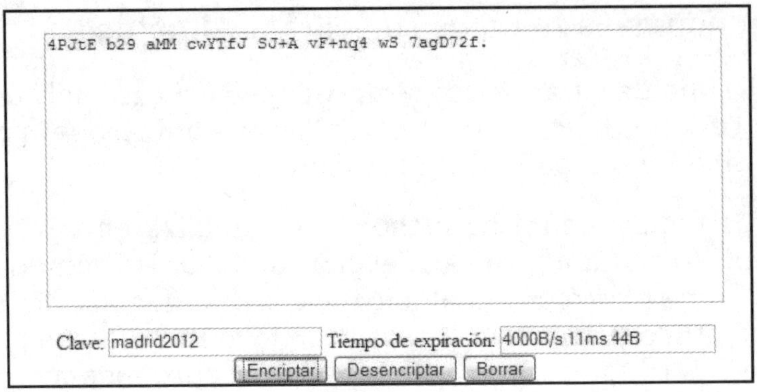

Ahora sólo nos queda seleccionar el texto cifrado, copiarlo (**CONTROL+C**) y pegarlo en nuestro cliente de correo (**CONTROL+V**) (o copiar y pegar con el botón derecho del ratón). Es muy importante no olvidarnos de mandar en el mismo correo el link que yo os puse al principio para que la persona que reciba el correo pueda ir a esta web, pegar el texto cifrado, poner la clave compartida y desencriptar el texto.

Con este sistema tenemos una forma eficaz y sencilla de guardar nuestra privacidad por Internet.

>>> Recuperar el correo (backups del correo)

Una de las cuestiones que debemos tener en cuenta en nuestro correo es la posibilidad de que esa máquina se rompa o quede inestable y entonces tengamos que empezar de cero con nuestro correos.

Con el cliente de correo Outlook es muy sencillo realizar backups con todos nuestros correos, carpetas, contactos, etc. Sólo debemos guardar este archivo.

Outlook almacena los mensajes en un archivo con extensión .PST, por lo tanto tenemos que copiar este archivo a otra parte, para que en el caso de que queramos recuperar nuestro correo en otro ordenador, podamos importarlo desde el cliente.

El archivo en cuestión se localiza principalmente bajo el nombre **OUTLOOK.PST** y está en: C:/Documents and Settings\usuario (aquí tiene que ser el nuestro) \Configuración Local\Datos de programa\Microsoft\Outlook.

Si la carpeta **Configuración Local** no está visible tenemos que ir a **HERRAMIENTAS, OPCIONES DE CARPETA** y en la pestaña **VER** activar la casilla donde pone **MOSTRAR TODOS LOS ARCHIVOS Y CARPETAS OCULTOS.**

Si en el directorio del Outlook hay por casualidad más archivos con ese nombre, copia el que tenga la fecha más reciente (ya que será el último y tendrá todos los correos).

Ahora, una vez que hayamos copiado ese archivo ya sea en un disco duro externo, en un cd, pendriver, etc., debemos ir al cliente de correo nuevo para importar el archivo y tener de nuevo todos nuestros correos y configuraciones.

Abrimos Outlook y pulsamos en **ARCHIVO** y luego en **IMPORTAR Y EXPORTAR**. En el asistente que aparece, seleccionamos **IMPORTAR DE OTRO PROGRAMA O ARCHIVO,** pulsamos sobre **–SIGUIENTE** y en la nueva pantalla le damos **ARCHIVOS DE CARPETAS PERSONALES (.PST).** Pulsamos **SIGUIENTE** y después **EXAMINAR** para localizar el archivo que hemos copiado (previamente lo llevamos adonde queramos). Tenemos que dejar activado **REEMPLAZAR DUPLICADOS CON LOS ELEMENTOS IMPORTADOS.**

Ahora ya tienes en tu correo todos los correos y todas tus carpetas y contactos.

¡FELIZ CORREO SEGURO!

>>> Referencias

Breve artículo con consejos sobre configuración segura en Outlook.

http://www.vsantivirus.com/consejos-outlook.htm

Artículo que muestra técnicas antispam.

http://alerta-antivirus.red.es/utiles/ver.php?tema=U&articulo=11

13

Di ¡no! a los virus, aprende a luchar contra ellos

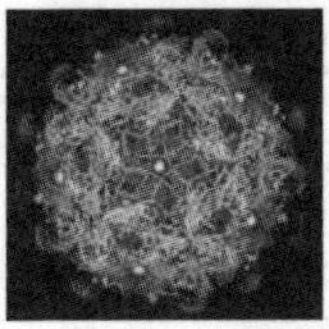

Hoy en día y sin duda alguna, una de las cosas más comentadas por los usuarios de las nuevas tecnologías es la frase «mi ordenador se ha infectado con un virus», «he perdido los datos por un virus», etc. Estas y muchas otras frases hacen que cada día miles de empresas pierdan miles de millones de euros. Es, por lo tanto, uno de los problemas más importantes a tener en cuenta dentro de una estructura empresarial a nivel usuario y también en nuestra propia casa. Debemos poner las barreras suficientes para evitar que esta plaga entre en nuestros ordenadores.

En este capítulo voy a exponer una breve definición de lo que es un virus, qué características tiene y cómo se pueden clasificar según su conducta. Tras esta explicación y con un ejemplo práctico instalaremos un antivirus freeware (siguiendo la política del libro).

Todo ordenador que esté conectado a una red, ya sea una Intranet o cualquier tipo de red en la que se puedan compartir archivos por el protocolo que sea, debe tener un antivirus instalado. Pero, como se ha demostrado a lo largo de la historia, incluso las máquinas que no están conectadas a redes han sido infectadas con virus desde disquetes o CD.

Por lo tanto, el antivirus forma hoy en día parte del sistema operativo, es una barrera más a las plagas de Internet.

>>> ¿Qué es un virus?

Un virus es un **programa** (código) pensado para hacer algo inesperado y normalmente (el 98% de los casos) algo maligno, tal como dañar archivos del sistema operativo, borrar datos del disco duro o incluso dañar la placa base.

Generalmente están ocultos tras ficheros de apariencia legítima y los ordenadores quedan infectados de manera oculta para el usuario.

Los virus existen desde los **años 60 y 70**. Hasta aquel entonces era muy poco probable su infección, ya que su único medio de transmisión eran los disquetes, lo cual hacia difícil su propagación. Fue a mediados de los años 80, cuando los ordenadores comenzaron a comunicarse entre ellos con un dispositivo llamado módem, cuando comenzó una propagación mayor. Dicen que el primer virus para PC que apareció fue uno llamado **BRAIN** en **1986**. Desde este año hasta la actualidad han ido apareciendo virus (programas) cada vez más sofisticados y difíciles de localizar.

>>> Propagación principal de los virus

Enumeramos ahora los principales medios de propagación de los virus en la actualidad.

>>> Propagación a partir del correo electrónico

Hoy en día se envían miles de correos electrónicos y su facilidad para enviarlos (como vimos en el capítulo de antispam) hace que esta vía sea la mas eficiente. Es muy habitual que nos llegue un correo con un archivo adjunto y nosotros al abrirlo veamos cualquier cosa, pero por debajo se esté colando un virus que infecte por completo nuestro sistema. Pero los virus de ahora van más lejos de la simple infección y para su mayor propagación cuando infectan a un ordenador, se apropian de la lista de contactos del cliente de correo y se propagan enviando correos con la dirección robada a todos nuestro contactos (como si fuésemos nosotros). De esta forma, nuestros amigos o compañeros pensarán que realmente somos nosotros los que les hemos enviado un archivo adjunto, lo abrirán y volverán a infectarse y a propagarlo a otra agenda de contactos; todo de manera muy rápida y eficiente.

>>> Extensiones peligrosas de archivos

Para evitar ser infectados con virus a través del correo debemos seguir las instrucciones que vimos en el capítulo de spam. No obstante y vuelvo a insistir en ello, la prudencia y la educación del usuario frente a estos temas es más eficiente que cualquier antivirus.

Por ejemplo, si nos llegan correos con archivos adjuntos, nunca debemos ejecutar los que contengan extensiones como las siguientes, ya que éstos, si llevan un virus, tienen la capacidad de ejecutarlo infectando nuestro ordenador:

- **.exe (programa ejecutable)**
- **.com (programa ejecutable)**
- **.vbs (scripts de Visual Basic)**
- **.src (salvapantallas de Windows)**
- **.pif (archivos de información de programa)**
- **.bat (archivos de proceso por lotes)**
- **.eml (mensajes de correo electrónico, Microsoft Outlook)**
- **.dll (librería de vínculos dinámicos)**

Y si apreciamos algo raro, como, por ejemplo, que un documento Word ocupe demasiado en cuanto a tamaño, debemos confirmar con el emisor del correo si de verdad nos lo ha mandado él o no. De esta manera evitaremos el 90% de los virus.

>>> Propagación a través de disquetes y CD

Esta vía de infección es más tradicional y en la actualidad no funciona demasiado, ya que los creadores de virus no ven en ella la fuerza o repercusión que pueden tener con otras vías tales como el correo.

No obstante, debemos tener cierto cuidado de ver quién nos deja un CD o disquete.

>>> Por archivos descargados o compartidos

Hay en Internet numerables sitios de descarga para poder bajarse todo tipo de cosas, desde software pirata a claves de productos comerciales (totalmente ilegales), etc. Estas páginas son hervideros de virus y troyanos que se aprovechan de la conducta poco ética del usuario. También los sitios de contenido pornográfico son una fuente de virus importante. No obstante, con la ayuda de nuestro navegador bien configurado, nuestro antivirus y nuestra lógica de usuario tendremos solucionada esta vía.

Como se puede apreciar, la seguridad informática es un conjunto de reglas, normas y procedimientos que funciona de manera conjunta. De nada sirve tener todo perfecto menos el navegador, por ejemplo, ya que el ordenador seguirá siendo vulnerable.

«La seguridad es tan fuerte como el eslabón más débil de una cadena».

Dentro de los archivos compartidos, tenemos que tener cuidado en programas de intercambio de archivo, vamos **P2P**, ya que es una costumbre cada vez más difundida que los virus infecten mediante fallos en programas tales como Emule, Edonkey, Kazza, etc.

Por lo tanto, debemos tener cuidado con la extensión que tienen los archivos que intercambiamos con los usuarios y ser precavidos con los contenidos que manejamos.

>>> Por vulnerabilidad del sistema operativo o aplicaciones

Ésta es una de las infecciones más importantes y preocupantes a la vez, ya que casi todos los virus fuertes y potentes se aprovechan de ello.

Una vulnerabilidad es un fallo descubierto en un sistema operativo o aplicación en concreto (por ejemplo, un navegador) que puede permitir que un atacante se haga con el sistema.

Gracias a las líneas ADSL, los usuarios de a pie estamos conectados todo el día a Internet. Eso ha hecho que los virus busquen máquinas con sistemas operativos vulnerables para infectarlas. A su vez, esta máquina infectada buscará mas máquinas para infectar de nuevo y así en una cadena bastante difícil de erradicar. Generalmente, a este tipo de virus se le denomina **GUSANOS**.

No obstante, un sistema parcheado y al día puede librarse del 98% de los virus. El problema a veces surge cuando hay un virus que se aprovecha de una vulnerabilidad para la que todavía no han salido un parche (normalmente en el caso de Microsoft suelen tardar en sacarlo). Es entonces cuando ese virus gana el record en propagación por Internet.

>>> Virus tipo gusano: Blaster

Un buen ejemplo de gusano es el **BLASTER**, que se aprovecha de la vulnerabilidad del servicio de **Windows DCOM/RPC** y que infectó a millones de ordenadores. Una vez que localizaba una máquina vulnerable, la infectaba aprovechando el fallo y mediante un protocolo llamado **TFTP** se descargaba él mismo sobre la máquina infectada. En ese momento, escaneaba la memoria en busca de rangos de IP (DNI del ordenador) para captar ordenadores vulnerables para introducirse en ellos e infectarlos también. En este caso también dejaba abierto el puerto 4444/tcp, a través del cual un atacante se podía hacer con el sistema de la víctima.

Es, por tanto, primordial que nuestro sistema esté actualizado, que nuestro antivirus esté muy actualizado y que seamos lo más desconfiados que sea posible en las situaciones que hemos visto.

Otro tipo de virus muy peligroso y difícil de erradicar son los troyanos.

>>> ¿Qué es un troyano?

Un troyano es un programa basado en cliente-servidor; es decir, cuando nos infectamos con un troyano, éste nos instala un servidor y el intruso puede conectarse a nuestro ordenador mediante un cliente.

Ésta era la dinámica de los troyanos, pero en la actualidad está siendo muy habitual que te infecten con un cliente y que ese mismo cliente se conecte a un servidor que tiene preparado el intruso para evitar los firewall (cortafuegos).

Los troyanos, a diferencia de los virus, no quieren destruir ni machacar el sistema, sino que lo que quieren es apropiarse de los datos del usuario. Hasta ahora esto es lo que hacía de manera sigilosa, pero esta técnica ha cambiado y creo que va a seguir cambiando.

Un ejemplo de estas técnicas futuristas, lo tenemos en el **troyano PGPcoder**, que cifra los archivos del sistema infectado y luego pide dinero por desencriptarlos. Este virus concreto no empleaba un cifrado muy complicado y expertos en criptografía pudieron descubrirlo y descifrarlo de manera eficiente. Pero, ¿qué pasará cuando salga un nuevo troyano con un algoritmo de cifrado fuerte? ¿Os imagináis que en el momento de escribir y publicar este libro me infecto con un virus que me cifra los datos y me pide dinero para recuperarlo? ¡Es muy serio el tema!

Una de las barreras básicas frente a todo tipo de virus es precisamente un antivirus.

>>> ¿Cómo es y cómo funciona un antivirus?

Un antivirus es un programa diseñado exclusivamente para vigilar todos los archivos del sistema y ver que no son virus.

>>> ¿Cómo trabaja y actúa un antivirus?

Los antivirus funcionan mediante firmas, que crean a partir de las huellas que dejan los virus. Entre todas las compañías se pasan las firmas y las principales compañías de antivirus tienen oficinas por todo el mundo de modo que si aparece un virus en Pekín, puedan generar una firma urgentemente de ese nuevo virus antes de que llegue a España. Esto está muy bien, lo que ocurre es que la mayoría de la veces tienen que detectar primero el virus, para luego hacer la firma, lo que hace que en ocasiones, aunque tengas el mejor antivirus del mundo te infectes (de ahí la importancia de la educación del usuario, ya que es quien tiene la última palabra). No obstante, hay por Internet miles de virus antiguos con los que te infectarías en el caso de no tener antivirus. Por lo tanto, es una barrera más, aunque hay que decir que si eres un usuario cuidadoso no te infectarás con nada en absoluto. También existen antivirus que se basan no sólo en firmas, sino en anomalías y son capaces de analizar de manera experimental ciertos archivos para poder localizarlos sin ser una firma concreta.

>>> Instalación y configuración del antivirus Avast 4 Home Edition

En este apartado, y siguiendo la dinámica del libro, voy a hablar de un antivirus gratuito. ¡SÍ, GRATUITO! y bastante efectivo para entornos domésticos de ordenadores personales. El antivirus en cuestión se llama Avast Home Edición.

He elegido este antivirus por diversas razones, no sólo porque es gratuito. Es un antivirus que no necesita demasiados recursos del ordenador, por lo que no veremos ralentizado nuestro PC; no obstante siempre dependerá del nivel de escaneo (detección) que tengamos configurado (más tarde veremos el más aconsejable).

Es un antivirus que está en varios idiomas y cuenta con una buena estabilidad; nuestro ordenador estará seguro sin verse resentido.

Tiene **detección y análisis de correo (POP3)** con lo que nuestra cuenta de correo estará segura de virus independientemente del cliente de correo que estemos usando.

Es de los pocos antivirus que analiza **tramas (HTTP)**, lo que quiere decir que cuando estemos navegando por Internet, sea cual sea nuestro navegador, Avast será capaz de detectar y eliminar cualquier virus o archivo Malware antes incluso de que llegue a nuestro disco duro.

Tiene otros módulos muy interesantes tal como detección de virus para **programas P2P** y soporta multitud de ellos (Kazaa, Emule, Edonkey, BitTorrent, Overnet, Ares, etc) y otro para mensajería instantánea (Skype, mIRC, Trillian, Msn, Yahoo, etc).

En el tema de **Actualizaciones** es muy bueno el sistema que tiene, ya que se actualiza automáticamente sin ningún problema y nos informa en el arranque con una voz. Tiene dos tipos de actualizaciones: uno para la base de datos de los virus y otro para la versión del antivirus.

Para su descarga simplemente tenemos que ir a su página web oficial. En este link está el antivirus en español.

http://www.avast.com/eng/download-avast-home.html

Allí buscaremos la pestaña de descarga correspondiente al idioma español:

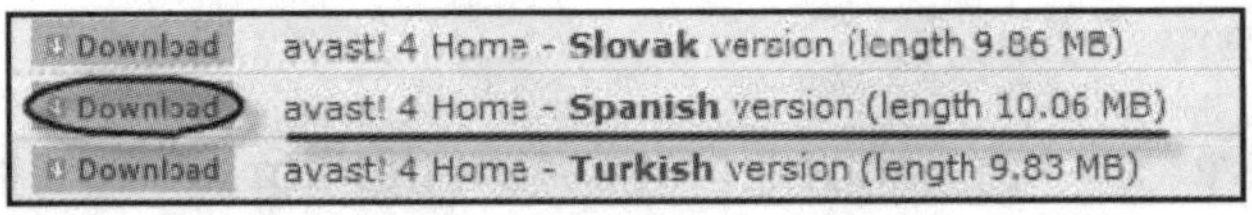

Pinchamos sobre **download** y elegimos el lugar para descargar nuestro antivirus (en mi caso el escritorio, por defecto). Como podemos ver en esta web, nos dice que el antivirus requiere de un registro (gratuito) para su activación. El antivirus funciona de todas formas (durante un tiempo), pero necesitamos este registro para que nos mande la clave y tenerlo activo por tiempo ilimitado y totalmente gratis. Para acceder al registro es español debemos ir a esta url:

https://secure.avast.com/scripts/register.php?lang=ESP

Aquí sólo debemos añadir unos datos (que pueden ser reales o no), y una dirección de correo (que sí debe ser real).

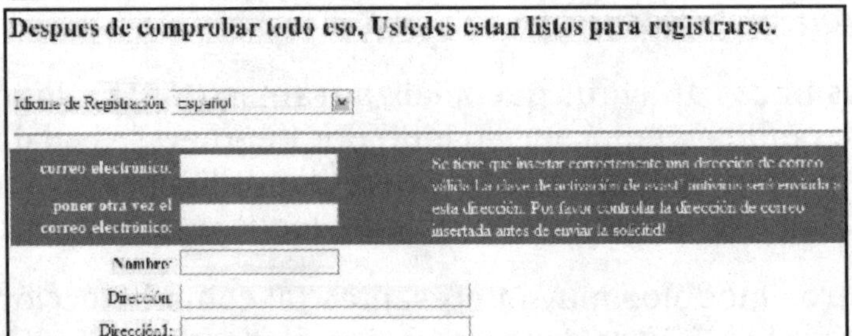

Una vez rellenado el formulario de registro, nos vamos al buzón del correo que hemos puesto en el formulario y veremos un correo del equipo de Avast, y en cuyo interior encontraremos la clave de activación:

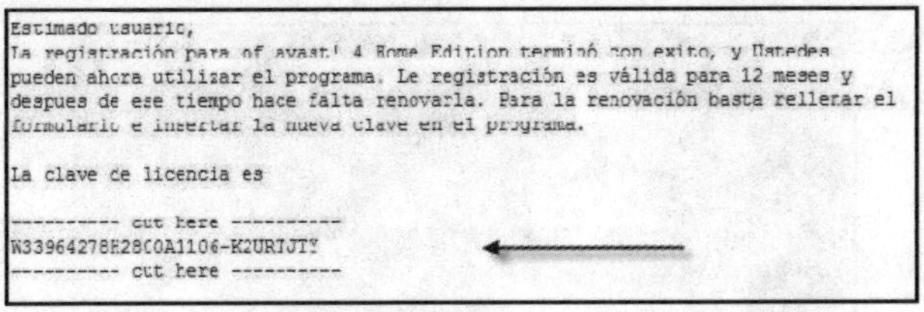

Esta clave será la que tendremos que introducir una vez instalado el programa. Vamos ahora al proceso de instalación. Hacemos doble clic sobre el archivo descargado con extensión .exe y vemos esto:

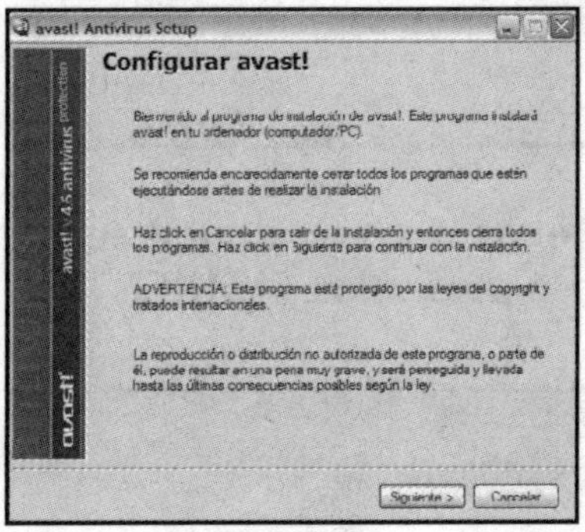

Aquí nos dice que este software tiene copyright y que recomiendan cerrar otras aplicaciones. Pulsamos **SIGUENTE** para proceder a la instalación.

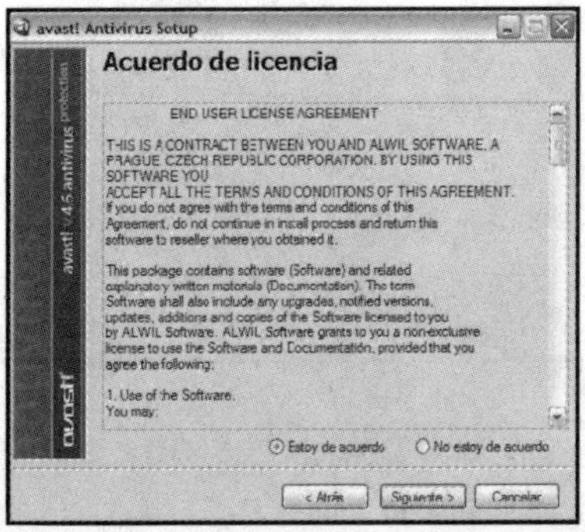

Tras ver los requisitos del sistema, nos lleva a la licencia, que debemos leer, y seleccionar la pestaña **ESTOY DE ACUERDO**; después pulsamos **SIGUIENTE**:

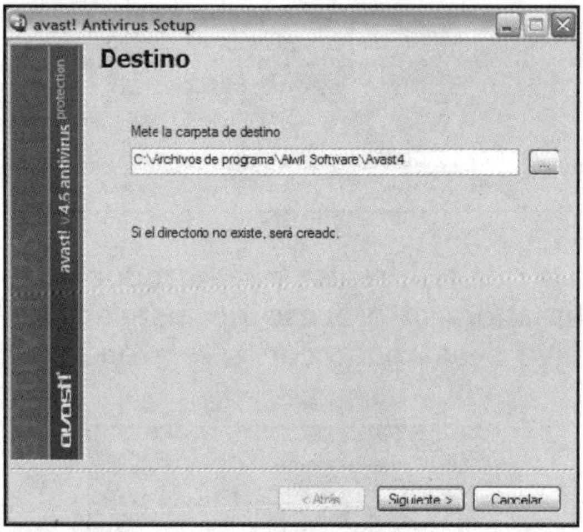

Aquí nos pregunta el destino en donde se va a instalar; dejamos el que viene por defecto y pulsamos **SIGUIENTE**.

En esta ventana vemos los paquetes que se van a instalar; no tocamos nada y pulsamos **SIGUIENTE**.

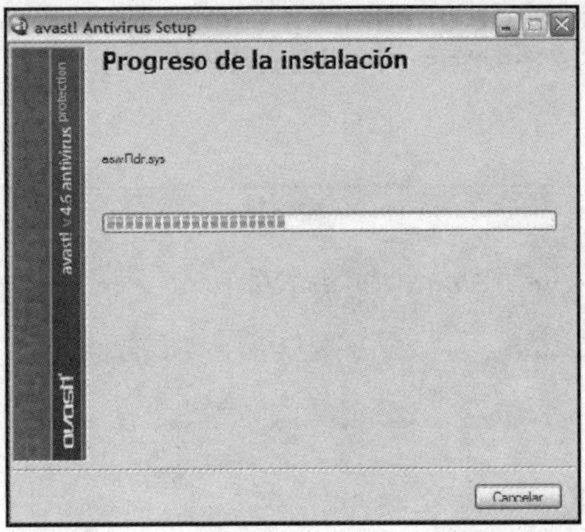

Una vez vistos los paquetes a instalar, hacemos clic en **SIGUIENTE** para comenzar el proceso de instalación:

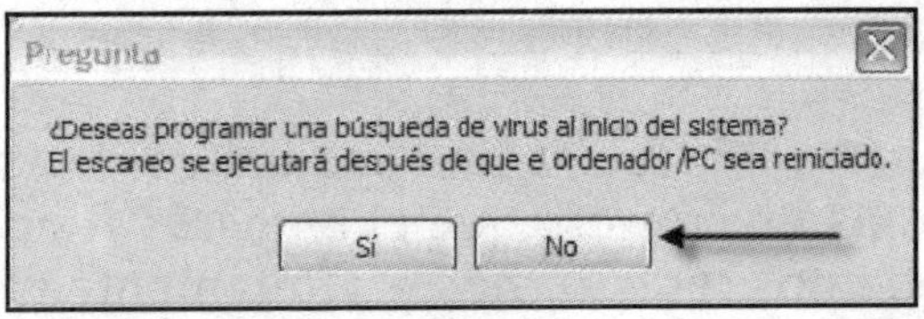

Ahora nos pregunta si queremos que realice un escaneo en busca de virus al inicio del sistema, a esto le diremos que **NO**, ya que resulta muy incomodo y molesto.

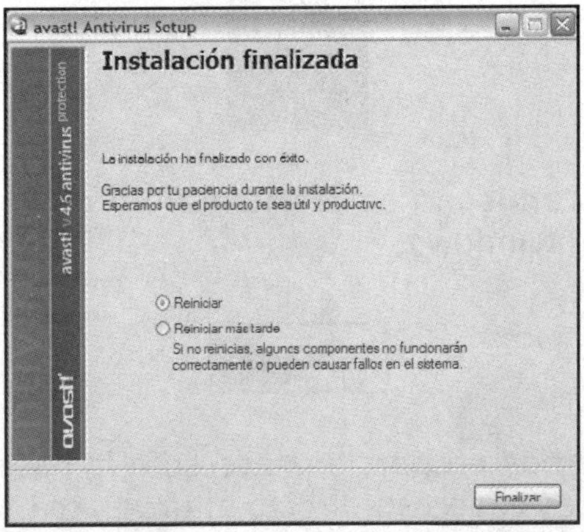

Ahora nos informa de que la instalación ha terminado con éxito, y nos pregunta si deseamos reiniciar; le decimos que sí y pulsamos **FINALIZAR**:

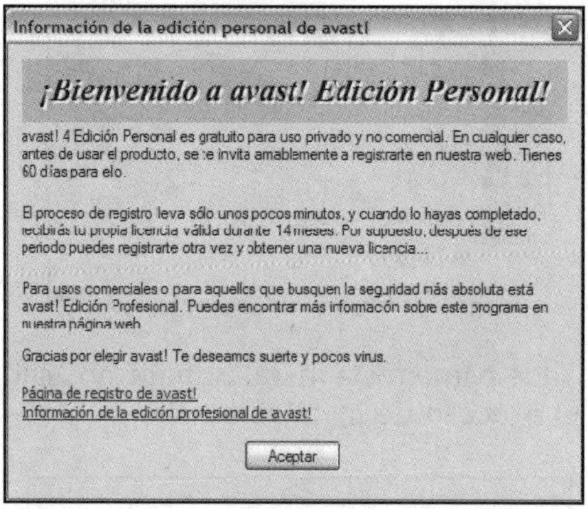

Al reiniciar nuestro PC, saldrá una imagen como ésta, diciéndonos lo mismo que vimos en su web, que el antivirus funciona 60 días sin licencia y que debemos registrarnos gratuitamente para que nos funcione durante 14 meses. Después sólo tenemos que registrarnos de nuevo y listo.

Ahora veremos un icono en el escritorio y otro en el menú de la barra de tareas de Windows:

El primer icono nos proporciona acceso a la base de datos de los virus; el segundo es el acceso directo al programa.

Ahora hacemos doble clic en el icono del escritorio y añadimos nuestro código de licencia.

Al aceptar nos dirá que ha sido registrado con éxito y nos llevará a una pantalla como ésta:

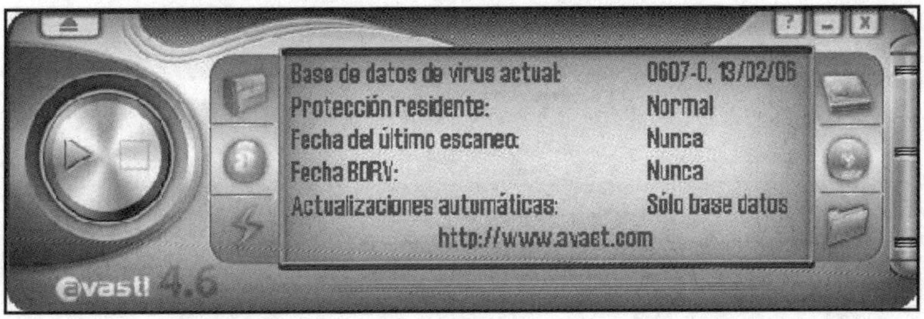

En este menú podemos elegir qué unidades debe escanear, qué tipo de protección queremos para nuestro escaneo, etc. Como podemos ver en esta imagen, nos dice que la base de datos no ha sido nunca actualizada y que nunca se ha hecho un escaneo. Para ello debemos pulsar sobre el icono del rayo:

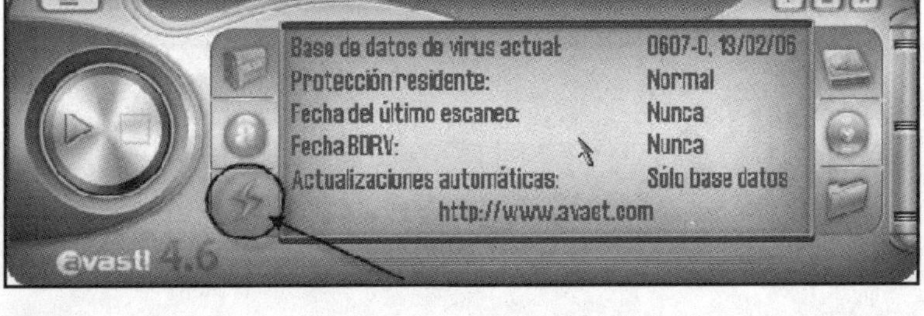

Al finalizar la actualización podemos ver esto:

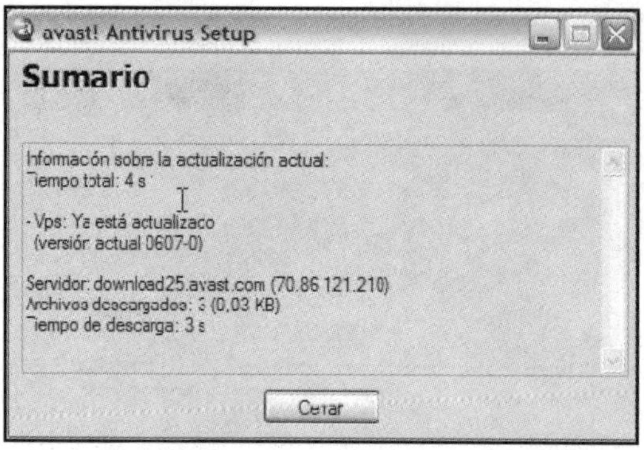

Después, si queremos realizar un escaneo previo (muy recomendable), para ver cómo está nuestro ordenador de virus, debemos pulsar sobre la carpeta que hay abajo a la derecha y elegir los directorios que queremos escanear (aquí seleccionamos todos).

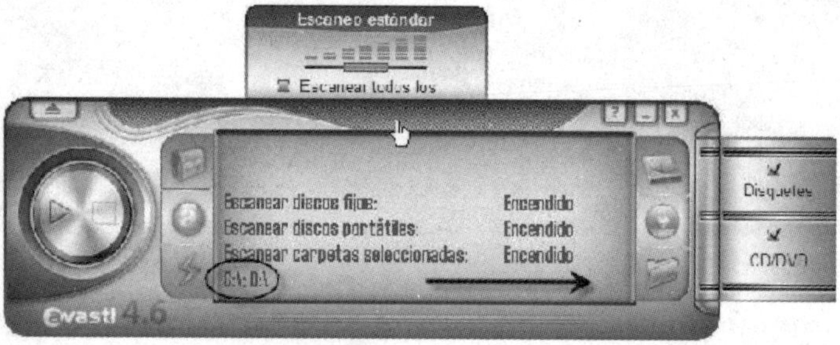

Una vez que hemos seleccionado las carpetas, podemos seleccionar los discos portátiles (arriba de la carpeta) y discos duros (arriba del CD). Una vez realizadas las elecciones, para comenzar el escaneo debemos pulsar **PLAY**.

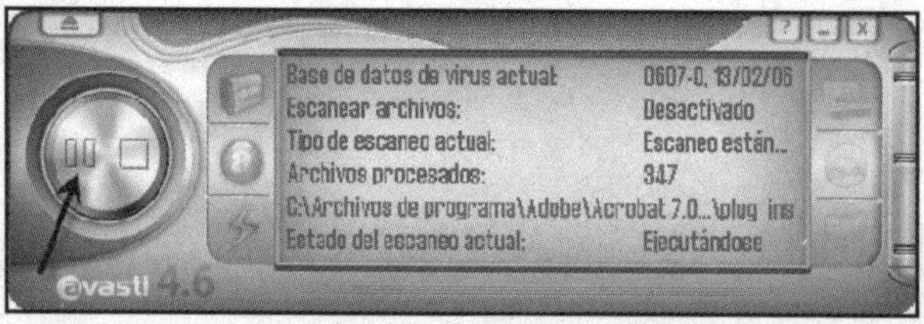

El programa evaluará el PC en busca de virus, y en el caso de que encuentre alguno nos dirá esto:

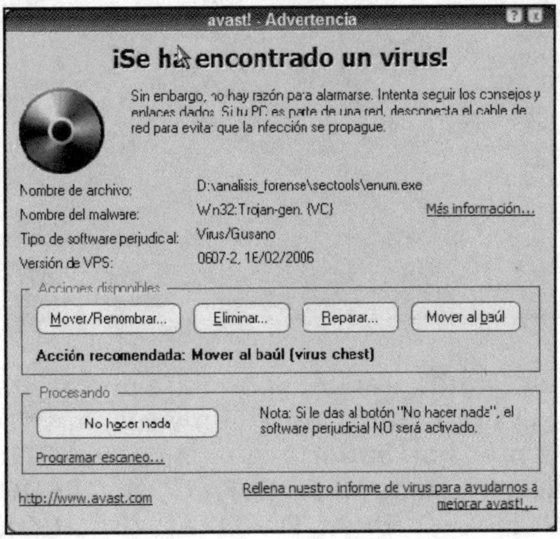

Aquí podemos decirle que actué de varias maneras. Las más importantes son que lo **ELIMINE** (lo aconsejable), que lo **REPARE** (en el caso de que sea un documento o programa importante para nosotros), que lo mueva al baúl (que es como dejarlo en cuarentena) o no hacer nada.

Una vez escaneado nuestro ordenador y eliminados los virus que hayamos encontrado, vamos a ver las principales características de configuración de este magnífico antivirus.

Podemos decir en grandes términos que **Avast** se compone de **3 grandes módulos**. El primero ya lo hemos visto: es el escaneador de virus puro y duro, es decir, el que normalmente se hace la primera vez y listo. A este menú podemos llegar haciendo doble clic sobre el icono de Avast en el escritorio, o pulsando con el botón derecho el icono de la **-A-** abajo a la derecha y elegir **INICIAR AVAST! ANTIVIRUS**.

El segundo módulo es el de la configuración del propio antivirus. Para acceder a su menú, podemos hacerlo pulsando con el botón derecho sobre el icono **-A-** y eligiendo después **CONFIGURACIÓN DEL PROGRAMA**. Veremos esto:

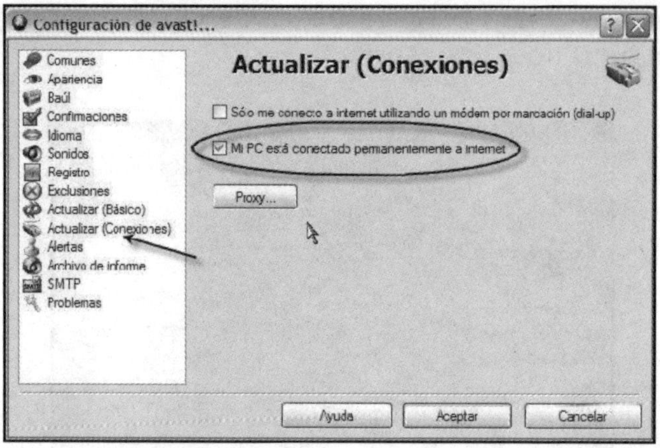

Aquí podemos configurar muchos parámetros, tales como enviar un mail en caso de infección de un virus, apariencia, registro, etc. Pero lo que más nos importa es la opción **ACTUALIZAR (CONEXIONES)**. Seleccionamos **MI PC ESTÁ CONECTADO PERMANENTEMENTE A INTERNET**. En **ACTUALIZAR (BÁSICO)**, debemos de seleccionar tanto la base de datos de los virus como la versión del propio programa.

Ahora vamos al tercer modulo de este programa que se dedica al control de la protección de acceso. Para ello vamos al mismo icono, hacemos clic con el botón derecho y elegimos la opción **CONTROL DE LA PROTECCIÓN DE ACCESO.** Veremos una pantalla como ésta:

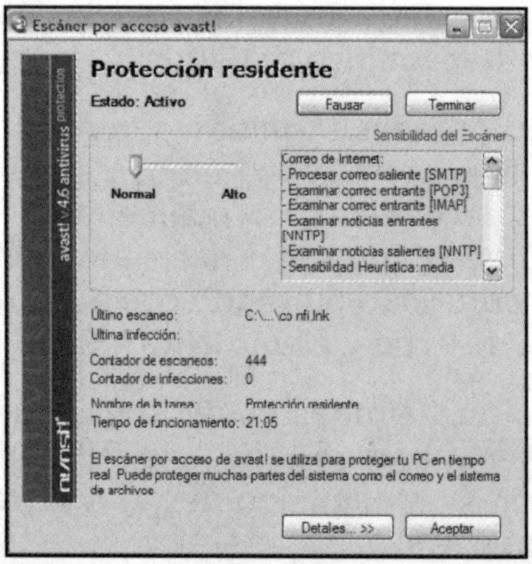

Esta parte es la que se ocupa de una vigilancia en tiempo real para que los virus no se nos cuelen por ninguna parte. Podemos observar que hay una medición que pasa de normal a alto; cuanto más alta, mayor es el porcentaje de detección de virus, pero también consume más recursos de nuestra máquina. Podemos pulsar la pestaña **DETALLES** y vemos esto:

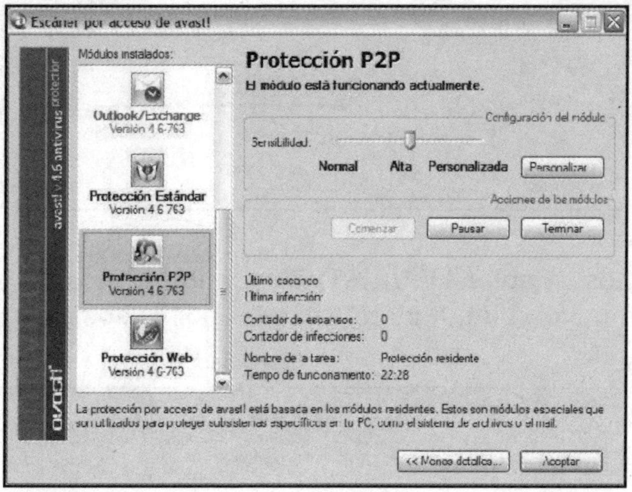

En este apartado es donde se encuentran los módulos de protección. En la parte de la izquierda, podemos seleccionar el modulo que queremos configurar y tenemos las opciones de **PAUSAR, TERMINAR** o **PERSONALIZAR.**

En este punto voy a recomendar una serie de configuraciones que hará que el sistema vaya mejor. Por ejemplo, nos vamos al modulo de **CORREO DE INTERNET**:

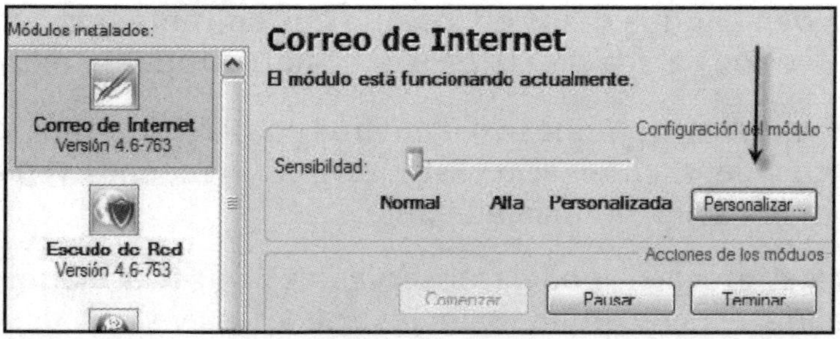

Aquí entramos en el correo de Internet y luego en **PERSONALIZAR**. Nos mostrará entonces un menú con configuraciones; dentro de él, debemos ir a **AVANZADAS** y activar el modo silencioso para que nos deje trabajar más tranquilos.

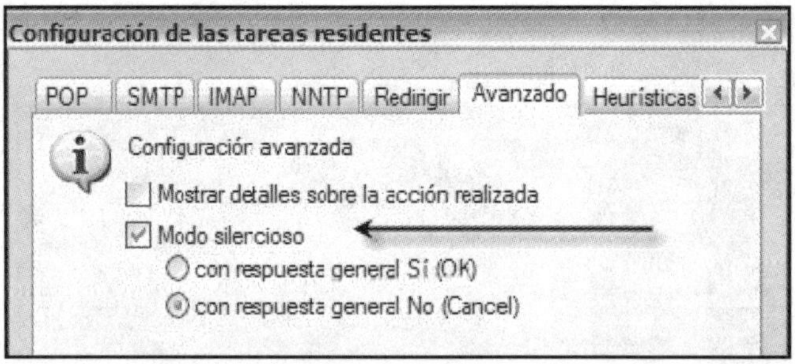

Después nos vamos a **HEURÍSTICA** y le indicamos **BAJA**. Con esto evitaremos muchos bloqueos de correos por falsos positivos.

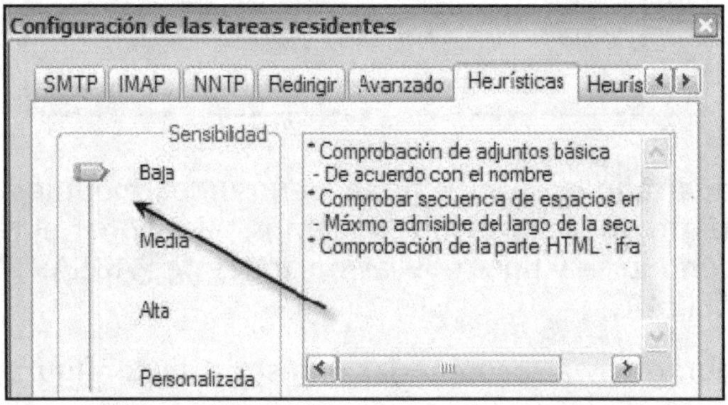

>>> Investigación de un virus o archivo anómalo

Se nos pueden dar dos casos en los que nos enfrentemos a una situación de infección ya sea de un virus o cualquier tipo de malware.

Uno de ellos es que nuestro antivirus lo detecte y por cualquier cuestión no pueda eliminarlo. Esto es muy frecuente y para estos casos daré una solución más adelante.

Durante el proceso, podéis observar que vuestra máquina no va como debería, está recargada o incluso se apaga y se reinicia; esto es muy frecuente en virus que atacan la parte LSASS.EXE del sistema tales como el Blaster o el Passer. Cuando estos virus se aprovechan de una vulnerabilidad del sistema operativo, hacen que se reinicie para así cargarse en el sistema. No obstante nosotros al arrancar vemos que sigue reiniciandose, y no nos deja ni pasar el antivirus, ni hacer nada; para esto voy a explicar un truco del mismo Windows. En el momento que vemos el mensaje típico:

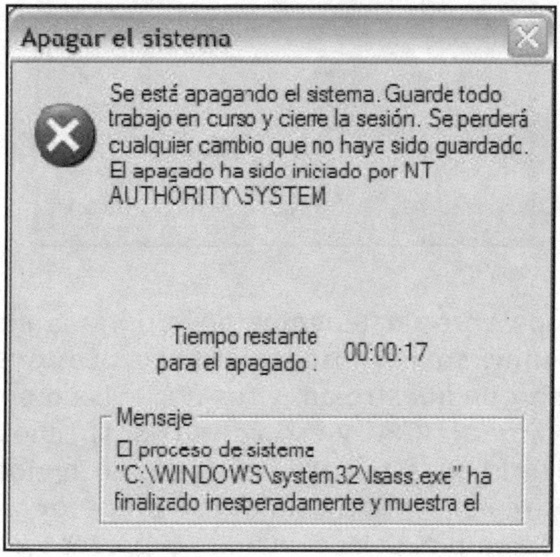

Debemos ir a **INICIO, EJECUTAR** y escribir -**SHUTDOWN -A** (en minúsculas); después pulsamos **ACEPTAR**. Con esto forzaremos al sistema a que no se apague y ya podremos trabajar.

Ahora vamos a investigar, lo primero que debemos hacer es ver si hay algún proceso extraño que se esté ejecutando en nuestra máquina. Para ello debemos ir al **ADMINISTRADOR DE TAREAS**. Para ello basta con poner el curso del ratón en la barra de tareas de Windows, pulsar el botón derecho y pinchar sobre **ADMINISTRADOR DE TAREAS**. También podemos llegar a él pulsando **CONTROL+ ALT+SUPR** simultáneamente, o incluso **INICIO, EJECUTAR**. Escribimos -**TASKMGR** (minúsculas) y pulsamos **ACEPTAR**. Ahora vemos esto:

Como podemos apreciar tenemos un programa ejecutándose llamado virus.exe (muy sospechoso, en muchas ocasiones este nombre ya lo sabemos porque nuestro antivirus nos avisa o podemos ver que genera mucha carga de CPU y eso es muy sospechoso). En tal caso debemos localizarlo para poder eliminarlo. Lo mejor para eliminar un virus o malware es primero «matar ese proceso» y luego buscarlo y eliminarlo; por ejemplo, seleccionamos el proceso en el Administrador de Tareas pulsando sobre él y hacemos clic en la pestaña de abajo **TERMINAR PROCESO.**

Hay ciertos virus programados para hacernos esta labor más difícil, y constantemente están generando un proceso o generan varios. Si no nos deja detener el proceso o lo detenemos y vuelve a aparecer (muy típico), lo que debemos hacer es buscarlo. Para ello, nos vamos a **INICIO**, **BUSCAR,** allí le decimos que busque todos los archivos y carpetas y escribimos esto: ***virus*** o el nombre del archivo a buscar (ponemos los asteriscos por si acaso crea copias con diferentes nombres). Con este proceso buscará todo lo que lleve la palabra virus, independientemente de los caracteres que haya delante o detrás la palabra.

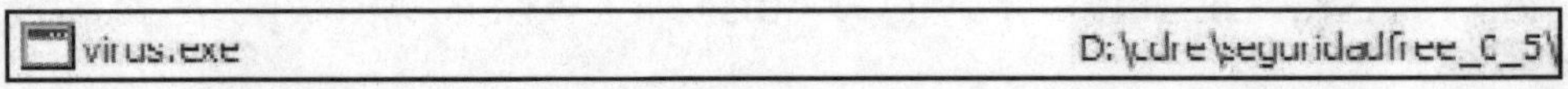

En la búsqueda vemos que el archivo que nos importa eliminar esta en esta ruta, ahora debemos ir allí y eliminarlo, pero ¡sorpresa!, no nos deja eliminarlo porque nos dice que esta en uso y que no podemos eliminarlo. Aquí es donde viene el caso práctico de este apartado.

>>> Instalación y configuración de KILL BOX

Existe un programa que nos permite eliminar definitivamente los archivos aunque estén siendo usados por el sistema, de tal manera que ya no vuelven a reproducirse. El programa en cuestión se llama KILLBOX y lo podemos descargar desde aquí;

http://www.bleepingcomputer.com/files/killbox.php

Una vez descargado, lo descomprimimos en un directorio y ejecutamos el killbox.exe. Se trata de un programa gratuito y que no requiere instalación, en su pantalla de configuración tenemos que elegir la opción **DELETE ON REBOOT** y en el recuadro que pone **FULL PATH OF FILE TO DELETE** (ruta completa del archivo que queremos eliminar), pulsamos sobre la carpeta y buscamos nuestro archivo:

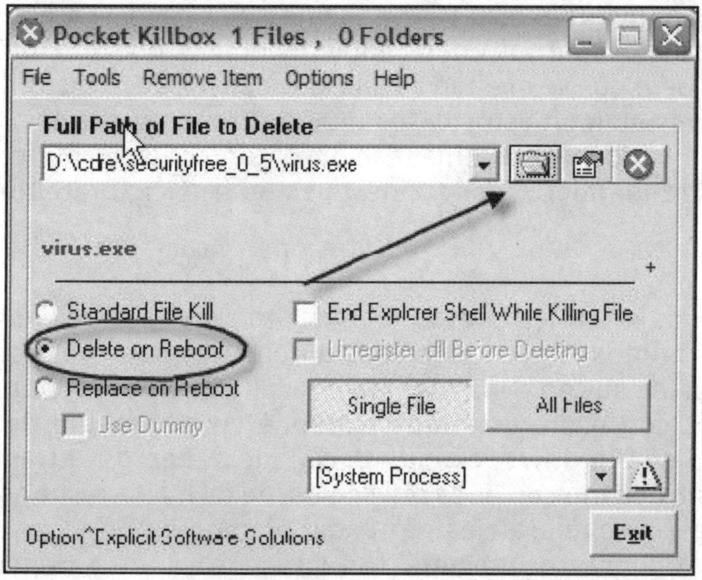

Una vez seleccionado el archivo, sólo nos queda pulsar sobre el círculo rojo que tiene una X blanca y nos dirá si queremos que se reinicie después de su eliminación. Aquí le decimos que **SÍ** y al reiniciarse verificamos si se ha eliminado para siempre.

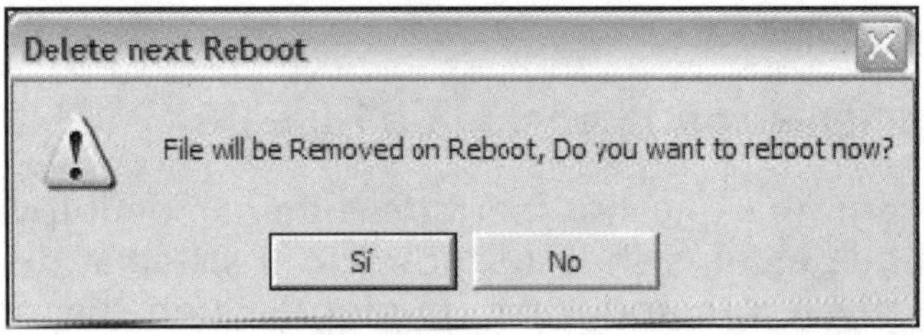

En el caso de que tengamos duda debemos mirar los arranques del registro de Windows con la herramienta interna **MSCONFIG**, que ya explicamos en el capítulo de seguridad avanzada en Windows.

>>> Antivirus-online

Con esto tenemos un super-antivirus, con el incentivo de que es gratuito, pero en ocasiones y aun teniendo el antivirus más caro del mundo nuestro ordenador se infecta con virus y es más, éste ya no nos deja instalar un antivirus nuevo y no sabemos qué hacer. En estas ocasiones, es bueno ayudarnos en los antivirus online, que son antivirus comerciales, pero que se prestan a realizar escaneos de tu disco de manera gratuita y resultan en estos casos muy prácticos y potentes. Podemos probar con varios. Mi recomendación de antivirus online es el de la empresa **Trend- micro** (por supuesto es un servicio gratuito):

http://housecall.trendmicro.com/

Incluso las macro-empresas, que tienen unos cuantos antivirus en diferentes puntos, se ven afectadas antes o después por este tipo de infecciones en su red. Una medida crucial y que hace que nunca nos infectemos con nada, es la que expliqué en el capítulo de **Redes y Seguridad en Windows**, cuando decía que debemos entrar en el sistema con un usuario con poco privilegios, de tal manera que ese usuario no tiene permisos para ejecutar nada, ni siquiera un virus oculto ;-), con lo que nunca se infectará con virus, troyanos y demás. Por lo tanto, podemos poner en práctica y usar la herramienta RunAsAdmin para ejecutar aplicaciones tales como el navegador (Firefox) lo cual nos permite visitar webs de manera más segura y el cliente de correo (Outlook) con usuarios normales (no administradores) con lo que no podremos dañar el sistema mediante un archivo infectado con cualquier cosa anómala.

Para los que aún conociendo este antivirus gratuito quieren comprar alguno, mis recomendaciones son éstas:

1. Antivirus NOD32 http://www.nod32-es.com/home/home.htm
2. Trend-Micro http://housecall.trendmicro.com/
3. Norton Anti-virus http://www.symantec.es

También lo que puede ayudarnos mucho es estar bien informado, por ello existen sitios donde nos informan diariamente de los virus que aparecen.

>>> Referencias

Página donde podemos consultar información sobre virus y preguntar en caso de duda o infección.

http://www.zonavirus.com/

Artículo de Microsoft de sobre protección de virus.

http://www.microsoft.com/spain/empresas/internet/virus_informaticos.mspx

Página donde podrás consultar cualquier tipo de extensión de un fichero.

http://filext.com/index.php

Aquí nos podemos dar de alta en su boletín para recibir hasta 3 veces al día información de los nuevos virus.

http://alerta-antivirus.red.es/portada/

Aquí también tenemos numerosa documentación de seguridad informática en general.

http://www.seguridadenlared.org/es/index.php

14

Control parental, cuida de tus hijos en Internet

Con la llegada de Internet, la sociedad actual ha vivido un revolucionario cambio, que en ocasiones puede llegar a ser incluso drástico y dramático según qué casos.

La conciencia del mañana ha cambiado el concepto de las cosas en las diferentes áreas de nuestra vida. Hoy en día ya es muy común que cualquier empresa tenga un portal en Internet, pero ya no es un simple portal, es toda una imagen corporativa, es toda una empresa virtual de nueva era. En Internet hay sitio para todos.

Debido a esta influencia de las nuevas tecnologías, los ciudadanos de a pie nos hemos visto obligados a involucrarnos de manera activa en esta fusión del avance y hemos tenido que aprender a mezclar las viejas costumbres con las nuevas.

Actualmente es muy raro ver o conocer alguna persona que no disponga de ordenador en casa. En los colegios se enseña a los niños desde pequeños a manejar ciertos programas educativos e incluso se ven obligados a buscar información en Internet para mejorar la calidad de sus ejercicios y trabajos.

Todo este afán de superación, avance y vanguardia hace que nuestra sociedad crezca tecnológica y culturalmente, pero como en todo siempre hay un lado negativo.

Es curioso que el lado negativo sea para algunos el lado positivo de Internet, es decir la libertad de exponer lo que sea y como sea. Pero como todo en esta vida todo tiene un límite.

Por desgracia, ese límite no nos lo marca nadie, no hay leyes claras ni precisas. Es por tanto cuando la responsabilidad de los padres o adultos en general entra en juego para determinar dónde está la barrera de ese mundo libre e infinito que es Internet.

Una de las mayores preocupaciones de los padres es saber si su hijo se está viendo afectado por «el lado oscuro» de Internet, que no es otro que espacios dedicados a las drogas, sexo, pederastia, mafias, etc.

En Internet podemos encontrar todo tipo de cosas, desde revolucionarios métodos para ganar dinero en casinos virtuales a, por desgracia, foros que buscan captación de niños menores para atraerlos y quedar fuera del foro o chat con ellos (aunque no resulte agradable hablar de este tema, es una realidad que hay que afrontar).

Sin duda alguna, Internet es una ciudad en la que dependiendo de donde te muevas puedes correr más o menos riesgo. ¡SEÑORES! ¡Hay que ser desconfiado en Internet! Tenemos que enseñar a nuestros hijos que no es oro todo lo que reluce y que hay que tener sentido común y no dejarnos llevar por falsas promesas sean las que sean.

No obstante y pese a nuestra forma de educar por muy buena que sea, siempre puede haber cierto riesgo de que las cosas no salgan como queramos, por eso tenemos que apoyarnos en la tecnología para que ella nos ayude a proteger a nuestros hijos.

En este capítulo, explicaré en qué consisten los programas de protección paternal y veremos que aunque no hay muchos programas gratuitos, podemos utilizar algunos para nuestra particular lucha por la protección de nuestros menores. No obstante, al final del capitulo daré algunos consejos sobre unos programas más intuitivos de carácter comercial para quien desee optar por esta vía.

>>> ¿Qué es y cómo actua un programa de control parental?

Un programa de control paternal tiene como principal finalidad controlar y gestionar la actividad de nuestro ordenador cuando no estamos presentes. Por lo tanto, controlamos el uso que los usuarios (que puede ser nuestro hijo) estén haciendo del ordenador.

Hay programas comerciales que permiten proteger los archivos poniendo permisos dentro del sistema, pero, como hemos visto en capítulos anteriores, eso no es muy difícil de realizar con nuestro propio sistema operativo.

>>> Elementos de un programa de control parental

Lo más importante que debe de llevar un programa de control paternal es:

- Filtrado de contenidos.
- Registro de conversaciones y actividad del ordenador.

El **filtrado de contenido** se basa en que cuando nuestro hijo vaya a navegar y quiera entrar por error o voluntariamente a una web con contenido restringido, este programa se encargue de evitar que pueda acceder a esa web. Es importante que este filtro de contenidos soporte diferentes idiomas para hacer una protección más eficiente y completa y que cuente con contraseña para proteger la configuración del mismo (hay mucho listo suelto). Además se recomienda que se pueda poner oculto a la vista, de tal manera que para el usuario sea completamente transparente e invisible.

En nuestro ejemplo práctico y para apoyarnos en herramientas gratuitas, voy a utilizar dos programas diferentes: uno es de filtrado de contenido y el otro es de captura de pulsaciones de teclado, lo que se le llama en el mundo de la seguridad **KEYLOGGER.**

>>> Uso del filtrado de contenidos Naomi. Instalación, configuración y uso de la herramienta Naomi

El primero se llama Naomi. El nombre viene de la dedicatoria del desarrollador del programa a la hija de su mejor amigo y lo podemos descargar en su versión española desde la dirección web: http://www.radiance.m6.net

Naomi es un programa avanzado de filtrado de Internet, totalmente gratuito y destinado por supuesto a familias y más concretamente a padres.

El programa es capaz de vigilar constantemente toda la actividad de Internet protegiendo a los niños de contenido obsceno o violento, pornografía o erotismo en forma de imágenes o textos, sitios de apuestas, terrorismo, apología a las drogas, ocultismo, sectas, blasfemia, etc.

A diferencia de otros filtros comerciales, Naomi no filtra en función de los sitios prohibidos, sino que examina todos los datos que son transmitidos o recibidos desde Internet en aplicaciones tales como navegadores web, programas de chat (tal como Messenger), lectores de noticias, herramientas de comparición de archivos (tales como emule), etc.

Las principales características de Naomí son:

- Análisis heurístico capaz de reconocer sitios nuevos automáticamente.
- Análisis semántico del contenido de páginas web y el análisis de sus direcciones y enlaces.
- Reconocimiento de los principales idiomas.
- Reconocimiento de las etiquetas del sistema ICRA.
- La monitorización no está limitada a sitios web, sino que cubre todo el tráfico local hacia y desde Internet.
- Trabaja con cualquier aplicación de software y no cambian sus ajustes.
- Protegido por contraseña (la contraseña es elegida por el usuario durante la instalación).
- La interfaz de usuario es extremadamente fácil de usar.
- No requiere configuración.
- Puede ser usado sobre conexiones lentas (ya que no realiza ninguna transmisión en segundo plano y no tiene que ponerse en contacto con sitios, proxies, bases de datos, etc.).

Vamos por tanto a probar la eficacia de esta herramienta. Su uso es bien sencillo: una vez descargada la versión española, hacemos doble clic sobre el fichero con extensión **.exe** y vemos esto:

Éste es el mensaje de bienvenida, en el cual nos muestra la versión del programa que se va a instalar y nos recomienda que cerremos todas las aplicaciones para continuar con la instalación. Cerramos todo, pulsamos **NEXT** y en la siguiente pantalla **INSTALL**; después veremos una pantalla como ésta:

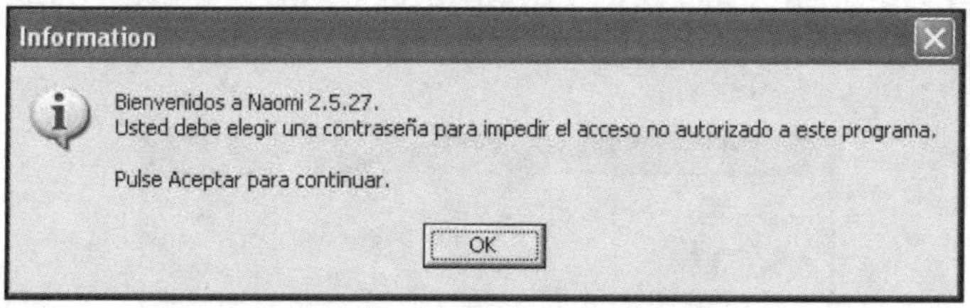

Aquí nos dice que debemos poner una contraseña a nuestro filtro para que quede protegido ante personas no autorizadas. Esto nos servirá por si somos nosotros los que utilizamos el ordenador, pues rápidamente con la contraseña accederemos a nuestra configuración para deshabilitar el filtro. Pulsamos **OK** y vemos esto:

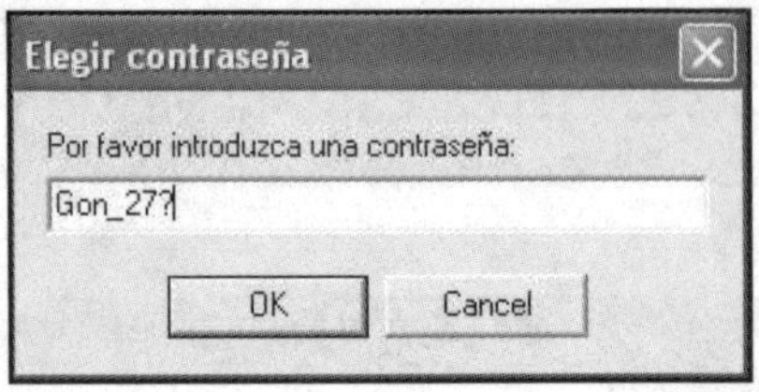

Debemos poner, como sabemos, una contraseña que sea consistente y pulsamos **OK**. Ahora nos aparece esta ventana:

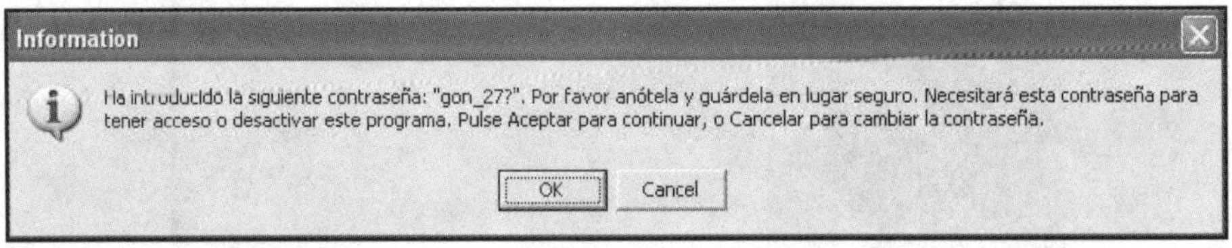

Aquí básicamente nos advierte de que no nos olvidemos de la contraseña para poder cambiar o desactivar la configuración del filtro. Pulsamos pues **OK**.

Y ahora vemos abajo a la derecha de nuestro ordenador un icono parecido a una flor como éste:

Este programa además nos permite la función avanzada de ocultar el icono del sistema. Para ello pulsamos doble clic sobre el icono, nos pedirá la contraseña y al introducirla vemos esto:

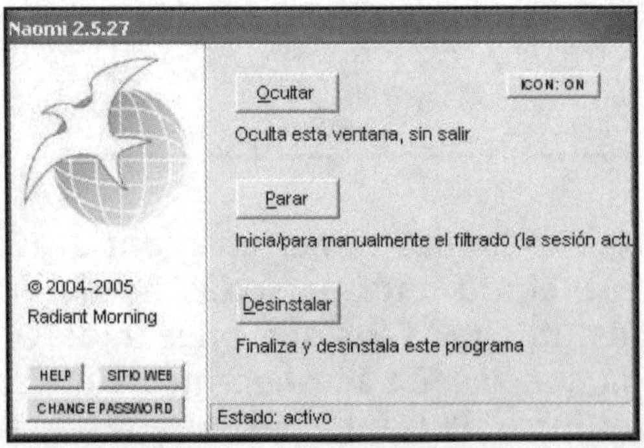

Aquí tenemos todas las opciones, desde ayuda vía web, cambio de contraseña o si queremos pararlo o iniciarlo. Debemos fijarnos especialmente en la opción de arriba a la derecha que pone -**ICON:ON**; si pulsamos sobre ella, cambiará a -**ICON:OFF** y nos mostrará una ventana avisando de que el icono desaparecerá y volverá a salir al reiniciar la máquina:

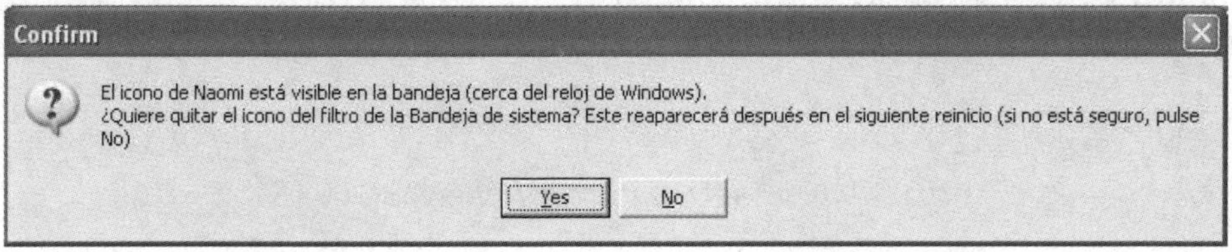

Con este programa, tenemos un completo filtro de seguridad para Internet, que además directamente corta la conexión cuando detecta contenido sospechoso o prohibido y lo más importante da igual en qué aplicación sea.

>>> ¿Qué son los keylogger?

El otro programa se encargará de registrar en un archivo todo lo que se teclee en el ordenador, de manera que si por algún motivo nuestro hijo no utiliza lenguaje obsceno o cualquier otro patrón que pueda ser detectado por el filtro, podamos controlarlo de otra manera. La mejor manera es la de tener en un archivo de texto todas las pulsaciones del teclado, desde lo que pone en el navegador hasta lo que habla con sus amigos. Ésta es sin duda alguna la medida más fuerte de control paternal que se puede aplicar. Algunos consideran estas actividades como ilegítimas, pero mi conclusión es que para cuidar y proteger a un hijo todo lo que hagamos es poco. A partir de aquí la forma en que se utilice esta información forma parte de la ética de cada uno.

Cabe decir como curiosidad que la técnica de los **keylogger** es utilizada por la mayoría de los troyanos para capturar información sobre su víctima, sobre todo buscando códigos de tarjetas de crédito y/o contraseñas para acceder a sitios web; es una de las diferencias principales con los virus tradicionales.

>>> Instalación, configuración y uso de la herramienta Perfect Keylogger Lite

El programa en cuestión se llama **PERFECT KEYLOGGER LITE** y es totalmente gratuito, aunque en la página podemos encontrar productos de pago muy logrados.

Para su descarga lo vamos hacer desde otra web no oficial, ya que en el momento de escribir este texto había un error en su web.

El sitio es:

http://www.tucows.com/preview/301938

Si tenéis problemas para descargarlo, buscad en nuestro amigo Google por el nombre; basta con que pongáis: *perfect keylogger lite download.*

Ahora pulsamos sobre el archivo con extensión **.exe** y vemos esto:

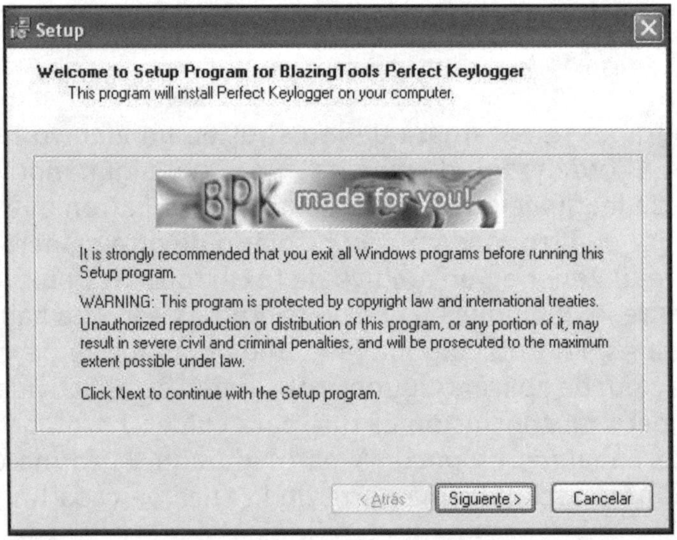

Ésta es la pantalla de presentación de la instalación del programa, en la cual nos recomiendan que cerremos todas las aplicaciones durante la instalación y nos informa del copyright. A continuación pulsamos **SIGUIENTE** y vemos:

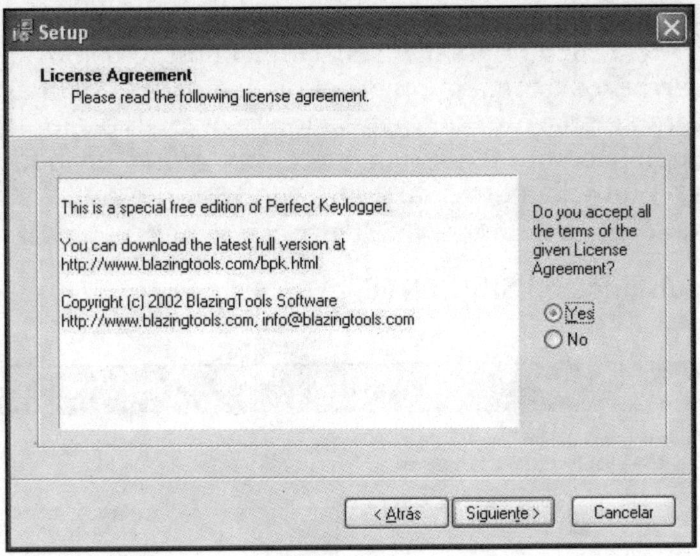

Aquí tenemos que aceptar la licencia correspondiente al programa y pulsar **SIGUIENTE**.

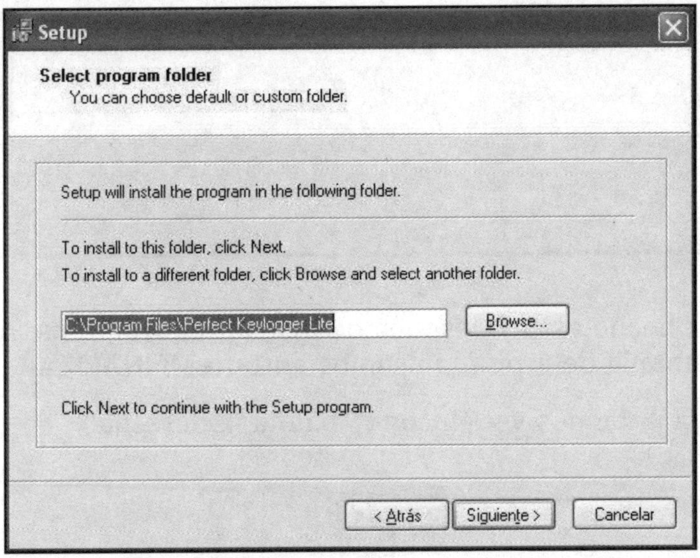

En esta pantalla nos dan la opción de elegir el lugar donde se va a instalar el programa.

IMPORTANTE: Si durante la instalación el programa nos da algún tipo de error, os aconsejo que repitáis los pasos hasta esta fase y que cambiéis la ruta de instalación a otro sitio, por ejemplo d:\. También como seguridad podemos poner un nombre de carpeta no muy llamativo tal como win32.

Ahora pulsamos en **SIGUIENTE.**

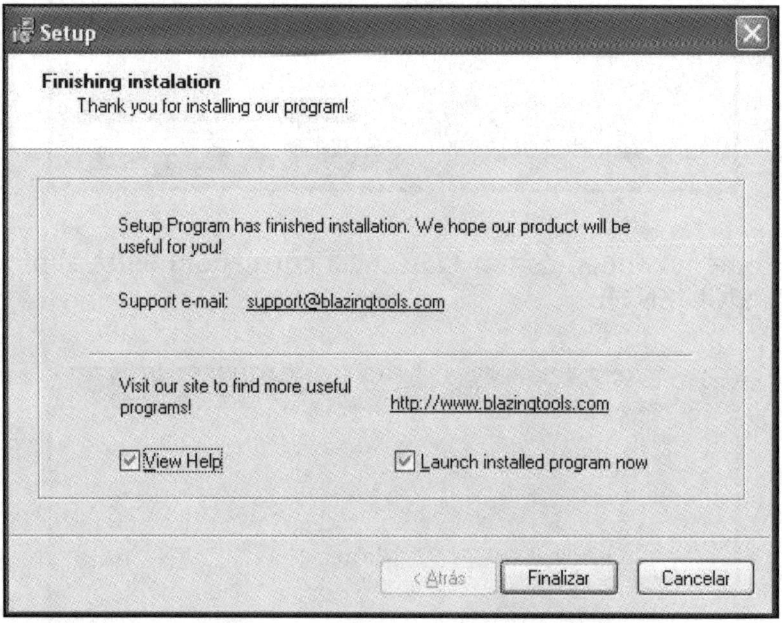

Una vez hecho esto y después de instalar el programa, nos muestra esta pantalla de arriba; pulsamos entonces **FINALIZAR**.

Ahora ya podemos ver el icono abajo a la derecha:

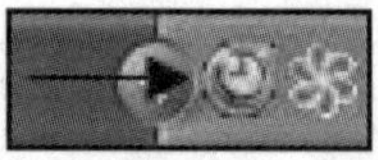

Es este icono que está justo a la izquierda (en mi caso) de la flor del programa de filtrado Naomi.

>>> Configuración de Perfect Keylogger

Ahora haciendo doble clic sobre el icono nos aparece esta pantalla de configuración:

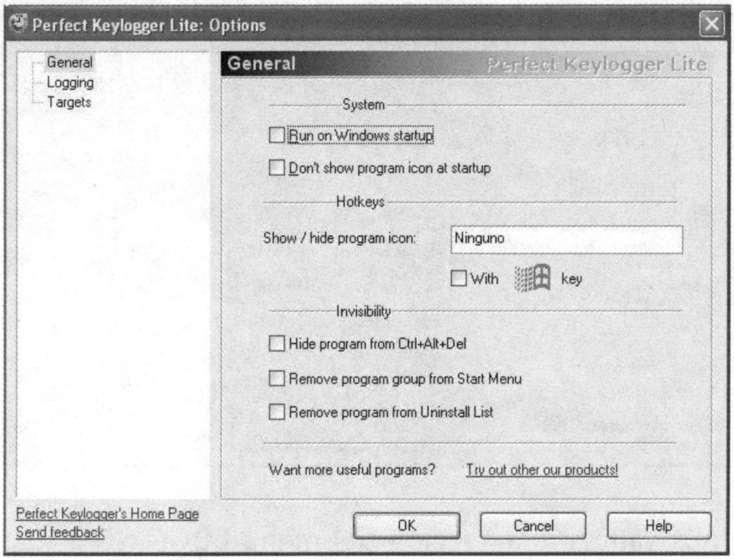

En esta primera parte del menú, podemos hacer muchas cosas para configurar y ocultar el programa, debemos por tanto seleccionar todas las opciones:

-**RUN ON WINDOWS STARTUP** (Arrancar el programa al iniciar Windows).

-**DON'T SHOW PROGRAM ICON AT STARTUP** (No mostrar el icono en el apartado de arranque).

En **HOTKEYS**, nos pregunta cómo queremos configurar el programa para que se oculte o se muestre pulsando una combinación de teclas o con la tecla de Windows; lógicamente pondremos una combinación tal como **CTRL+ALT+K**.

-**HIDE PROGRAM FROM CTRL+ALT+DEL** (Ocultar el programa del administrador de tareas).

-**REMOVE PROGRAM GROUP FROM START MENU** (Borrar el programa del menú de arranque).

De tal manera que la configuración debe quedar así:

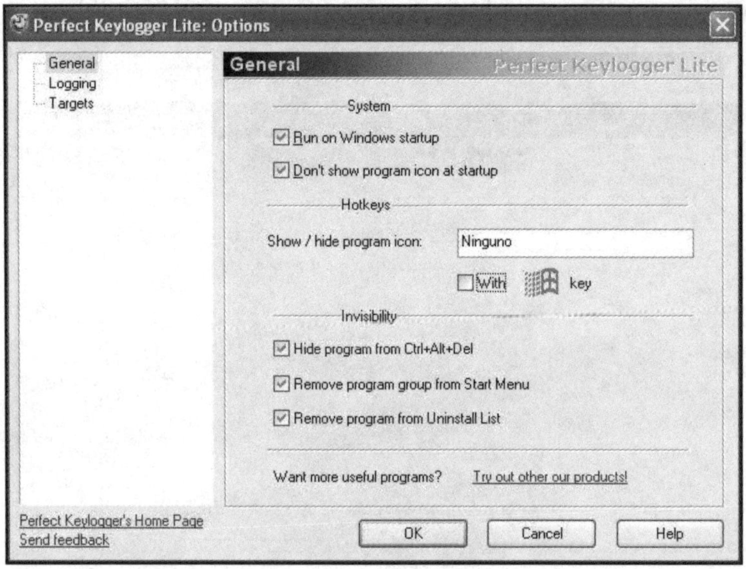

Ahora nos vamos a la sección del menú **LOGGING** arriba a la izquierda y vemos esta pantalla:

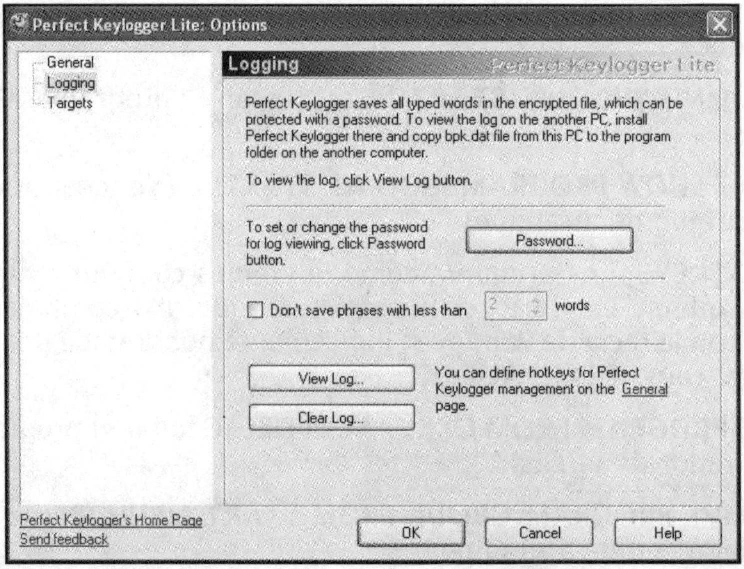

Perfect Keylogger Lite guarda todas las pulsaciones en un archivo cifrado, que puede (y debe) ser protegido mediante contraseña para las miradas ajenas y que se puede ver en cualquier ordenador teniendo previamente instalada la herramienta y por supuesto sabiendo la contraseña. Ahora pulsamos sobre **PASSWORD** para establecer una contraseña a nuestros logs:

Como siempre, ponemos una buena contraseña como ya aprendimos anteriormente. Cuando queramos ver el contenido del archivo cifrado, pulsamos sobre **VIEW LOG** e introducimos la contraseña.

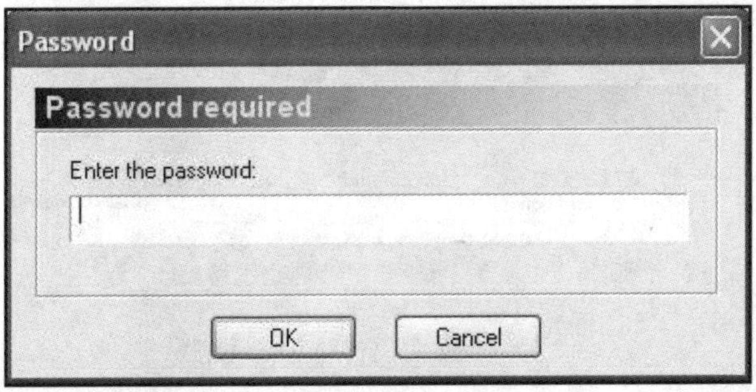

Ahora vemos la siguiente pantalla en la que tenemos diferentes opciones:

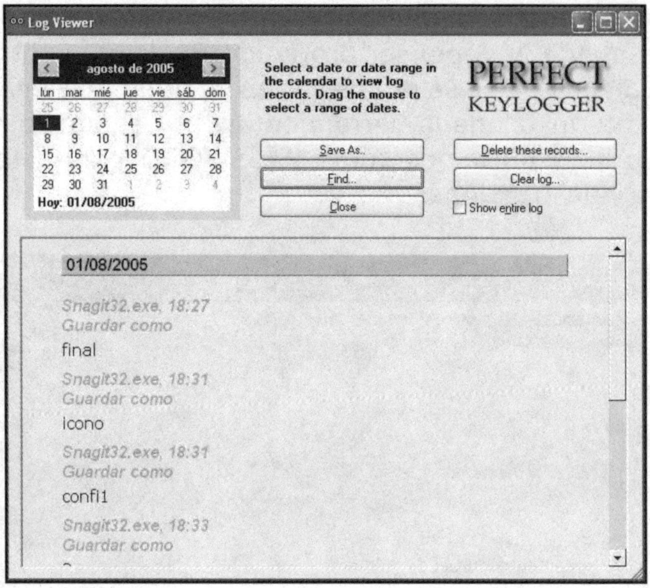

Como podemos apreciar en esta pantalla tenemos por un lado un calendario para poder ver las pulsaciones del día que queramos y después a la derecha un botón de búsqueda **FIND**, un botón para guardar los archivos adquiridos **SAVE AS** y otro para borrar los log **CLEAR LOG**.

Vamos ahora a realizar una prueba, abrimos un navegador y escribimos cualquier cosa que pueda ser escrita.

Ahora nos vamos con doble clic al menú de antes, introducimos la contraseña y vemos los logs:

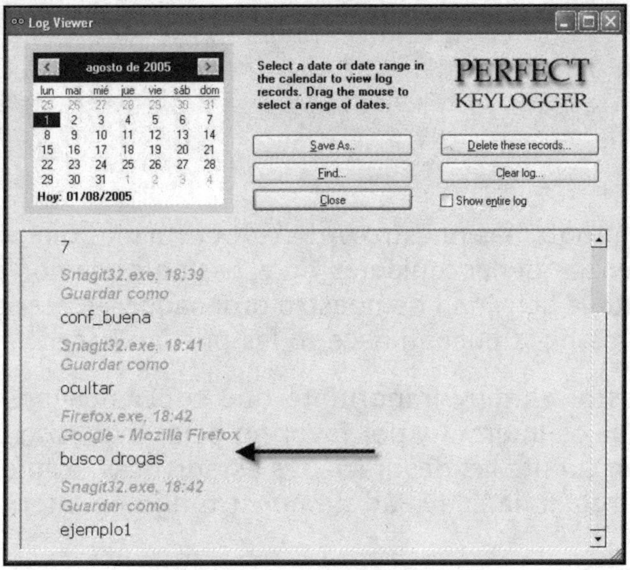

Como podemos apreciar, esta potente herramienta nos muestra no sólo todo lo que escribimos, sino que también nos dice qué aplicación está utilizando nuestro hijo en cualquier momento. En el ejemplo anterior, era el navegador **FIREFOX** en la página de Google buscando «**busco drogas**», de igual manera saldría lo que escribe en el correo y con qué cliente lo escribe.

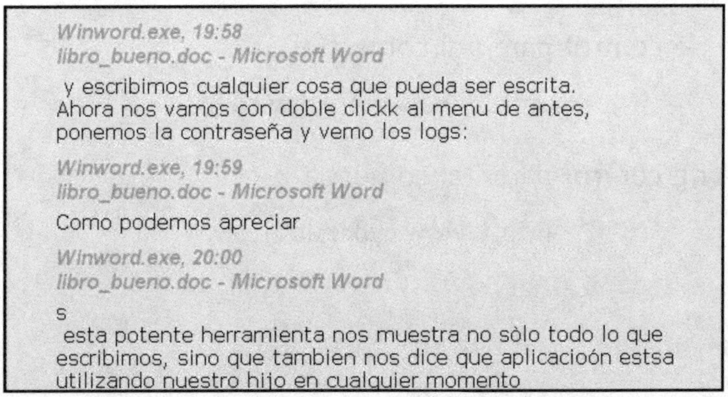

Aquí vemos un ejemplo de la potencia de la herramienta, mientras escribía estas líneas con el WORD.

> IMPORTANTE: Una vez reiniciado el PC, no busquéis el logo, ya que queda oculto para el sistema, debemos pulsar la combinación de letras que antes hemos puesto para que aparezca de nuevo.

Con estos programas nuestro ordenador está más que vigilado. Gracias a la potencia de herramientas de este tipo podemos controlar en todo momento la actividad de nuestro ordenador sin preocuparnos de lo que nuestros hijos puedan hacer o les puedan hacer.

Por supuesto, es muy importante que concienciemos a nuestros hijos de lo que es Internet y por favor no dejar a un lado este asunto. Si tenemos en cuenta las desgraciadas estadísticas, es muy importante tener controlada la actividad de nuestro hijo en Internet.

>>> Referencias

Página donde podemos obtener información sobre control parental.

http://www.protecciondemenores.org/

Artículo de Microsoft sobre control parental.

http://www.microsoft.com/latam/athome/security/children/default.mspx

Programa de control parental comercial.

http://www.netnanny.com/

Programa de control parental comercial.

http://www.cybersitter.com/

15

Cuida tu privacidad. Archivos espías (Spyware y Malware), dialer, etc. Aprende a combatir contra ellos

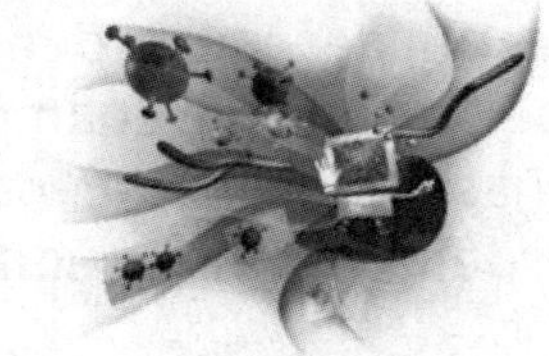

Es indiscutible que los avances en la informática han revolucionado el mundo en todos sus aspectos, y han traído muchas ventajas en un cambio constante que no cesa.

Pero todo este avance en cuanto al tema de Internet tiene sus pros y contras como hemos visto durante toda la obra. Hay multitud de cosas de las que protegerse y de las que debemos hacer una valoración global para no flaquear en ninguna de ellas.

Todas las medidas son pocas en seguridad. No existen sistemas seguros 100%, hay sistemas más o menos fiables, pero no del todo seguros.

Una de las cuestiones que debemos tener en cuenta en nuestra seguridad personal es precisamente la **privacidad.**

En este capítulo se explica de manera práctica cómo proteger nuestra privacidad mediante herramientas, tanto del sistema operativo como herramientas externas.

>>> ¿Qué es la privacidad?

La privacidad se encarga de salvaguardar aquello que no queremos que sea visto o modificado por alguien que no tiene permisos para hacerlo. Es por tanto una cuestión vital, ya que aunque tengamos nuestro ordenador protegido «**hasta los dientes**» de nada servirá si alguien consigue acceder a los datos del mismo.

Con la entrada del comercio electrónico, empezó a aparecer una serie de nuevos programas denominador **spyware y malware** que tienen como finalidad robar la privacidad del usuario. Se instalan sin que el usuario lo sepa y algunos los podemos considerar como **mini-troyanos**, ya que actúan como un cliente (agente) que manda información (privada) del usuario de ese ordenador a servidores. Son capaces de saber las web por las que navegamos, qué links pinchamos, se adjudican las contraseñas almacenadas por defecto en el navegador, ralentizan nuestro ordenador, nos redirigen a otras web, etc.

Las principales vías de infección del spyware son:

- Al ejecutar algún archivo que contiene oculto spyware.
- Navegando por webs especialmente diseñadas para aprovechar alguna vulnerabilidad del sistema.
- Pinchando sobre algún POP-UP (ventana emergente).
- En la instalación de herramientas shareware o freeware (mirar la licencia).

Durante todo el libro hemos ido viendo medidas que ayudan a la privacidad, como por ejemplo eliminar los históricos del navegador, proteger las contraseñas almacenadas, correo cifrado, etc. Esto son medidas preventivas que debemos establecer para poner barreras de cara a proteger nuestra privacidad, pero las siguientes medidas son activas en el sentido que directamente vamos a ir a buscar los programas espías con la ayuda del mejor programa existente. Se llama **ADAWARE** y lo podemos descargar por supuesto gratuitamente desde este enlace en su web oficial:

http://www.lavasoftusa.com/spanish/support/download/#free

>>> Instalación y configuración de Adaware

Una vez descargado, pinchamos en el **.exe** y vemos esta pantalla:

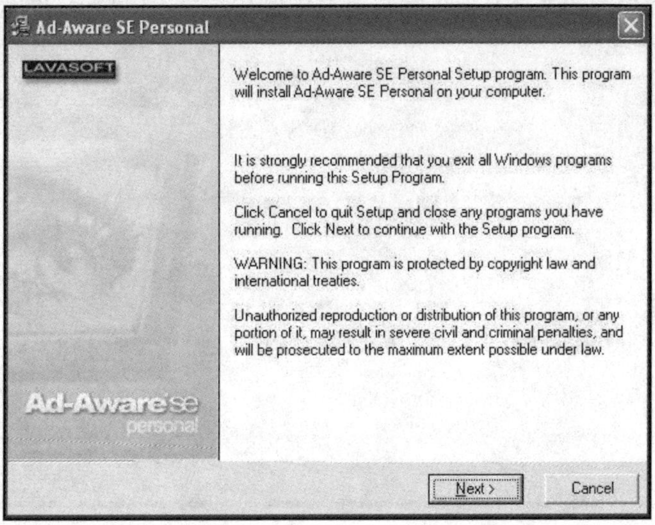

Aquí nos dice que se va instalar, que recomienda que cerremos las ventanas de todos los programas y nos dice que este programa está protegido con copyright, después de leerlo le damos a **NEXT**:

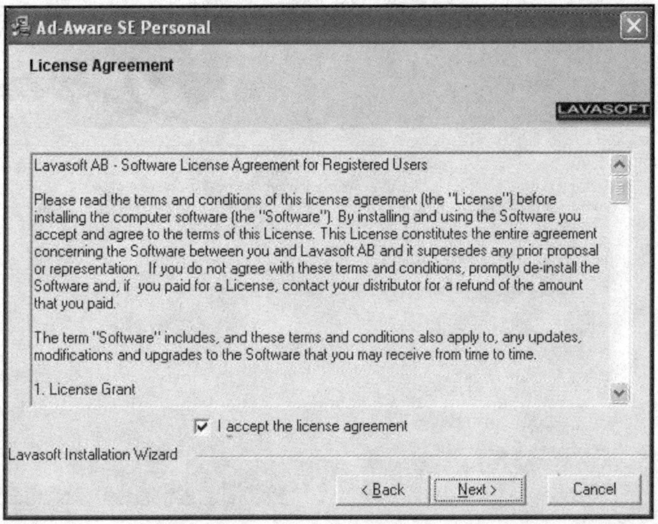

Ésta es la licencia del programa, debemos leerla, aceptarla y pulsar **NEXT**:

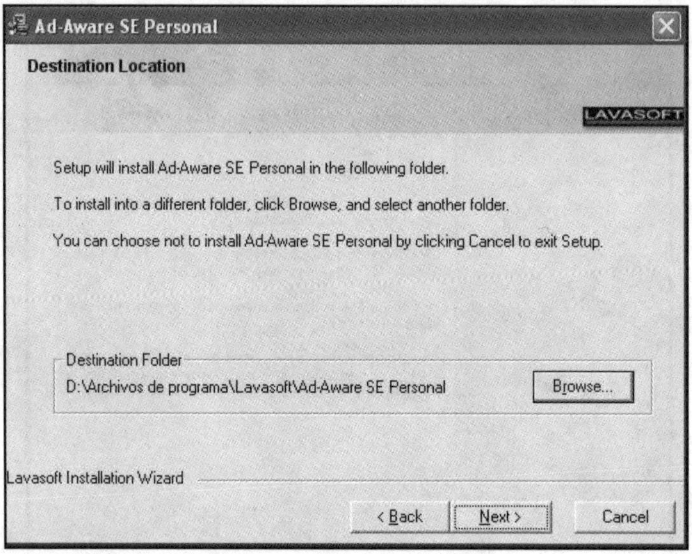

Ahora le indicamos la ruta donde queremos que se instale y hacemos clic en **NEXT**:

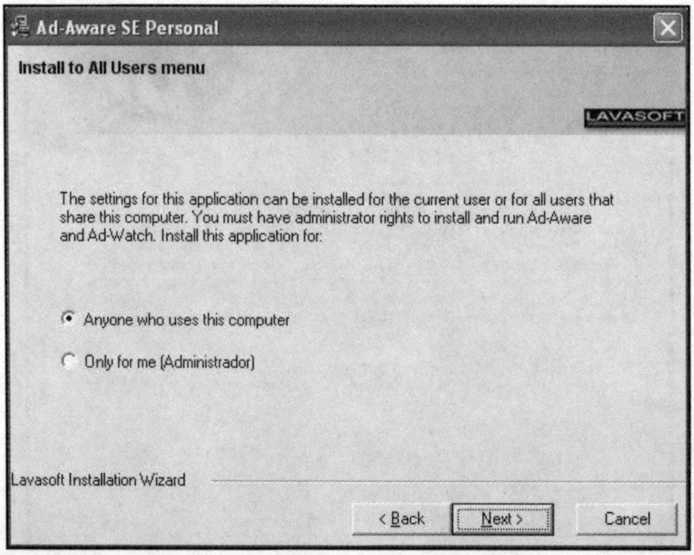

Aquí le podemos indicar que este programa sea válido para todos los usuarios del sistema o sólo para el usuario administrador; después hacemos clic en **NEXT**:

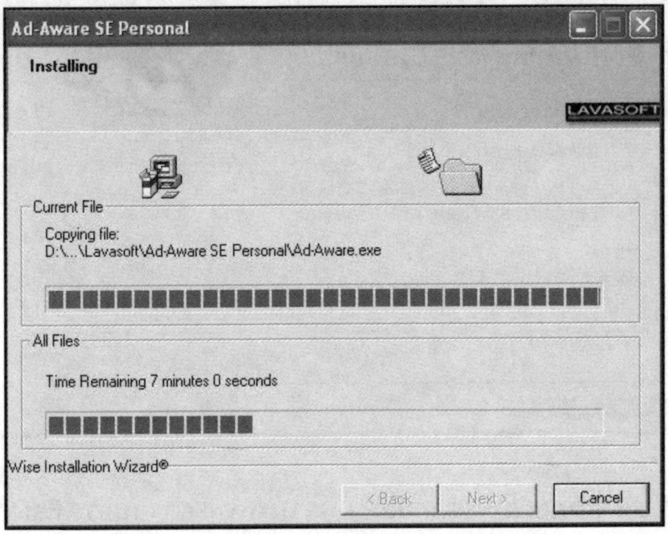

Una vez finalice el proceso de instalación, tenemos que pulsar sobre **NEXT**:

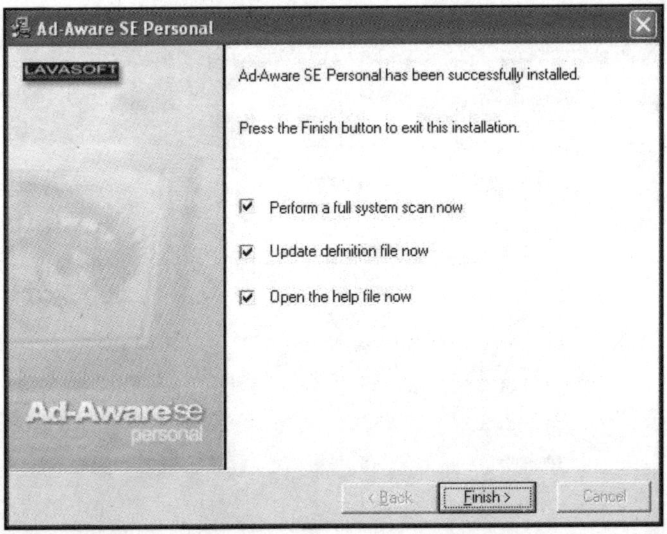

Pulsamos **FINISH** y automáticamente el programa se actualiza con las últimas firmas:

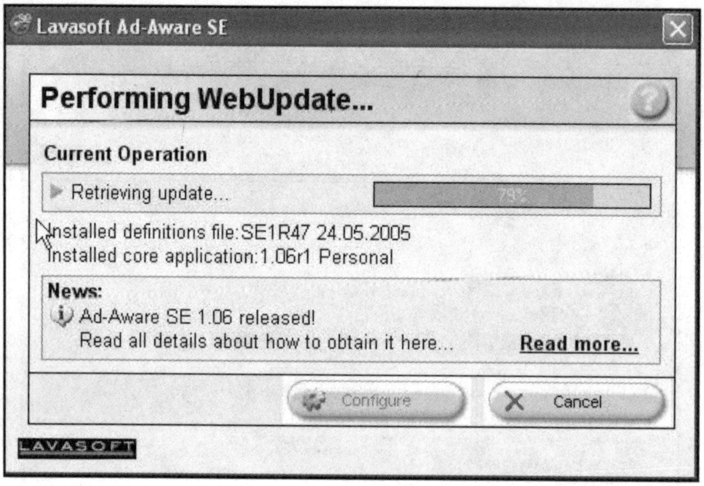

Después se pone a escanear nuestro disco duro. Esta operación conviene hacerla una vez por semana o cada 15 días.

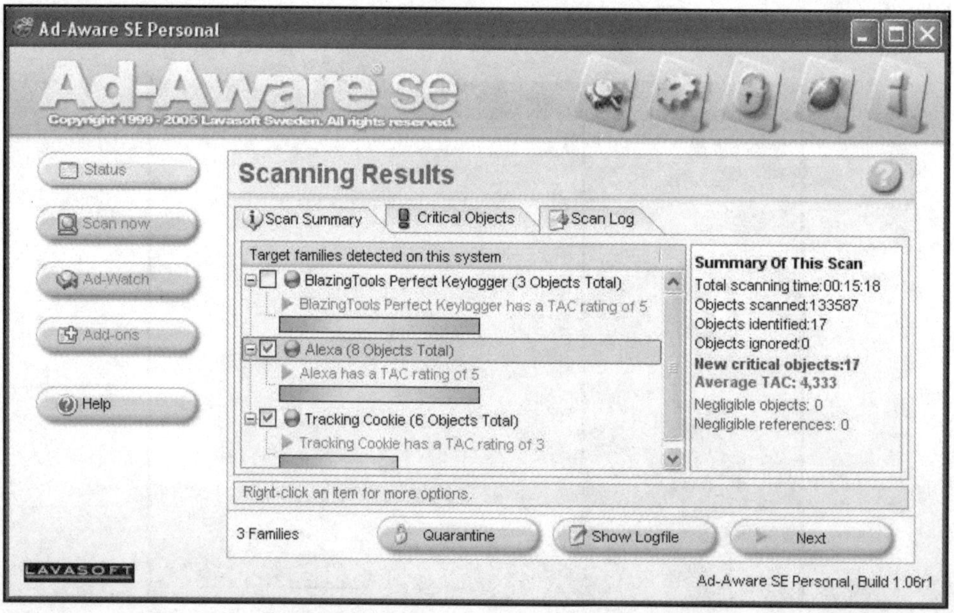

Una vez terminado el escaneo obtenemos los resultados. Vemos en primer lugar nuestro querido keylogger (no hay que alarmase), pero debido a la potencia de esta herramienta y pudiendo ser instalada en un ordenador de manera oculta, nos la muestra con el fin de informarnos de que lo tenemos en nuestra máquina. También encontramos spyware Alexa y cookies, los cuales debemos seleccionar y después pulsar **NEXT**.

Con esto hemos quitado todo el spyware de nuestro sistema, ahora sólo queda hacerlo de manera regular para mantenerlo limpio. Una buena política de seguridad ante este tema es hacer un escaneo en busca de spyware cada 15 días.

Otro programa muy recomendable es el spybot, también gratuito y que podemos bajar de:

http://www.safer-networking.org/es/download/index.html

No está de más mantener en el sistema los dos programas, por eso de que lo que no detecta uno lo detecta el otro.

>>> Dialer. ¿Qué son, cómo actúan y cómo acabar con ellos?

Ahora, dejando de un lado los programas espías, vamos hablar de una técnica muy utilizada hace aproximadamente 4 o 5 años cuando la mayoría de la gente tenía una línea a Internet mediante módem. Estos programas, denominados Dialer, establecen una conexión telefónica llamando a números de pago tales como **906, 806**..., etc. y en muchos caso al extranjero, con lo que al final el usuario veía una factura grandísima de teléfono de llamadas realizadas desde su ordenador sin que él supiese nada de ello.

Las principales web de sexo y casinos online, mediante las mismas técnicas que los spyware, ya sea por publicidad engañosa o por un fallo de seguridad, introducen una conexión de llamada nueva oculta (dialer) y con un temporizador para que cada cierto tiempo éste se conecte de nuevo a los números de pago. Fue, sin duda, una de las mayores estafas de Internet que actualmente, gracias al aumento de los router, no debemos temer. Por tanto este miniapartado dedicado a estos programas ilegítimos es imprescindible para aquellas personas que todavía se conectan con módem, aunque sea de adsl, ya que el módem tiene capacidad de realizar llamadas.

>>> Medidas preventivas para los dialer

La primera medida y la más eficaz es llamar a nuestro operador de teléfono y decirle que restrinja las llamadas de tarificación especial tales como las 906, 806, 805, etc. Ellos ya te indican la lista que poseen y a ser posible las llamadas al extranjero.

Con esta medida ya no tenemos que preocuparnos ya que entonces será la operadora la que tenga que responder ante un fraude. No obstante, como consejo decir que conviene llamar dos veces y hablar con personas diferentes para asegurarnos al 100% de que no están permitidas desde nuestros teléfonos.

Una noticia positiva en este campo es que el 21 de julio del 2004 salió una ley en España que hacía obligatorio avisar al usuario para poder conectar. No obstante a veces hay descuidos, por lo que tenemos que decidir si queremos o no conectarnos a números especiales.

Pero si por un casual no podemos realizar esta tarea, para ello hay herramientas que podemos utilizar tanto en el sistema operativo como externas:

Vamos a centrarnos en una herramienta que controla nuestras conexiones telefónicas (recuerdo que sólo es valido para los usuarios que tengan módem, ya que los que tengan router no lo necesitan). Se llama **Custodio Net** y la podemos descargar de esta web que recomiendo visitar:

http://www.seguridadenlared.org/es/index24esp.html

>>> Custodio Net

Esta herramienta es de telefónica y no tiene complicación alguna, por lo tanto voy a omitir su instalación y configuración.

Con estas medidas estaremos a salvo de los dichosos dialer. En el siguiente capítulo, reservado a los detectores de intrusos, veremos una herramienta completa capaz de evitar que nos abran una nueva conexión telefónica hacia Internet.

>>> Privacidad en los datos, cifrando los documentos

Una de las cosas más importantes de nuestro ordenador es sin duda alguna nuestros archivos. Éstos deben estar bien protegidos ya que si un intruso consigue acceder a nuestro ordenador y roba nuestros datos, se hará con toda la información.

Por lo tanto es una de las cosas a proteger y más cuando día a día llenamos nuestro ordenador con información importante, como facturas, nóminas, declaración de la renta, etc. Para proteger los archivos de tal manera que los intrusos no puedan acceder a nuestros datos aunque fallen todos los demás sistemas de seguridad, debemos cifrar el contenido de nuestros documentos.

El cifrado se basa en pasar unos datos legibles a ilegibles de tal forma que no pueden ser vistos en caso de robo. Para cifrar los documentos lo podemos hacer de dos maneras:

>>> Cifrado simétrico y asimétrico

En el **cifrado simétrico** comparten una misma clave tanto el emisor como el receptor, de tal manera que con esta clave podemos cifrar y descifrar los documentos.

En el **cifrado asimétrico** cada interlocutor dispone de un par de claves, una pública que es la que se distribuye y otra privada que ha de mantenerse protegida; en este caso el emisor cifra el contenido con la clave pública del receptor.

En el primero de los casos el uso es más sencillo, igual que compartir una misma contraseña, pero el segundo de los casos es más seguro y complejo.

En el capítulo del correo seguro, recomendé una herramienta llamada **gnupg**, la cual se basa en cifrar el correo mediante cifrado asimétrico.

En este apartado, vamos a aprender a cifrar nuestros documentos tanto con el propio sistema operativo como con herramientas externas y ya diré por qué es mejor con estas últimas.

>>> EFS, Cifrado en Windows XP Profesional

Por defecto, Windows XP Profesional cuenta con un sistema de cifrado de archivos propio denominado **EFS** (**Encrypting File System**) que nos permite cifrar la información de un archivo o carpeta (directorio). Para ello utiliza la identificación del usuario y sólo él y exclusivamente él puede leer la información. Vamos a continuación a ver un ejemplo.

Nos vamos a cualquier carpeta que tengamos en nuestro disco duro o creamos una para la ocasión; en su interior creamos un archivo con el botón derecho y la opción -**NUEVO**; será como éste:

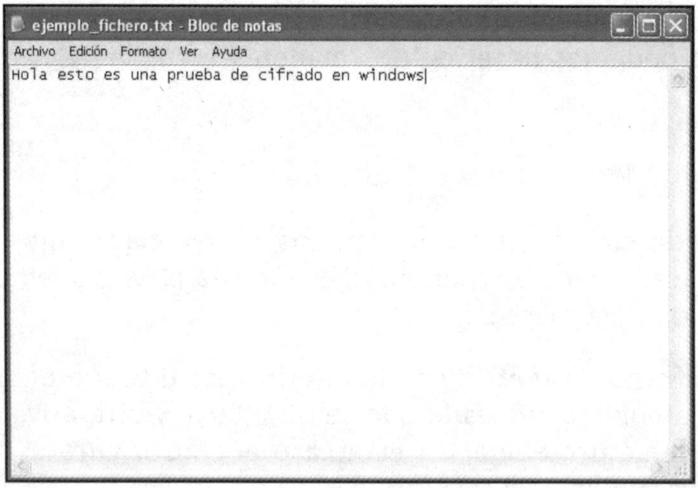

Ahora, como queremos que todo lo que esté dentro de esa carpeta se crifre, colocamos el cursor encima y pulsamos el botón **DERECHO** del ratón, seleccionamos **PROPIEDADES** y vemos esto:

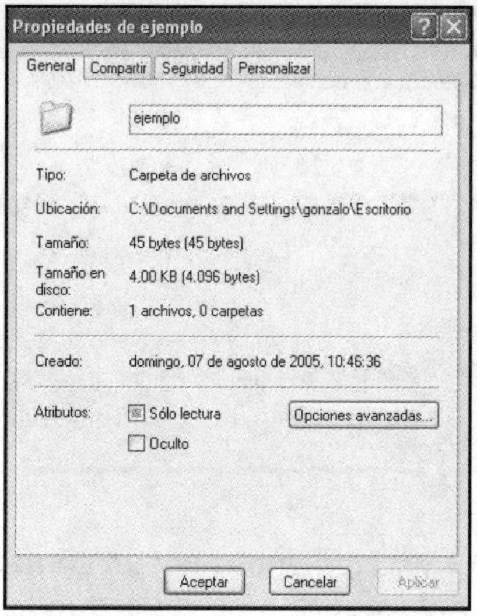

Aquí nos muestra las opciones de la carpeta, las cuales ya estuvimos viendo en la parte del libro de permisos sobre carpetas. Ahora pulsamos sobre **OPCIONES AVANZADAS** y podemos ver esto:

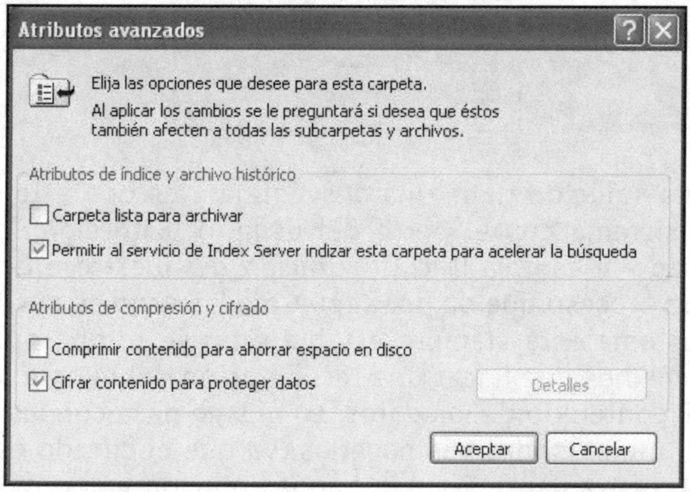

En esta pantalla debemos seleccionar la pestaña **CIFRAR CONTENIDO PARA PROTEGER DATOS** y pulsar **ACEPTAR**; después, al ser una carpeta, nos preguntará si queremos que se cifre el contenido de esta carpeta y todas sus subcarpetas y archivos.

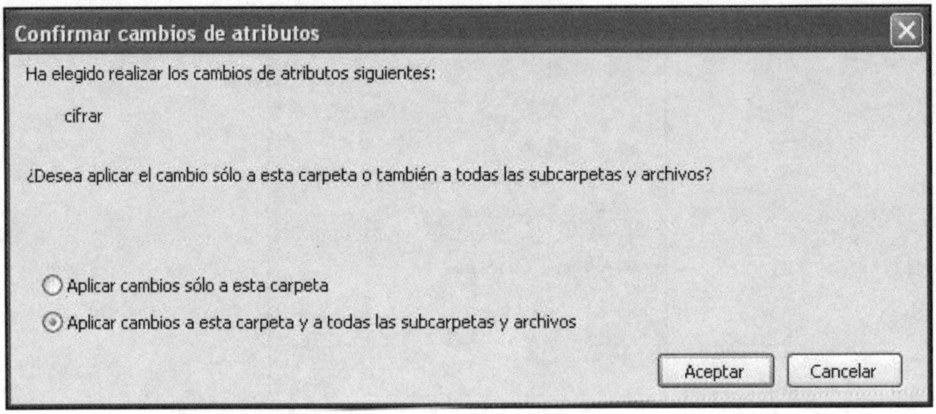

Pulsamos **ACEPTAR** y ya tenemos nuestro contenido cifrado. De esta forma, cualquier archivo que allí se deje quedará automáticamente cifrado (de manera transparente para el usuario).

Ahora nuestros ficheros tendrán el texto en color verde para ser diferenciados de los no cifrados:

Pero esta solución tiene una desventaja y es que este cifrado lo realiza el sistema con el perfil del usuario. Esto significa que no estará cifrado si cambia la configuración de nuestro ordenador; es decir, es un proceso que da por supuestas las condiciones ideales de nuestro sistema esté siempre estable y no se rompa nunca. Si se rompe y tenemos que hacer una recuperación del mismo, no podremos ver el contenido de los datos. Lo mismo pasa con las copias de seguridad, nunca podremos hacerlas, ya que el cifrado es para ese usuario exclusivamente. Es una buena solución como medida temporal y combinada con las copias de seguridad (backup).

Por lo tanto vamos a ver el uso de otra herramienta. El único requisito para usarla en cualquier ordenador es saber la contraseña y tener instalado este programa gratuito.

>>> Cifrado con la herramienta FineCrypt

El programa se llama **FineCrypt** y se puede descargar desde su web oficial:

http://www.finecrypt.net/download.html

Una vez descargado, hacemos doble clic en el archivo con extensión **.exe** y comienza la instalación:

Pulsamos **CONTINUE** y empezará a instalar:

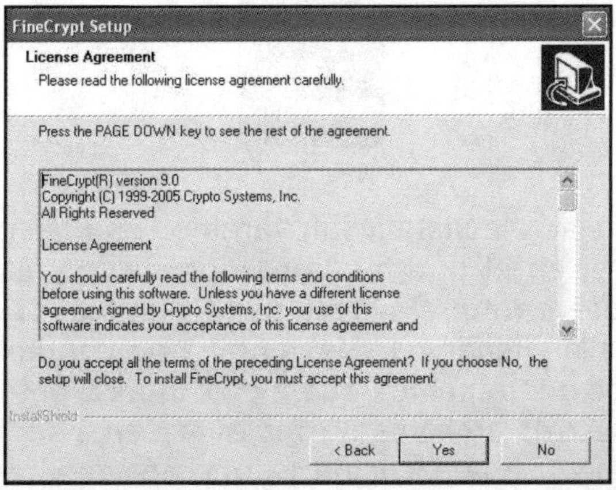

Leemos y aceptamos la licencia y pulsamos **YES**. Después de instalar nos muestra las limitaciones de la versión freeware (que es la que a nosotros nos interesa).

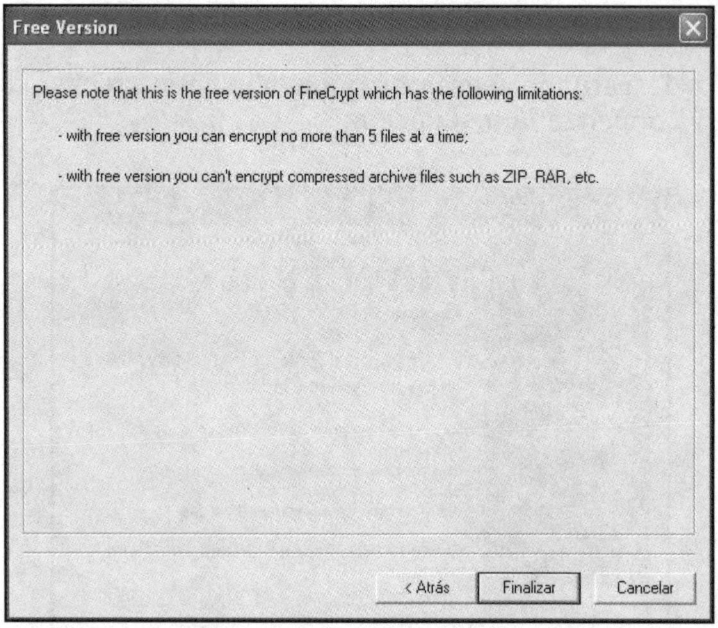

Esta versión gratuita no nos permite cifrar más de cinco archivos a la vez (pero bueno, esto tampoco supone mucha molestia).

Una vez terminada la instalación veremos en nuestro escritorio un icono como éste, en el que haremos doble clic y en ese momento comenzará un breve tutorial acerca del programa. Tras pasar por las diferentes pantallas llegamos a la ventana de configuración del programa y nos dice que tenemos que elegir una carpeta o partición del disco donde nuestros archivos normales pasen a ser encriptados. Es recomendable elegir una partición ya que nos servirá de referencia.

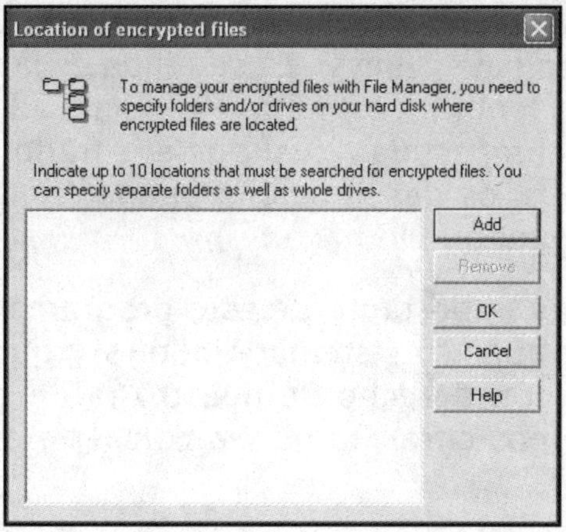

Hacemos clic en **OK** para que pase a la siguiente pantalla, en la que nos pedirá la ruta en donde se almacenarán las claves seguras de cifrado.

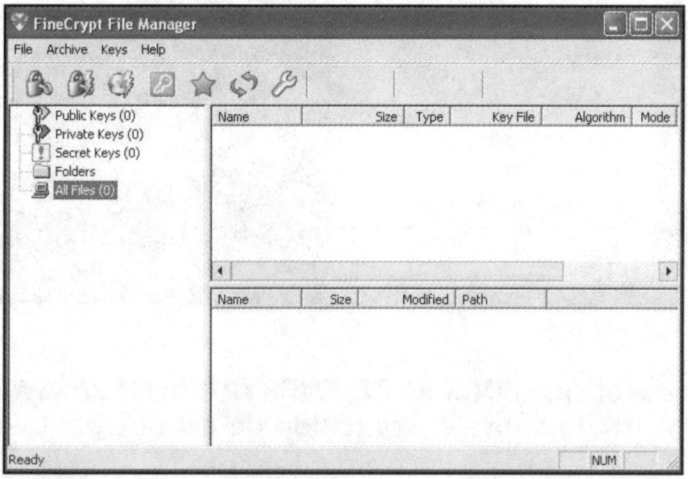

Este programa nos permite principalmente cifrar a partir de una clave (contraseña) o llaves (keys). La segunda es la forma mas segura existente pero más lenta y dura para el sistema, además requiere que nuestra clave sea compartida (igual que el cifrado asimétrico del correo). Puede llevar años descifrar una buena contraseña (igual para entonces nos da igual que lo hagan ;-))

Otra ventaja muy importante de este programa es que se integra por completo con nuestro sistema Windows y que nos bastará con hacer clic en el botón derecho de nuestro ratón sobre la carpeta o archivo que queramos cifrar, lo que lo convierte en un sistema muy cómodo.

Vamos a ver un ejemplo con una carpeta. Colocamos el ratón encima y hacemos clic con el botón derecho, entonces veremos esto:

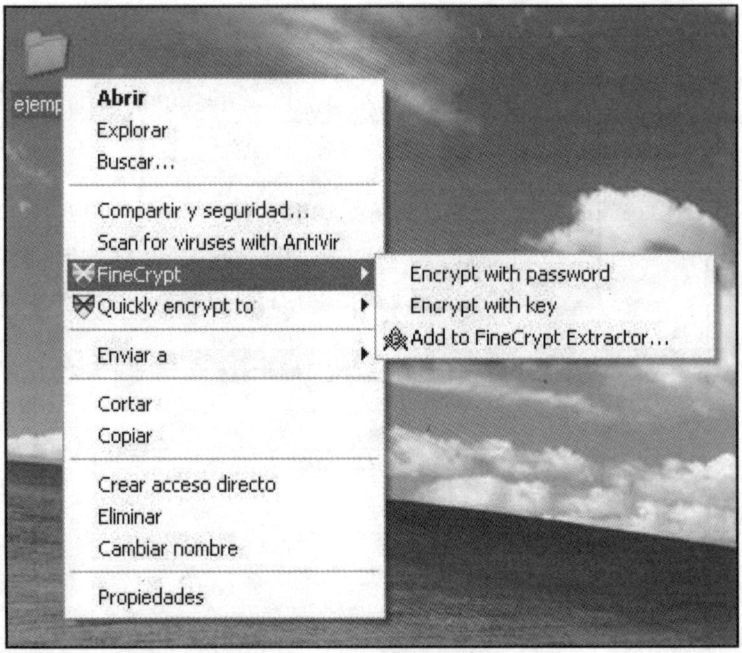

Elegimos la opción **FINECRYPT, ENCRYPT WITH PASSWORD**, para realizar un cifrado sobre el contenido de esta carpeta con contraseña.

Ahora podemos ver esto:

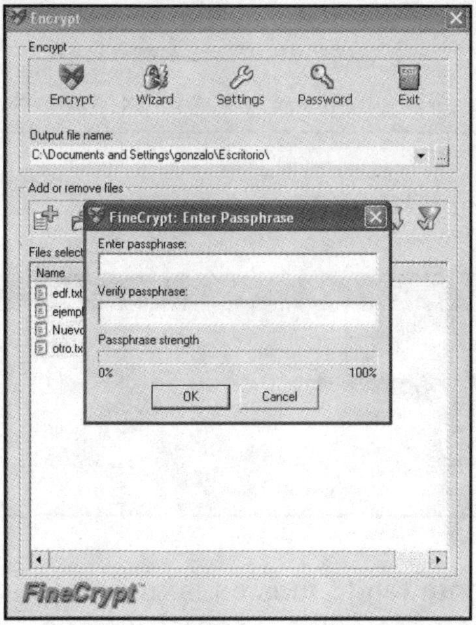

Aquí nos pide que introduzcamos las **passphrase** (que es una frase de contraseña). Cuanto más compleja sea esta frase o superpalabra, el indicador se irá inclinando hacia el 100%.

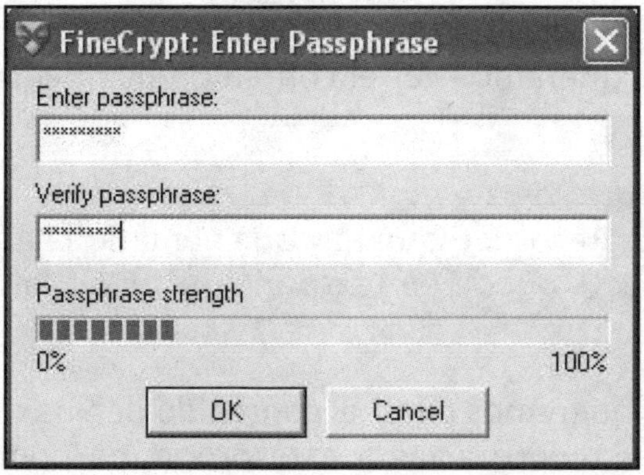

Lógicamente lo más deseable es que sea el 100%. Cuando la tengamos puesta en las dos casillas pulsamos **OK.**

Ahora debemos introducir el nombre del archivo en la ruta indicada arriba:

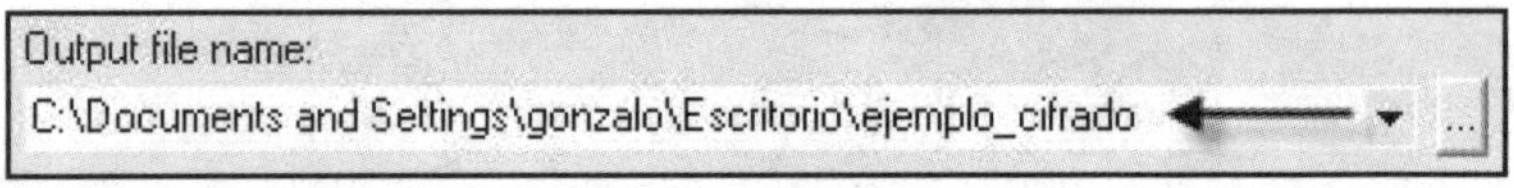

Y hacemos clic en **ENCRYPT**:

Y automáticamente tendremos en la ruta que hemos puesto nuestro directorio cifrado protegido y con este icono:

Ahora cuando queramos ver el contenido nos pedirá la contraseña establecida.

> **IMPORTANTE:** Recordad que hay que eliminar la anterior carpeta para que no se quede en texto plano (sin cifrar).

Ahora bien, si queremos cifrar el contenido de una carpeta y poderla enviar a otra persona, gracias a este programa podremos crear un **archivo autoejecutable** para que quien lo reciba no esté obligado a tener este programa instalado, sino que baste con que sepa nuestra contraseña secreta para poder verlo.

Vamos a ver un ejemplo de ficheros auto-ejecutables cifrado. Para empezar nos vamos de nuevo a la carpeta que queremos cifrar y colocando el cursor del ratón sobre la misma, pulsamos el botón derecho y vemos el mismo menú que el ejemplo anterior. Ahora seleccionamos **ADD TO FINECRYPTO EXTRACTOR**.

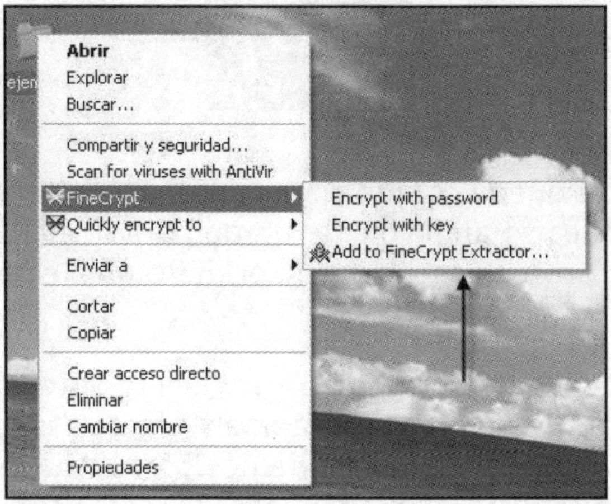

Nos pedirá entonces de la misma manera la frase de contraseña elegida para el cifrado; una vez establecida la misma veremos una ventana como ésta:

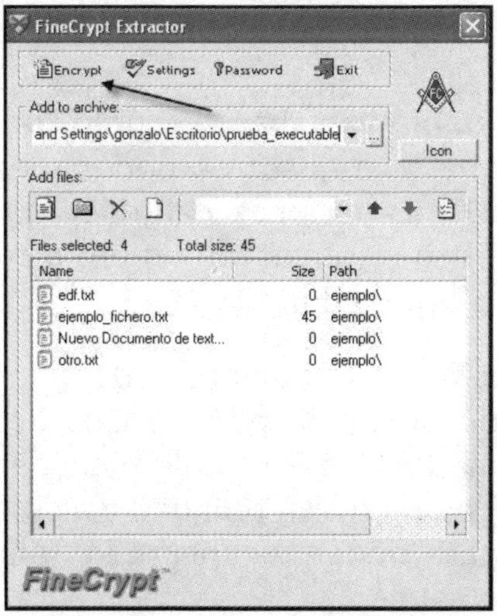

Escribimos el nombre del archivo autoejecutable que en mi caso se llama «**prueba_executable**» y pulsamos el botón que pone **ENCRYPT**, de tal manera que tendremos en la ruta indicada un archivo como éste:

Ahora sólo nos queda comunicar a la persona o personas cuál es la contraseña de nuestro archivo encriptado para que cuando lo reciban pueda leerlo sin problemas, ya que lo primero que le pedirá será nuestra contraseña.

Como hemos visto, se trata de un excelente software gratuito que es capaz de cifrar de una manera rápida y efectiva los datos de nuestro ordenador, protegiéndolos así de posibles intrusos con malas intenciones. Por supuesto esto se puede aplicar a todo, por ejemplo escribimos en Word una carta o documento, lo ciframos y lo mandamos por correo electrónico con total seguridad.

>>> Borrado seguro de datos, borra para siempre los documentos

Con este práctico ejemplo ya sabemos cómo proteger nuestra información de manera que sólo nosotros podamos acceder a ella, pero en ocasiones surgen otras acciones naturales que pensamos que no pueden afectar a nuestro sistema; me refiero a cuando borramos documentos en nuestro ordenador.

Al eliminar los archivos de nuestro ordenador van a la papelera, después debemos de borrar la papelera para que no estén en el sistema, y aquí es cuando todo el mundo piensa que ya están eliminados del sistema por completo. En realidad y a simple vista sí lo están, pero hay métodos para poder recuperar los datos borrados en un disco duro.

Hay personas que buscan entre la basura o compran discos duros de segunda mano para recuperar la información borrada por el usuario anterior y encuentran todo tipo de datos con lo que la privacidad del usuario se ve alterada por ignorancia del mismo.

Para evitar que alguien pueda recuperar lo que borramos en nuestro ordenador existen aplicaciones que generan un borrado seguro sobre nuestros datos de tal manera que desaparecen por completo de nuestro disco duro.

Vamos a ver un ejemplo práctico de cómo borrar nuestros datos personales de manera segura a través de una aplicación, por supuesto freeware (gratuita).

>>> Instalación y configuración de la herramienta Sysshield file shredder

La herramienta en sí se llama **Sysshield file shredder** y la podemos descargar desde su web:

http://www.sys-shield.com/download.htm

Una vez descargado haremos doble clic sobre el archivo con extensión **.exe** y nos saldrá la ventana de configuración:

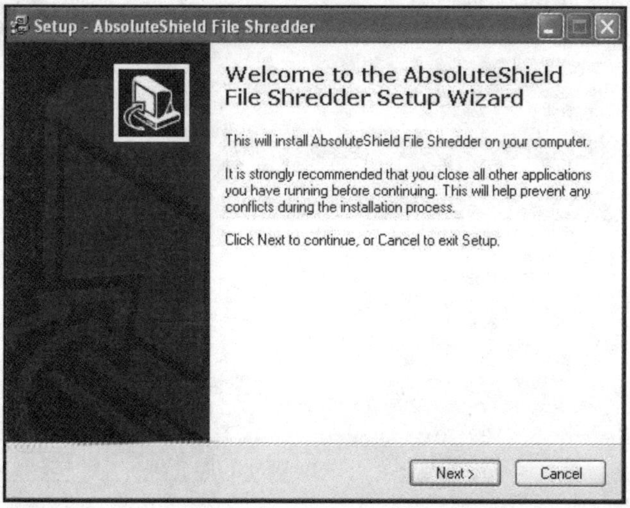

A continuación pulsamos **NEXT**:

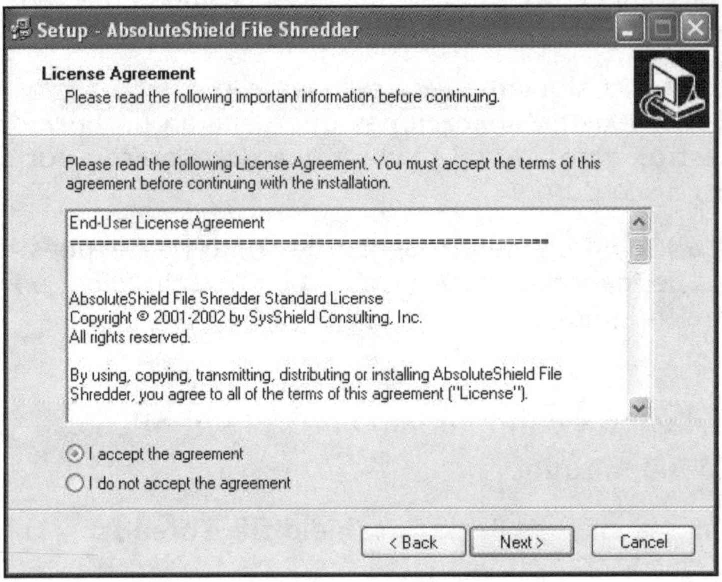

Aceptamos la licencia y pulsamos **NEXT**:

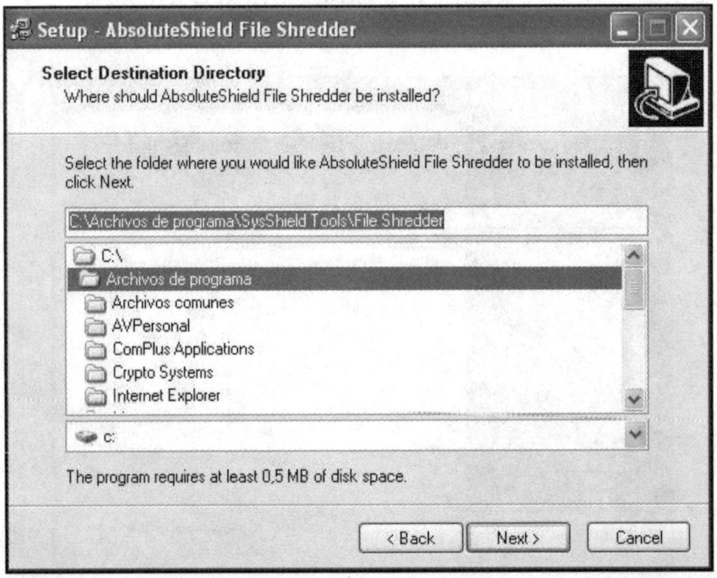

Elegimos el directorio donde se va a instalar y pulsamos de nuevo la tecla **NEXT**:

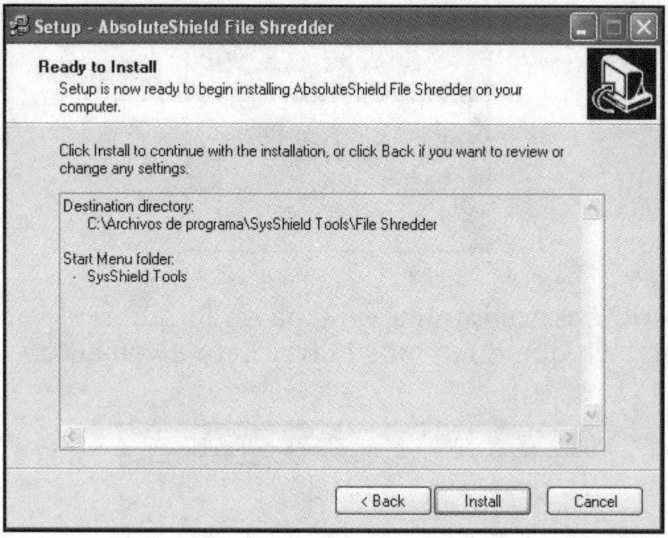

Aquí nos avisa de que se va a instalar con las configuraciones que hemos realizado, pulsamos **INSTALL** y al terminar nos saldrá una ventana como ésta:

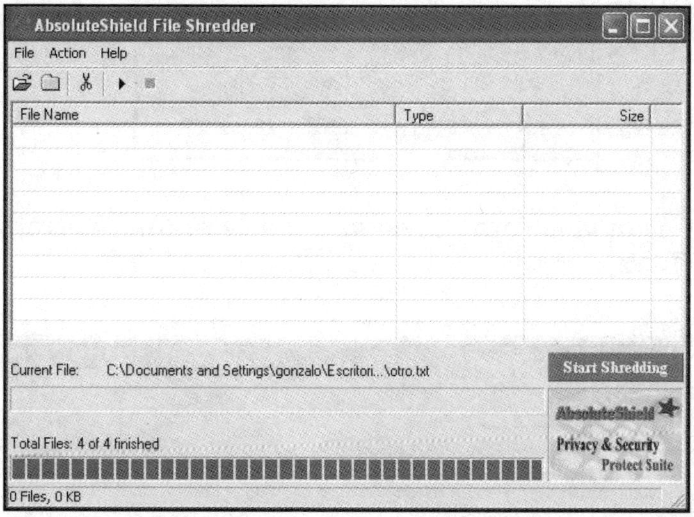

Ahora, para proceder al borrado seguro de archivos, debemos pulsar sobre la carpeta verde como muestra la imagen:

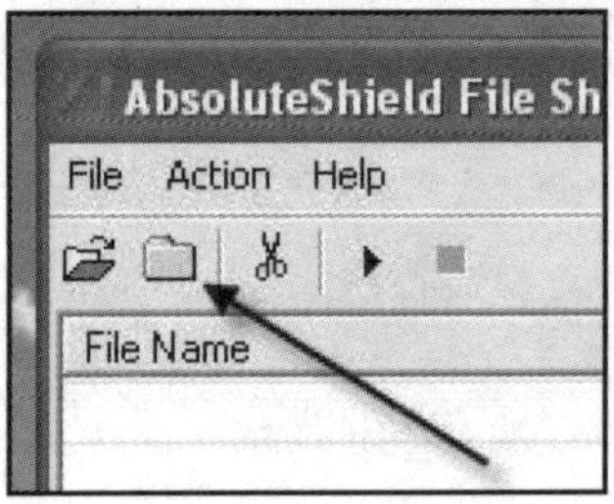

Y al hacerlo nos saldrá una ventana en la que podemos elegir la carpeta o archivo que queremos borrar definitivamente:

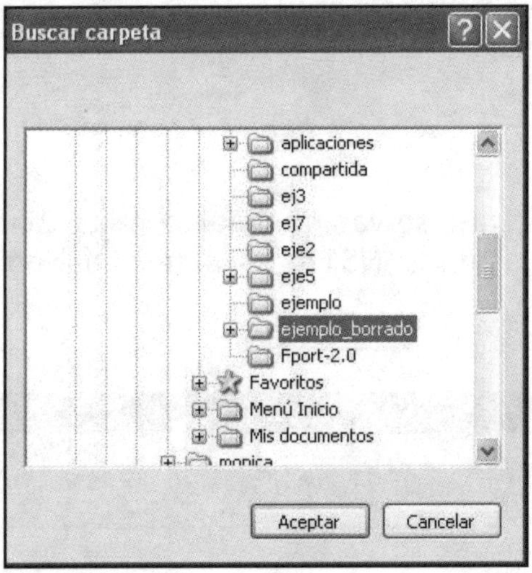

Una vez elegida la carpeta, en mi caso «**ejemplo_borrado**», pulsamos **ACEPTAR**.

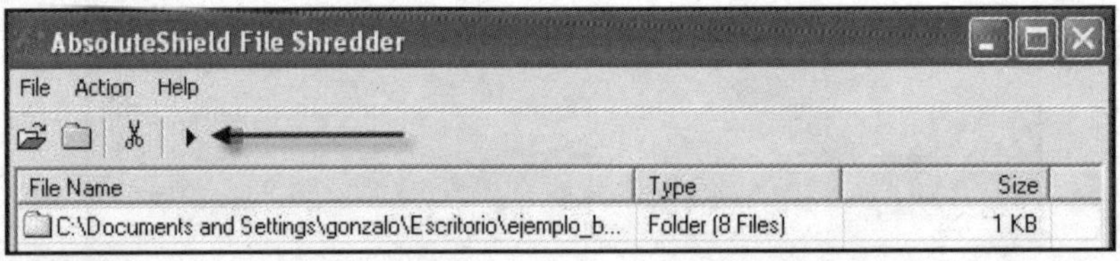

Nos saldrá en nuestro programa como seleccionada y además nos informa de cuántos archivos tiene nuestra carpeta (en mi ejemplo 8). Para proceder a la eliminación de la carpeta, pulsamos sobre el icono señalado por la flecha en la imagen anterior (parecido al play del vídeo de siempre).

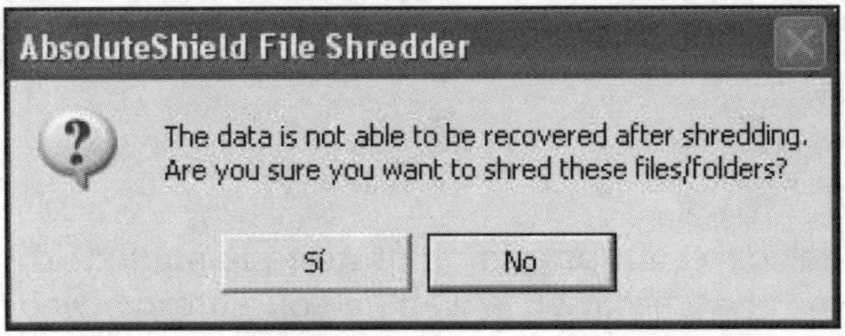

Ahora el programa nos advierte de que nuestros datos no van a ser recuperados nunca jamás por nadie (es nuestra intención, ¿no?). Aquí pulsamos **SÍ**:

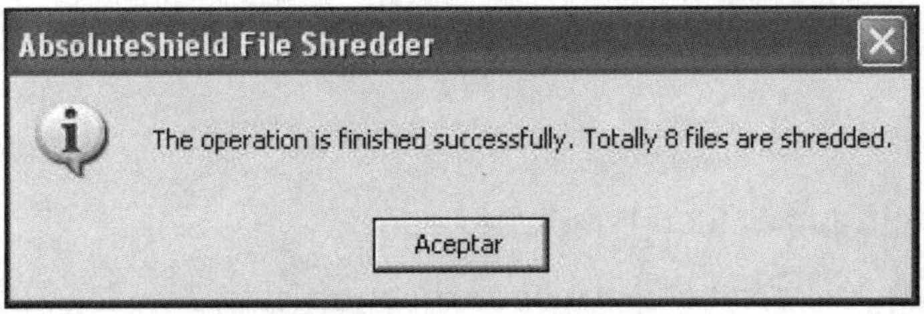

Termina la operación dándonos un aviso de que se ha completado satisfactoriamente.

Este programa es capaz de borrar para siempre los datos, ya que sobrescribe el disco con información inservible, anulando cualquier posibilidad de recuperación.

Por lo tanto, no sólo sabemos cifrar el contenido de nuestros datos, sino que en este completo capítulo también hemos aprendido de manera practica la forma de borrar nuestra información del ordenador para siempre.

Otra técnica dentro de la privacidad es la llamada Esteganografía.

>>> ¿Qué es la esteganografía?

Es la técnica de enmascarar información o datos detrás de algo diferente a los mismos, tales como una imagen o una canción de mp3.

Para este tema no voy a realizar caso práctico, ya que la instalación y su uso es muy sencillo, sólo debemos seleccionar una imagen y después el texto que queremos ocultar tras ella.

>>> Hide in Picture

Mi recomendación es un programa gratuito llamado **Hide in picture**, que lo podemos descargar en la web de Sourceforge (web especializada en proyectos opensource), que recomiendo especialmente.

http://sourceforge.net/projects/hide-in-picture/

>>> Referencias

Página donde podemos consultar temas sobre spyware.

http://www.infospyware.com/

Página de cifrado EFS en Windows.

http://www.microsoft.com/latam/technet/articulos/windows2k/nt5efs/

Guía anti-spyware.

http://alerta-antivirus.red.es/utiles/ver.php?tema=U&articulo=10

Artículo sobre privacidad y seguridad en Windows.

http://www.microsoft.com/spain/windowsxp/using/security/default.mspx

16

Sistema de detección de intrusos (IDS) ¡Aprende a pillarlos y acaba con ellos!

Sin duda alguna, es una realidad que hoy en día hay personas capaces de acceder a ordenadores a través de numerosas vulnerabilidades, y que, en la mayoría de los casos, no somos conscientes ni de a qué han accedido dentro de nuestro ordenador ni de quién ha entrado y de qué forma lo ha conseguido.

La seguridad informática ha evolucionado desde sus inicios. Actualmente hay métodos muy buenos para localizar ataques que sufren nuestros sistemas y redes, técnicas como el análisis forense pueden ayudarnos a encontrar la causa del ataque, quién y cómo lo ha hecho. Con estas técnicas obtenemos un doble beneficio, el primero emprender acciones legales contra el intruso y el otro corregir el fallo para que nadie más pueda aprovechar esa puerta que tenemos abierta.

>>> ¿Qué son los IDS?

Uno de los sistemas que se utilizan en la actualidad para asegurar redes son los llamados **IDS (Intrusión Detection System)**, sistemas de detección de intrusos; éstos nos permiten detectar las intrusiones o accesos no permitidos en nuestra red y máquina.

Los IDS actúan como guardianes de la seguridad y en el momento que ven algo sospechoso lanzan una alarma para avisarnos de que algo inesperado está sucediendo, con lo que podemos actuar sobre ello.

En la familia de los IDS, se encuentran los **IPS**, que cuando detectan algo extraño, además de avisar, pueden actuar contra el ataque. Este sistema no es muy recomendable ya que puede haber falsos positivos y cortar nuestras propias conexiones legítimas.

>>> Diferentes tipos de IDS

En este capítulo, vamos hablar de los IDS, ya que es uno de los sistemas más importantes y sofisticados de cara a la seguridad. Dentro del grupo de IDS, tenemos diferentes definiciones:

- **HIDS (Host IDS)**: es un IDS que controla a una sola máquina, se encarga de monitorizar que el comportamiento de dicha máquina sea bueno; un IDS de host es capaz de protegernos ante modificaciones de un spyware de detectar si nos están creando nuevos servicios, etc.
- **NIDS (Network IDS)**: son IDS que analizan todo el tráfico de red que hay en ese segmento; son los más utilizados en empresas.
- **DIDS**: éste es un IDS que mezcla el HIDS y el NIDS (su uso es limitado dado la complejidad). Un buen ejemplo de DIDS es el proyecto OSSIM (Open Source Security information Management), en el cual yo trabajo actualmente como analista de integración junto al grupo de desarrolladores. Es un producto por supuesto opensource (código abierto y gratuito) y podemos encontrar información en su web oficial:

  http://www.ossim.net

Esta información es sólo para profesionales o personas con un conocimiento avanzado en temas de seguridad informática.

Desde aquí felicitar al equipo de **OSSIM** por su excelente trabajo y por su gran aportación al mundo de la seguridad informática. ¡Gracias chicos! ;-)

Por supuesto, en este apartado vamos a hablar de los **HIDS**, es decir, instalaremos un programa en nuestra máquina capaz de protegernos de muchos ataques.

>>> PATRIOT, IDS (Sistema de detección de Intrusos) para Windows XP

El IDS en cuestión se llama **PATRIOT**. Por supuesto, y siguiendo la dinámica del libro, es un producto freeware.

Es un gran honor para mí explicar esta aplicación ya que la persona que lo ha programado es antiguo compañero de trabajo y actual amigo. Felicidades por este programa **Yago**.

Patriot es una herramienta anti-spyware /malware /troyanos /dialer /ataques e incluso virus. Funciona monitorizando la configuración de Windows y alertando en el caso de que detecte un cambio que pueda haber sido provocado por la acción de cualquier tipo de Malware.

Patriot es capaz de alertar ante situaciones tales como:

- **Configuración Internet Explorer:** Alerta de cualquier intento de modificación de la configuración de IE, ya que los spyware como hemos visto en capítulos anteriores modifican esto o bien para espiarte o bien para cambiarte la página de inicio y llevarte a otra web.
- **Modificaciones en las keys** (llaves) del registro relacionadas con el arranque de Windows: En el registro hay multitud de configuraciones, en ellas los virus y troyanos dejan su configuración para arrancar junto al sistema (el registro es como el corazón del sistema operativo).
- **Cambios en el acceso telefónico a redes:** Los llamados dialer, vistos en el capítulo anterior, crean nuevas conexiones a líneas de tarificación especial. Patriot nos avisa de que se ha creado una nueva conexión telefónica y nos permite eliminarla.
- **Nuevos archivos en el directorio del sistema:** Es capaz de decirnos en tiempo real los archivos que se crean en nuestro sistema. Esto nos viene muy bien para llevar un control.
- **Ataques «Man in the Midle» (cambios en la tabla ARP):** Estos son complejos de realizar y muy efectivos, gracias a Patriot estaremos protegidos de ellos.

- **Conexiones a recursos NetBios:** Nos avisa de los usuarios que están conectados al sistema y a qué recurso están conectados.
- **Nuevos usuarios en el sistema:** Patriot monitoriza la creación de usuarios avisando de que se han creado y dando la posibilidad de no dejar que se creen.
- **Archivos en los directorios «Start Up»:** Nos avisa de los programas que pasan al sistema de arranque de Windows.
- **Puertos nuevos abiertos:** Podemos configurar Patriot para que nos avise de los puertos que se abren en nuestro ordenador.

Y aún hay más cosas que podemos ver desde su interfaz web. Patriot es un programa pensado para el usuario que no quiere complicarse la vida pero que le gusta saber lo que ocurre en su ordenador. Sin duda alguna una de las mejores joyas que hay de cara al usuario: saber qué pasa, que le avisen y poder corregir lo que ocurre.

>>> Instalación y configuración de Patriot

Podemos descargar la aplicación desde la página personal del autor:

http://www.security-projects.com/?Patriot

Una vez descargado, descomprimimos el **.zip** y hacemos doble clic sobre el fichero con extensión **.exe**; veremos esto:

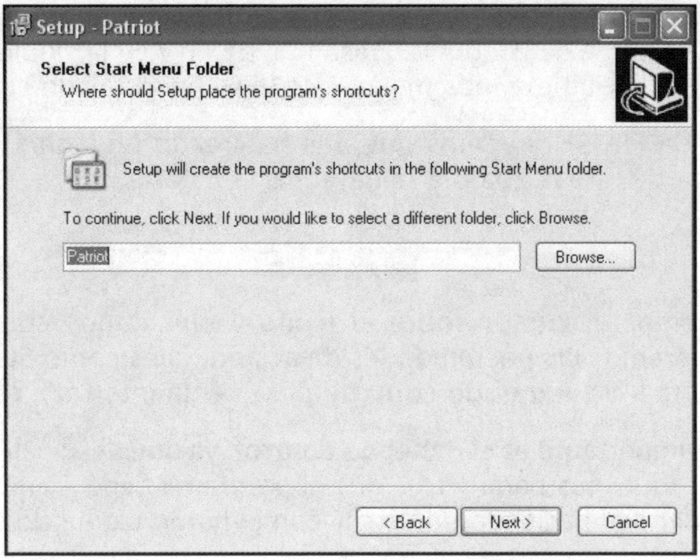

Éste es el cuadro de dialogo de la instalación. Aquí nos advierten de que se va a instalar en nuestro sistema la versión 1.0-Beta y nos recomienda que cerremos las aplicaciones que tengamos abiertas; para continuar, pulsamos **NEXT**:

Aquí elegimos el nombre con el que se instalará el programa en el menú de arranque de Windows. Pulsamos **NEXT** y en la siguiente ventana **INSTALL**. Por último, nos mostrará que se ha instalado con éxito.

Pulsamos **FINISH** y vemos que nos ha creado un icono como éste en la barra de tareas abajo a la derecha:

Si ponemos el cursor sobre el icono y pinchamos con el botón derecho veremos las posibilidades de acción, tales como **Start** (arrancar), **Stop** (parar), **Panel de control** (para ver la interfaz), etc.

Lo más importante es el **Panel de control**, ya que desde allí podemos configurar todos los parámetros que el programa tiene. También podemos acceder a él haciendo doble clic con el botón izquierdo del ratón.

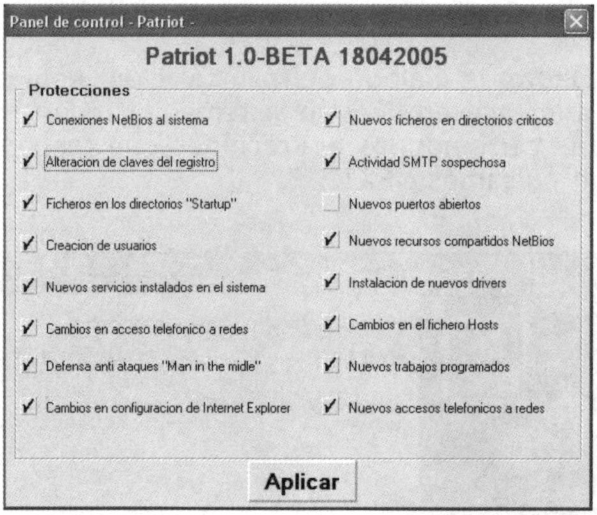

Aquí podemos ver las diferentes opciones de configuración con las que cuenta el programa. Desde aquí podemos seleccionar sólo aquellas que queramos controlar. Para realizar algún cambio pincharemos en **APLICAR**.

Vamos a ver un caso práctico de Patriot. En esta ocasión se nos va a conectar alguien en remoto a una carpeta compartida; en el momento que este usuario se conecta, Patriot nos avisa con este mensaje:

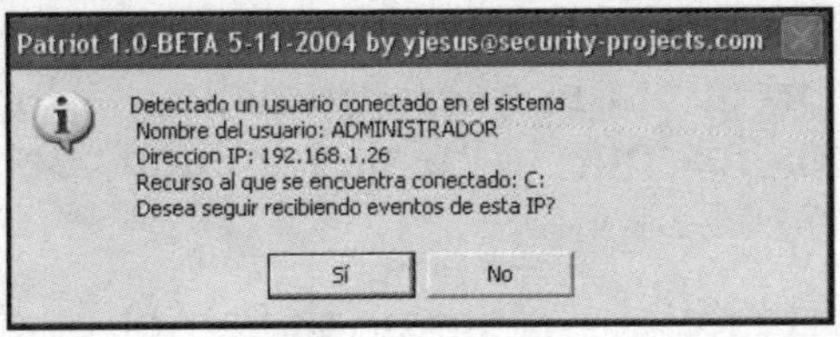

En esta ventana tenemos información importante tal como el nombre del usuario con el que se ha conectado al recurso (en mi caso Administrador, porque soy yo el que se está conectando desde otra máquina). Podemos ver la dirección IP de donde viene la conexión, el recurso al que está conectado (c:). También nos pregunta si queremos seguir recibiendo eventos de esta IP; esto quiere decir que si ese usuario es legítimo, le damos a **NO** para que no envíe más ventanas de emergencia durante esta sesión (hasta el reinicio de Patriot). Si le decimos que sí, cada vez que este usuario se mueva por las carpetas compartidas nos saldrá este aviso.

Con esto tenemos el control total de nuestras carpetas compartidas y sabemos siempre en todo momento quién, desde dónde y a qué recurso se conectan en nuestro ordenador.

Otro ejemplo muy típico en los intrusos es que una vez que ganan acceso al ordenador a través de alguna vulnerabilidad, lo que hacen es crear un usuario para seguir en el sistema y volver a entrar por otras vías mediante ese usuario.

Pero Patriot es capaz de avisarnos de la creación de los usuarios en nuestro sistema y no sólo eso, sino que nos da la posibilidad de eliminarlos directamente.

Una de las cualidades de Patriot es que además de detectar y avisar, es capaz de corregir y parar ataques.

Cuando alguien de manera oculta crea un usuario en nuestro sistema, Patriot nos alerta con este mensaje:

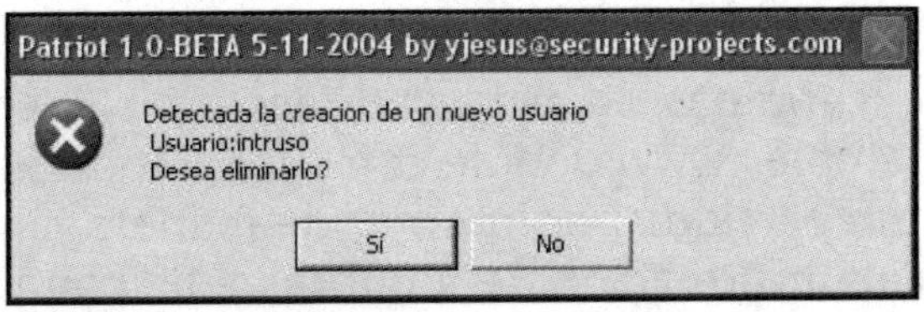

Nos avisa del nombre del usuario que se acaba de crear en nuestro ordenador y nos pregunta si queremos eliminarlo, si sabemos que no somos nosotros los que lo hemos creado, debemos eliminarlo inmediatamente.

Otra cosa importante que monitoriza Patriot es el archivo **HOSTS**. Este archivo es muy atacado tanto por los virus como por los spyware, ya que se encarga de que nuestro ordenador relacione las direcciones IP con los nombres. Si por ejemplo nosotros escribimos en ese archivo esta línea:

> www.gonzaloasensio.com 127.0.0.1 (dirección local especial que tienen todas las máquinas)

Cuando pongamos en nuestro navegador la dirección www.gonzaloasensio.com, se irá a nuestro propio ordenador, ya que Windows lo primero que mira es este archivo para saber qué nombres van asociados a que IP. Si no tenemos ningún servidor web en nuestra máquina no veremos nada. Si por casualidad lo tenemos, lo veremos sin ningún problema, ya que este archivo puede actuar como mini-servidor de nombres (DNS)

Esto es muy común en los virus, ¿os ha pasado alguna vez que cuando habéis sido infectados por un virus no podíais actualizar el antivirus? Seguro que sí. Esto se produce porque los virus modifican este archivo y ponen las direcciones de las principales casas de anti-virus (direcciones a las que necesitan ir para actualizarse) y le ponen al lado IP que no son válidas, para que no vayan a ningún sitio (curioso ¿verdad?).

Pues Patriot es capaz de detectar cambios en este archivo tan importante para el sistema, y deshacerlos en caso de que lo necesitemos.

>>> ¿Qué son los servidores DNS?

Son máquinas encargadas de asociar direcciones IP con nombres de dominio (por ejemplo: www.google.com, ip: 216.219.59.147). Estos servidores están repartidos por Internet de manera jerárquica y entre ellos intercambian información de nombres e IP, con lo que gracias a ellos podemos escribir en nuestro navegador la dirección www.google.com y no la ip 216.219.59.147. Esto se hizo así por comodidad y por imagen, por lo tanto el protocolo DNS es muy importante para todos los usuarios de Internet.

Como las personas del «lado oscuro» saben esto, se aprovechan de ello. Nuestro ordenador lleva configurada una dirección IP de un **servidor DNS** (para que nos facilite esta información), pero también tenemos el archivo **HOSTS**, que es, como he dicho antes, lo que primero lee el sistema y el que modifican los intrusos para que cuando pongamos en nuestro ordenador www.bbva.es realmente estemos en un servidor web falso (con otra IP distinta que el de bbva oficial). Así el intruso podrá apropiarse de nuestras contraseñas. ¿Os recuerda al **phising** verdad? A este ataque se le llama **Pharming**.

>>> ¿Qué es el pharming?

Es la técnica de consiste en modificar y engañar a los servidores DNS, ya sea directamente a ellos o a través del archivo HOSTS en las máquinas de los usuarios. Recuerda que Patriot es capaz de monitorizar y detectar los cambios en este archivo.

El **pharming** es el futuro de los ataques al comercio electrónico, con lo que los bancos están preparados para esto; pero de nada sirven las medidas generales si el usuario de a pie no pone barreras también.

Otra herramienta gratuita exclusiva para el **pharming** es **Antipharming** y la podemos descargar desde su web oficial.

http://www.ngsec.com/ngproducts/antipharming/

Con esta explicación breve y fácil del protocolo DNS, finalizamos el capítulo de los IDS y gracias a Patriot tenemos un sistema más seguro y eficaz.

>>> ¿Qué es un Honeypots?

Los Honeypots son máquinas que simulan ser servidores con servicios disponibles y accesibles. Estas máquinas sirven de señuelo para los hackers, ya que en ellas encuentran directorios y archivos como si se tratase de un servidor empresarial.

Gracias a los Honeypots podemos ver qué técnicas utilizan los intrusos para vulnerar tus máquinas e incluso podemos aprender a resolver nuestros problemas de seguridad. Por ejemplo, si han accedido a una máquina mediante un fallo del que no teníamos constancia, esto nos servirá para darnos cuenta y para solventar el problema.

Cada vez más salen aplicaciones para simular servicios en máquinas incluso de diferentes sistemas operativos. Cuanto más realista sea la simulación, mejor será de cara a poder presenciar un ataque. El conjunto de redes que forman varios Honeypots se denomina Honeynet.

>>> Referencias

Página oficial del IDS para Windows Patriot.

http://www.security-projects.com/?Patriot

Ésta es la web del organismo español del proyecto honeynet (muy recomendada).

http://www.honeynet.org.es/es/

Herramienta antipharming.

http://www.ngsec.com/ngproducts/antipharming/

Página oficial del proyecto de OSSIM.

http://www.ossim.net

17

Firewall, pon una muralla en tu ordenador

Al principio de Internet, todos estábamos conectados sin protección alguna. Era una época en la que una masa minoritaria y, por qué no decirlo, privilegiada disfrutaba de una tecnología que no había tenido todavía su momento de explosión.

No existía la seguridad y ni tan siquiera nos importaba lo mínimo. Gracias a esto, los pocos intrusos o hackers del momento realizaron conductas llamativas y que todavía se recuerdan hoy.

Poco a poco y conforme las empresas fueron percatándose del peligro a base de perder tiempo y dinero, se empezaron a crear sistemas de seguridad para redes, entre ellos se encuentran los famosos Firewall.

Este capítulo abarca el mundo apasionante de los firewall (corta fuegos), gracias a estos las redes y ordenadores se encuentran protegidas ante multitud de ataques desde y hacia Internet.

La finalidad de esta sección es hacer comprender al lector de manera popular (como en todo el libro) cómo se producen las comunicaciones y cómo podemos controlarlas mediante un firewall personal.

Por tanto, al finalizar la lectura tendremos en nuestro ordenador uno de los mejores firewall del momento y seremos conscientes de las comunicaciones en nuestro sistema.

>>> TCP/IP ¿Qué es?

Cuando utilizamos nuestro ordenador para comunicarnos, estamos utilizando para ello un conjunto de protocolos (normas establecidas), que hacen que los ordenadores puedan «hablarse en entre sí», es decir, que se entiendan para poder realizar operaciones, tales como descargar un archivo, navegar, etc.

Estos protocolos están estructurados por capas y se establecieron como estándar para todos los fabricantes de tal manera que desde cualquier tipo de red podemos comunicarnos haciendo uso correcto de estas capas.

Los llamados protocolos **TCP/IP** son un conjunto de protocolos que se componen principalmente de 5 niveles:

APLICACIÓN
TRANSPORTE (TCP)
IP
RED
FÍSICO

- **Nivel físico:** Corresponde al hardware y al medio utilizado (es decir puede ser un cable de fibra óptica o una línea telefónica).
- **Nivel de red:** Independientemente de cuál sea el medio físico elegido, necesitamos una tarjeta de red específica para que se produzca una comunicación correcta.

- **Nivel IP**: No está orientado a la conexión, se encarga del direccionamiento y encaminamiento de los datos (que están una capa mas arriba). Gracias al protocolo IP sabemos dónde está cada máquina y cómo llegar a ellas.
- **Nivel de Transporte**: Proporciona la comunicación entre las aplicaciones desde el emisor y el receptor, utiliza dos tipos de protocolo: **TCP**: Más fiable y orientado a conexión y **UDP** que es todo lo contrario, menos fiable y no orientado a la conexión, pero más rápido.
- **Nivel de Aplicación**: Corresponde a todas las aplicaciones que conocemos como usuarios tales como FTP, SMTP, TELNET, HTTP, etc.

De esta manera, ya podemos imaginar cómo se comunican los ordenadores, desde abajo (lo más básico, cables, etc.) a lo más alto (aplicaciones).

>>> ¿Qué es un firewall?

Un firewall es una máquina o software que actúa como filtro en las comunicaciones de nuestra red u ordenador personal.

Por lo tanto es el encargado de determinar qué clase de tráfico entra y sale de nuestro ordenador, cuál está permitido y cuál no.

Un firewall proporciona una seguridad muy buena tanto en redes como en ordenadores personales.

>>> Instalación y configuración del firewall Outpost Firewall

Ahora vamos al ejemplo práctico, en el que instalaremos un firewall gratuito y líder en su sector. Se llama Outpost Firewall y lo podemos descargar desde su web oficial:

http://www.agnitum.com/products/outpostfree/download.php

Una vez descargado el archivo, hacemos doble clic sobre él y vemos la pantalla de presentación:

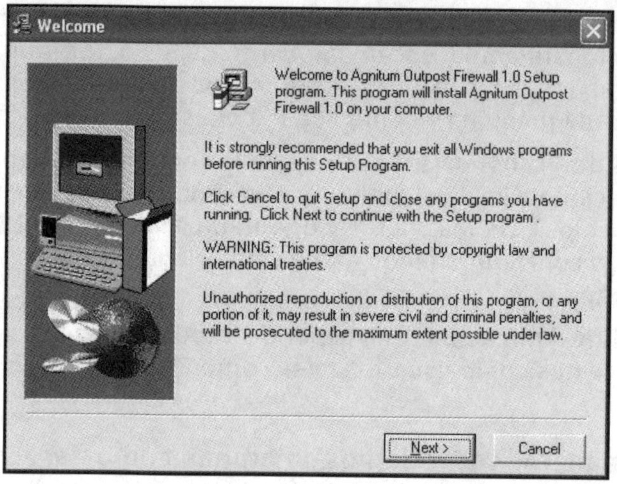

Como en casi todas las instalaciones de los programas, nos recomienda que cerremos las aplicaciones que tenemos abiertas para iniciar la instalación; también nos comunican que tiene copyright y que debemos respetarlo.

Pulsamos **NEXT** y vemos esto:

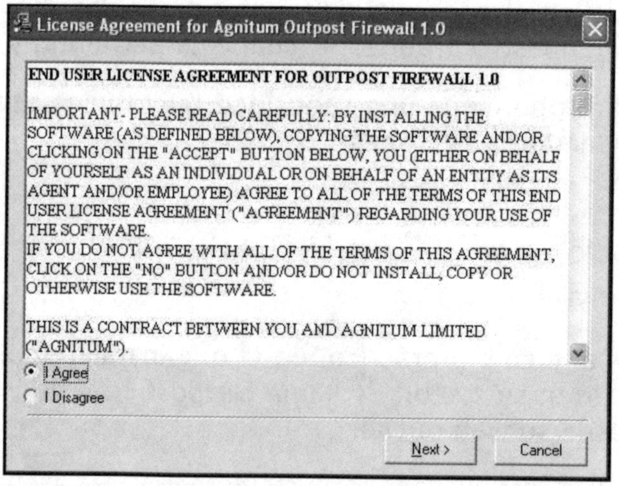

Ahora leemos y aceptamos la licencia, y pulsamos **NEXT** para continuar:

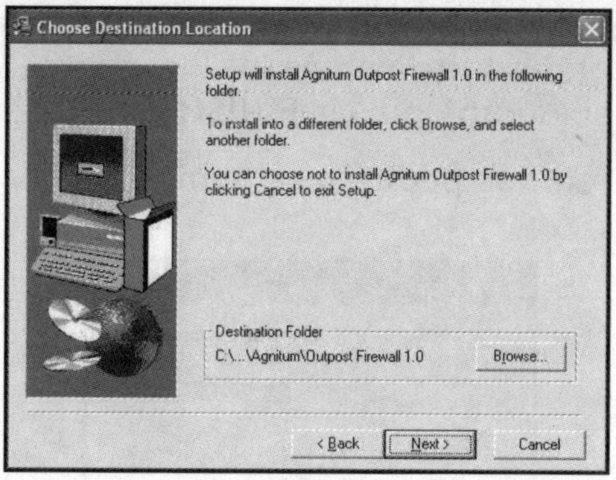

Ahora seleccionamos una ruta y le damos a **NEXT**:

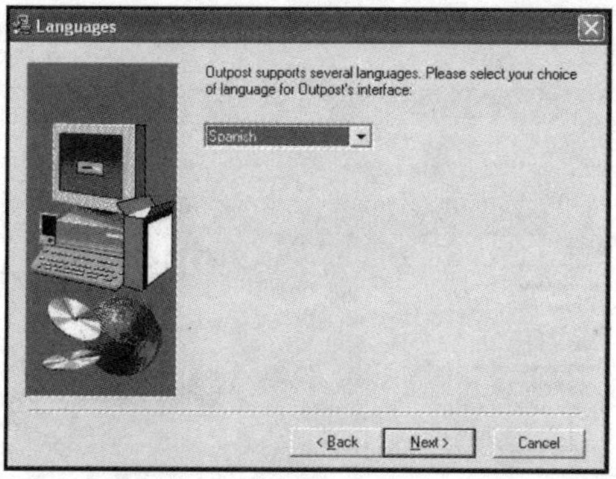

En esta ventana podemos elegir el idioma que queramos; nosotros elegiremos el **ESPAÑOL** (Spanish) y pulsaremos **NEXT**:

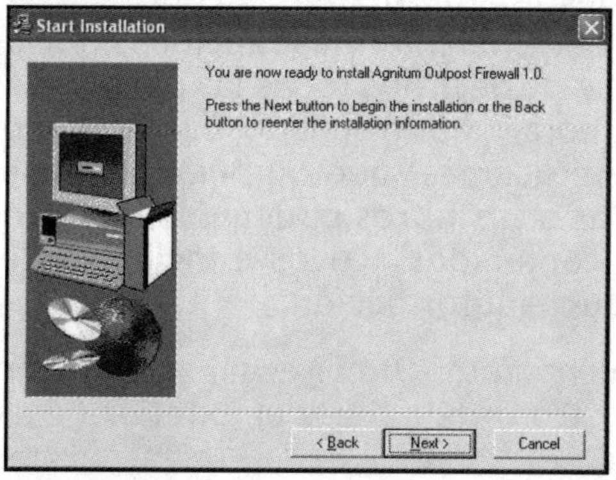

Ahora hacemos clic en **NEXT** y empezará la instalación. Después aparecerá una ventana informándonos de que se ha instalado con éxito; entonces deberemos pulsar **FINISH**.

Tras la instalación nos pedirá que reiniciemos el ordenador.

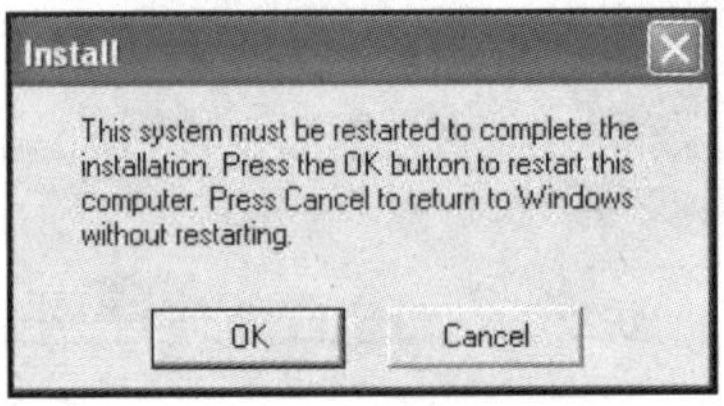

Al reiniciar arranca nuestro Firewall y nos muestra su ventana de configuración:

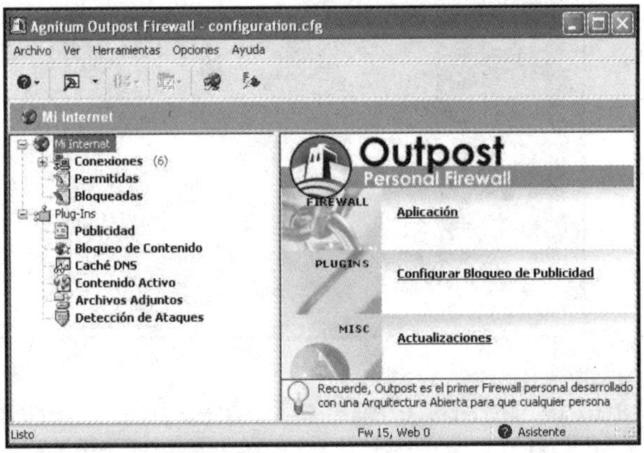

Como vemos, desde aquí podemos controlar todas las opciones. **Outpost Firewall** tiene muchas más funciones que un simple Firewall. Por un lado es capaz de decirnos todas las conexiones actuales, aplicaciones, protocolo, hora y, por otro lado, desde aquí podemos seleccionar programas (aplicaciones) que queremos que sean bloqueados o permitidos y gracias a sus filtros podemos bloquear publicidad, llevar un control de los contenidos activos e incluso detectar ataques mediante logs con mucha información.

Como hemos dicho antes, un Firewall actúa como una barrera que se pone entre nuestro ordenador y el exterior (ya sea Internet o una red local).

Por lo tanto, el Firewall nos avisará de toda comunicación que salga o entre, y nosotros deberemos decidir qué queremos hacer. Lo primero que veremos es una pantalla en la que nos advierte el propio programa de que para actualizarse debe hacer una conexión externa.

En la pantalla vemos que es una conexión que va hacia fuera (de salida), cuyo destino es **www.agnitum.com** y con el protocolo HTTP por el puerto **80 /tcp** (vamos, que va al servidor Web de la empresa del Firewall).

Ahora nos pregunta qué debe hacer **Outpost Firewall** con esta conexión. En los Firewall personales principalmente tenemos 3 posibilidades:

- Permitir todas las conexiones a esta aplicación.
- Bloquear todas las conexiones a esta aplicación.
- El uso de reglas. En este caso la regla es que dejaremos pasar esta conexión sólo para actualizar (Outpost Update).

También vemos como abajo del todo nos muestra tres botones: **Permitir una vez**, **Bloquear una vez** y **Aceptar**. Si lo tenemos claro pulsaremos la opción elegida y le daremos a **ACEPTAR**. Si tenemos dudas lo mejor es decir bloquear una vez, ya que si nos equivocamos podemos provocar que algún otro programa deje de funcionar. No pasará nada, porque en el momento en que intentemos usarlo, volverá a salir este aviso y podremos solucionarlo aceptando la conexión. Desde el panel de control principal, podemos ver con mucha precisión los programas bloqueados y los permitidos, pudiendo añadirlos o quitarlos como y cuando queramos de manera muy sencilla.

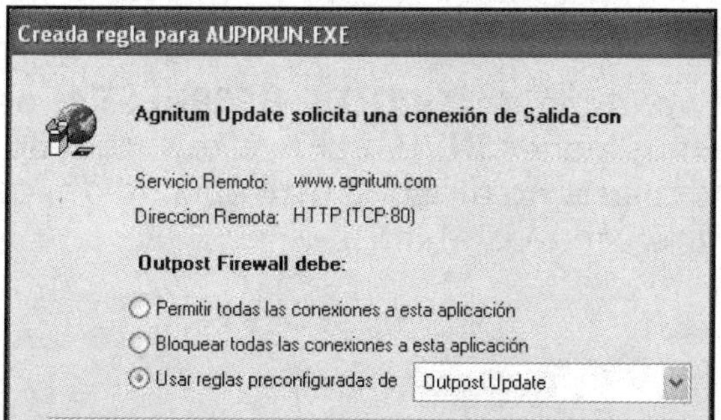

Para configurar correctamente todos los parámetros, podemos ir a **OPCIONES, GENERAL**.

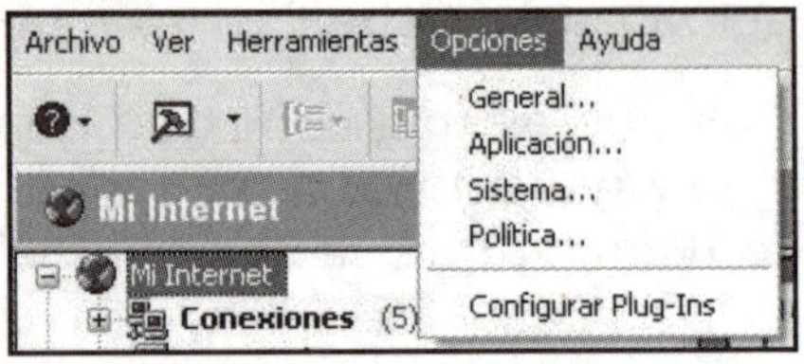

Y nos mostrará una ventana como ésta:

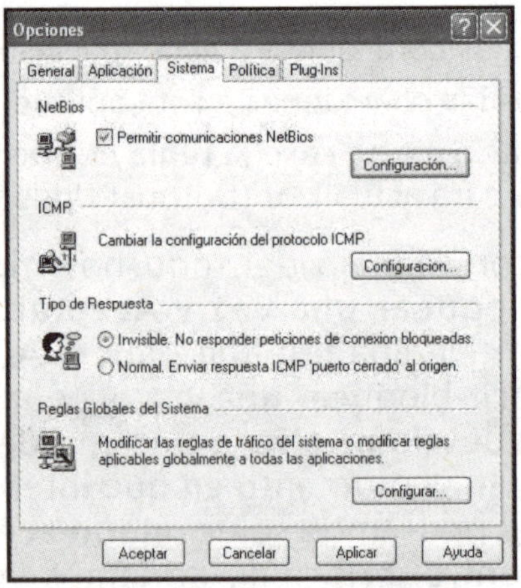

Aquí debemos marcar la casilla **PERMITIR COMUNICACIONES NETBIOS**, siempre y cuando tengamos varios ordenadores compartiendo carpetas e impresoras, ya que el protocolo netbios es el que utiliza en Windows para esta finalidad.

En cuanto al apartado de **TIPO DE RESPUESTA**, aquí para mayor seguridad podemos poner **INVISIBLE**, ya que cuando nos hagan un ping nuestro ordenador no dirá que está encendido, con lo que podemos despistar un poco más al intruso.

>>> ¿Qué es un ping?

Un ping es una aplicación (comando) que nos sirve para comprobar si una máquina está encendida o no (viva o no). Este comando manda un paquete eco a una dirección IP esperando la contestación. Si responde es que la máquina está encendida. Es una herramienta muy útil para administrar máquinas, pero también la utilizan los intrusos en primera instancia para ver qué máquinas están vivas y proceder a otras técnicas más complejas.

Si queremos podemos hacer un ping (ya que es un comando que incorpora Windows). Para ello necesitamos saber una dirección IP o un nombre (ya que los DNS se encargarán de traducirlo a una IP, ¿os acordáis?).

Vamos a utilizar la dirección de www.google.com. Para hacer un ping debemos pulsar sobre **INICIO**, **EJECUTAR**, escribir **CMD** y pulsar **ACEPTAR**. En ese momento nos aparece una ventana de comandos que ya vimos en otros capítulos:

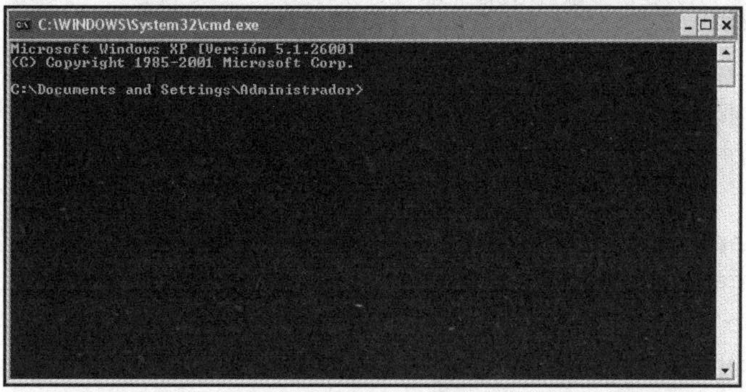

Aquí tenemos que poner el comando más la dirección IP que queramos comprobar; después pulsamos **INTRO**.

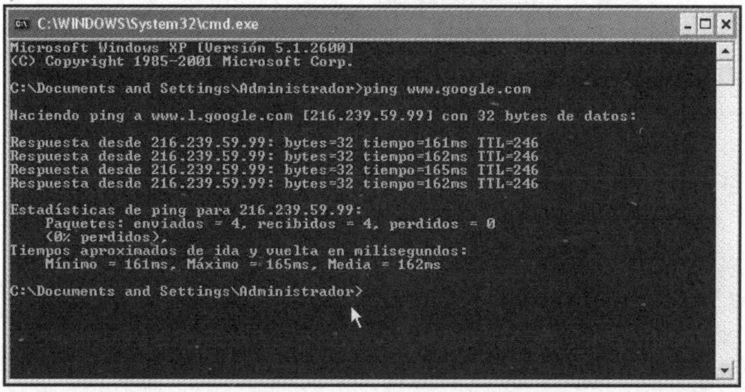

Como se ve en la imagen, nos muestra la IP de la máquina que estamos analizando y luego en las líneas de abajo vemos la respuesta y el tiempo. Si nosotros configuramos nuestro Firewall personal para que no responda, entonces el intruso al comprobar nuestra IP verá esto:

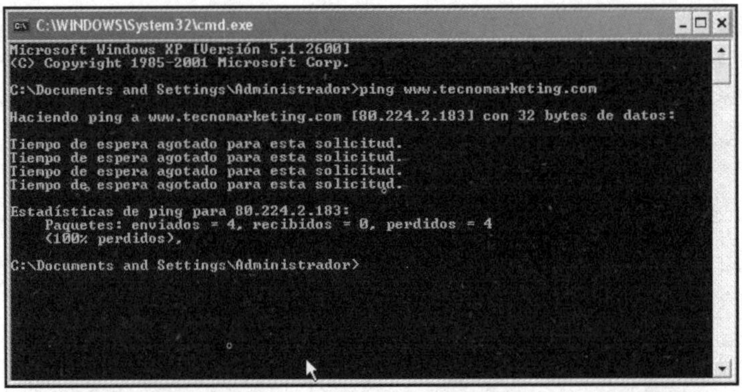

Por lo tanto es una buena medida de seguridad ponernos como invisibles, ya que no verán que nuestra máquina está encendida y no proseguirán su ataque.

Como podemos ver si pulsamos sobre **APLICACIÓN**, aparecerán de una manera muy sencilla y rápida las aplicaciones que están permitidas y las que están bloqueadas; de esta manera, podemos añadir o quitar según nuestro gusto.

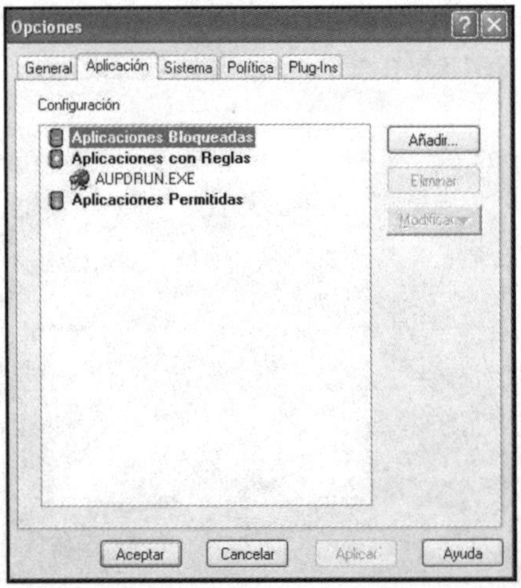

En la imagen vemos un ejemplo de lo pasará la primera vez que abramos el navegador. Nos pedirá conformidad para conectar con la dirección que tenemos de inicio; como es de confianza, pulsaremos **ACEPTAR.**

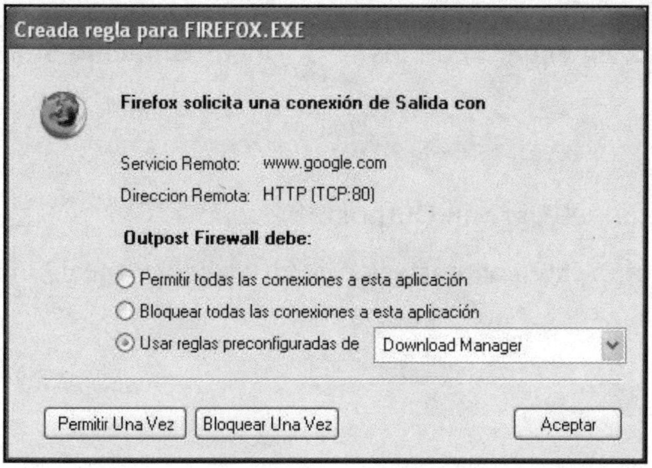

Otro ejemplo de la potencia del Firewall es que cuando vayamos a actualizar nuestro antivirus de manera manual (aunque ya lo hemos configurado para que lo haga de forma automática), nos saldrá un mensaje indicando que la aplicación (nuestro antivirus) quiere establecer una conexión y la dirección a la que quiere conectarse. Tendremos que aceptar si queremos tener nuestro antivirus actualizado.

Como podemos ver, un Firewall representa junto a los IDS (Sistemas de detección de Intrusos) una gran medida de seguridad, si bien es cierto que requiere ciertos conocimientos y un mínimo de entrenamiento por parte nuestra (que en cada caso será diferente ya que es capaz de detectar cualquier conexión).

Gracias a este capítulo tenemos en nuestro ordenador, instalado y configurado el mejor Firewall freeware personal que existe.

Hemos aprendido lo que es un ping y para qué lo utilizan tanto los administradores como los intrusos. Hemos aprendido a identificar conexiones, a volvernos invisibles ante ataques, a configurar y personalizar nuestro Firewall e incluso hemos aprendido cómo funcionan las comunicaciones con la familia de protocolos TCP/IP.

>>> Referencias

Curso de protocolos TCP/IP (Completo y ameno).

http://www.saulo.net/pub/tcpip/

Página oficial en español de los RFC (Documentación Standard sobre Internet).

http://www.rfc-es.org/

Manual oficial del Firewall Outpost.

http://www.outpost-es.com/download/manual.html

18

Seguridad Wireless. El futuro ya está aquí, aprende a protegerlo

Cuando a mediados de los años 80 los ordenadores empezaron a comunicarse entre ellos mediante el módem se logró un avance tecnológico que llegaría a nuestros días actuales con una gran revolución en cuanto a la comunicación.

Si hace 20 años le cuentas a alguien que puede hablar con un teléfono que no tiene cables y que lo puede hacer desde casi cualquier sitio, se echaría a reír y te tomaría por loco. Esta misma reacción hubiese ocurrido si por entonces le dices a un informático que los ordenadores se podrían comunicar entre sí sin necesidad de cables: ésta es la base de la nueva **tecnología wireless**.

Las redes inalámbricas cuentan con multitud de ventajas, desde resolver el problema del espacio hasta los costes de instalación, ya que se prescinde de los cables.

Sin duda alguna, esta y otras muchas ventajas han hecho que en la actualidad esta tecnología no falte en empresas y casas particulares e incluso en establecimientos públicos con puntos llamados **Hot Spot**.

Cada vez son más los equipos y dispositivos que se adaptan a esta tecnología, desde ordenadores de sobremesa a portátiles, PDA, cámaras, etc.

Una de las mayores preocupaciones actuales y que no se tuvo en cuenta en su día fue la seguridad wireless. En este capítulo voy a explicar por encima los estándares de comunicación y, por supuesto, un ejemplo práctico de cómo asegurar nuestra red de casa.

La tecnología wireless surge legalmente con la creación el 1999 de la organización **Wi- Fi Alliance (www.wi- fi.com)**. Es la encargada de garantizar el cumplimiento de normativas y especificaciones para el correcto funcionamiento de las redes inalámbricas entre diferentes fabricantes compatibles con la norma **802.11b** desarrollada por el **IEEE (Institute and Electronics Engineers, Inc)**.

>>> Los estándares Wi-fi

Los estándares se componen principalmente de la siguiente manera:

- **Norma 802.11b** que opera en el espectro de los 2,4 GHz y puede llegar a tener una velocidad de transmisión de 11Mbps.
- **Norma 802.11a** que opera en la banda de 5GHz con velocidades de hasta 54 Mbps.
- **Norma 802.11g** que opera en las frecuencias 2,4-2,285 GHz. Este estándar fue aprobado en el año 2003 y su velocidad es de 36 a 54 Mbps.

Actualmente hay un estándar en fase de desarrollo denominado 802.11n, pensado para paliar las necesidades de velocidad y ancho de banda actuales en esta tecnología.

Este nuevo estándar promete velocidades de transmisión desde los 150 Mbps a 350 Mbps, esperando llegar en el futuro incluso a los 600 Mbps.

>>> ¿Son seguras las redes wireless?

Las redes inalámbricas, en todos sus ámbitos, se han convertido en una gran alternativa a las redes convencionales por cable. Pero todo este avance, ¿es seguro?

Actualmente, por contratar una línea ADSL recibimos en nuestro domicilio un Router que hace de Punto de Acceso (necesario para crear una red wireless), y eso, junto a una tarjeta de red wireless, es suficiente para tener una red inalámbrica en casa o en la oficina.

Pero estas ventajas a veces tienen un lado negativo. En cuanto a la seguridad se refiere, ahora el intruso no necesita obligatoriamente acceder al interior de una empresa, oficina, universidad o casa para poder formar parte de esa red y realizar conductas negativas, sino que basta que esté en un calle próxima o edificio cercano para tener la posibilidad de saltar las barreras del cable y ser un ordenador más de nuestra red, sin que nosotros nos enteremos.

>>> ¿Por qué buscan los intrusos redes wireless accesibles?

Pues hay decenas de motivos por lo que un intruso busca sigilosamente redes wi-fi vulnerables: desde el ataque organizado contra una empresa en cuestión, hasta nuestro vecino buscando conexión ancho de banda (Internet) de manera gratuita. Lo que se está dando cada vez con más intensidad es que los intrusos busquen redes wireless para acceder a ellas y desde allí realizar ataques a otros sitios, con lo que a ellos nunca les pillan, ya que la dirección IP que usan para navegar y utilizar Internet es la nuestra (la del propietario de la línea Adsl); a ellos les sale muy rentable, pero a nosotros no tanto. Por lo tanto, debemos intentar por todos los medios tener una red wireless lo mejor protegida posible o, en caso contrario, no tenerla.

Muchos estaréis pensando, «ya, pero durante el libro hemos visto ataques y amenazas a nuestros ordenadores sin la necesidad de que el intruso esté en nuestra red, ¿es necesario que esté dentro?». No, pero al acceder un intruso a nuestra red, no tiene el router en medio desde Internet a tu máquina, ya que está en tu misma red, con una dirección IP de tu rango y puede realizar ataques más efectivos y duros, tal como leer tu correo, capturar tráfico de tu red en busca de contraseñas o de códigos secretos, etc.

>>> ¿Qué puntos débiles existen en una red wi-fi?

Antes de ver las medidas de seguridad, debemos conocer qué amenazas reales tenemos en las redes inalámbricas.

Principalmente tenemos dos peligros vitales. El primero es que algún intruso se conecte a nuestro **Punto de Acceso** (**AP**) y, como ya hemos comentado, entre a formar parte de nuestra red pudiendo utilizar impresoras, acceder a carpetas, navegar por donde quiera o realizar ataques desde tu propia red.

El segundo peligro vital es que una vez dentro de tu red, un intruso puede «esnifar» (técnica que captura todos los paquetes que pasan por la red) tus comunicaciones y descubrir contraseñas, cuentas bancarias y todo lo que vaya en texto plano (legible).

Ante estas amenazas se intentó crear ciertas técnicas que impidiesen el acceso a un desconocido a nuestra red wireless y de esta manera mantener a salvo nuestra privacidad.

Para impedir la entrada a nuestro punto de acceso, se implementa algún tipo de autenticación para que sólo los usuarios permitidos puedan acceder a partir de una clave que sólo conocen ellos. También podemos filtrar en nuestro punto de acceso por la **MAC** de la tarjeta de red de cada PC permitido; la MAC es un numero único y exclusivo que lleva obligatoriamente una tarjeta de red (sea wireless o no), con lo que filtrando y permitiendo sólo y exclusivamente el acceso a nuestros PC, tendremos algo más de seguridad. Digo «algo» ya que incluso esto puede ser asaltado por un intruso con cierta facilidad.

Para combatir contra la amenaza de esnifado de red (captura de información) en las redes inalámbricas se pensó, tras ver el peligro que puede suponer tenerlas sin cifrado, implantar algún tipo de cifrado en las comunicaciones. De esta forma, si el intruso es capaz de burlar nuestra seguridad y comienza a esnifar la red buscando datos, nunca lo verá ya que están cifrado (no legibles).

El primer mecanismo de seguridad que se empleo fue el **WEP (Wired Equivalent Privacy)** que puede emplear claves de cifrado desde 64 a 265 bits, pero hace tiempo que este cifrado fue roto por un investigador criptográfico y cualquier intruso que acceda al punto de acceso y capture un determinado numero de paquetes (comunicaciones) de la red puede hacerse con la clave **WEP** empleada. Este remedio puede ser aún peor, porque nosotros creemos que estamos seguros tras ese frágil cifrado y nos confiamos en realizar tareas bancarias, personales, etc.

Después de romper este cifrado, se plantearon muy seriamente la seguridad de redes inalámbricas y surgió el protocolo **WPA (Wi- fi Protected Access**), que utiliza un intercambio de llaves en vez de una clave única, lo que mejora notablemente la seguridad en las redes **wi- fi.**

El último sistema de seguridad es el de la especificación **802.11i (WPA2)** que ofrece unos mecanismos fuertes de seguridad implementados con otros sistemas tales como Radius, etc. Esto último es un sistema recomendado en redes nuevas a crear, ya que todo el hardware, tanto las tarjetas como los puntos de acceso, deben ser compatibles con él. Hasta la fecha, el mecanismo de cifrado más fuerte que existe es el **AES (Advanced Encryption Standar)**, pero muy pocos sistemas hardware lo soportan y ralentiza la red en un 40%, ya que genera una semilla nueva con cada conexión establecida.

Una de las mejores soluciones que se están implantando en redes Wireless es el uso de **VPN (Virtual Private Networks)**, que son redes virtuales que se crear para proteger la privacidad de la red. Con las VPN tenemos un red privaba inaccesible y cifrada que pasa en medio de nuestra red Wireless.

>>> Recomendaciones de seguridad en redes Wi-fi

Las siguientes recomendaciones de seguridad son por si no tenemos infraestructura para crear VPN o comprar sistemas nuevos compatibles con WPA2.

1.- Debemos de cambiar la contraseña predetermina de nuestro punto de acceso.

Para este ejemplo debemos seguir los consejos de contraseñas de capítulos anteriores. De nada sirve tener todo muy bien protegido si rompen nuestra contraseña y entran en el punto de acceso desde donde tienen libertad completa de acción.

2.- El mecanismo de seguridad debe ser como mínimo el **WEP** y es muy recomendable el **WPA o WPA2**. En caso de que no se pueda por algún motivo pasar del WEP, hay que cambiar la clave con una frecuencia de **7 días** y cuando no estemos usando el punto de acceso apagarlo, ya que el intruso lo que hace es capturar tráfico durante un tiempo determinado (depende de lo que nuestras máquinas estén haciendo) para conseguir la clave. Con esto se lo pondremos más difícil (aunque los hackers utilizan programas que capturando poco tráfico pueden replicarlo). Lo que hace mucha gente es tener un router normal (sin wireless) conectado a su red local (normalmente ordenadores cerca del router); a ese router se conecta un punto de acceso con un cable de red y sólo se conecta y enciende el **AP (punto de acceso)** cuando lo van a utilizar. De esta manera, combinando estos mecanismos, podemos ganar un poco en seguridad. Otra posibilidad, si no podemos poner nada más que el sistema WEP, es cifrar nuestras comunicaciones al máximo, por ejemplo, con los programas que hemos visto en el capítulo de privacidad, cifrando el correo y nuestros documentos en carpetas compartidas. De esta manera, podemos poner otra gran barrera más en nuestra red.

3.- Configurar el filtrado de MAC en el punto de acceso. Aunque hemos comentado que esta medida es vulnerable, habrá un número de intrusos que no sabrán saltársela, por lo tanto es una barrera más en nuestra lucha particular de la seguridad. Ejemplo práctico:

Lo primero que necesitamos saber es cómo podemos conseguir la MAC de nuestros ordenadores.

Nos vamos a **INICIO**, **EJECUTAR**, escribimos **CMD** y le damos a **ACEPTAR**. Nos saldrá nuestra conocida consola de comandos, sobre la que ya dije al principio que era muy útil e importante.

Ahora el siguiente paso es conocer nuestra IP. Para ello ponemos **IPCONFIG** y pulsamos **INTRO**; veremos algo como esto:

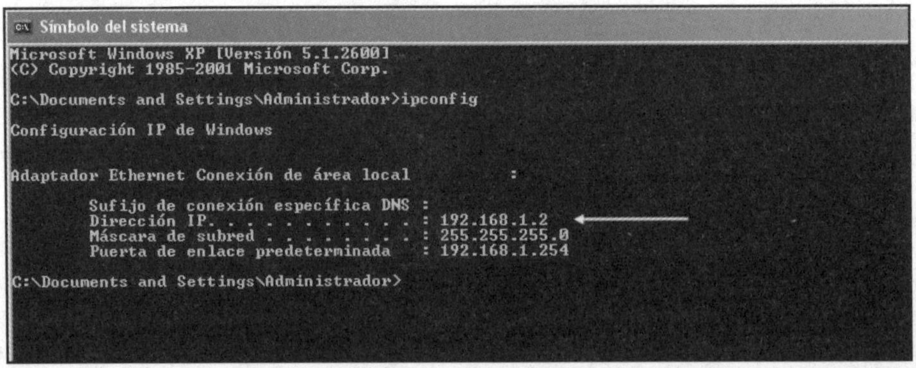

>>> ¿Qué es el protocolo ARP?

Una vez que sabemos nuestra dirección IP, podemos saber también nuestra MAC. En las redes hay un protocolo encargado de relacionar direcciones IP con direcciones MAC, que ayuda a establecer comunicaciones y que se emplean para localizarse entre los diferentes ordenadores; cada uno almacena en una tabla (un archivo) las IP y las MAC de las máquinas accesibles a ese ordenador (así se comunican los ordenadores en una red Lan). Este protocolo es el **ARP** y utilizándolo podemos saber la MAC no sólo nuestra, sino también la de los ordenadores o router accesibles en nuestra red.

Por lo tanto, en nuestra misma consola de comandos ponemos -**IPCONFIG/ALL** y vemos esto:

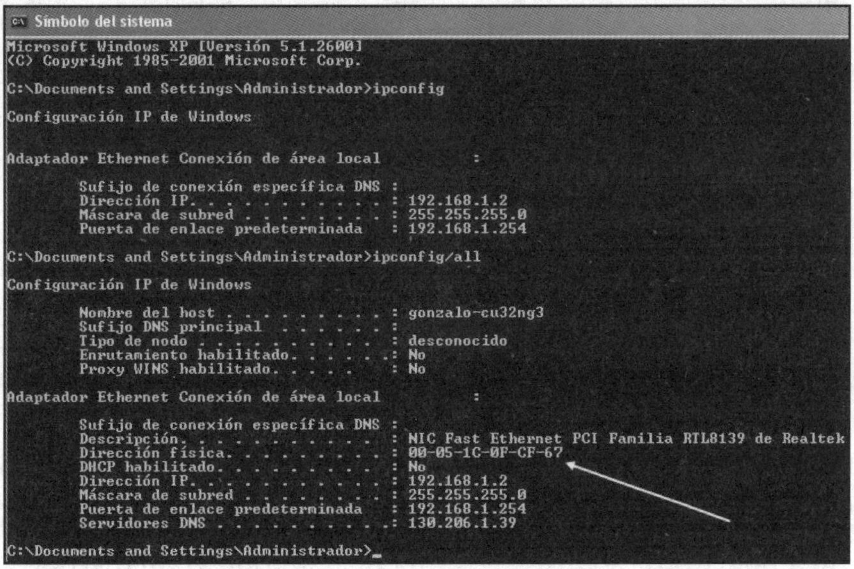

En la imagen podemos ver la **dirección física (MAC)** de nuestra tarjeta de red. Otra forma de verlo es directamente sacando la tarjeta, ya que viene escrita en su parte posterior.

Si queremos desde nuestra máquina descubrir la MAC de otros ordenadores o dispositivos como el router, debemos primero tener comunicación con ellos. Para comprobarlo, vamos a realizar un ping a la dirección IP de mi router; por ejemplo:

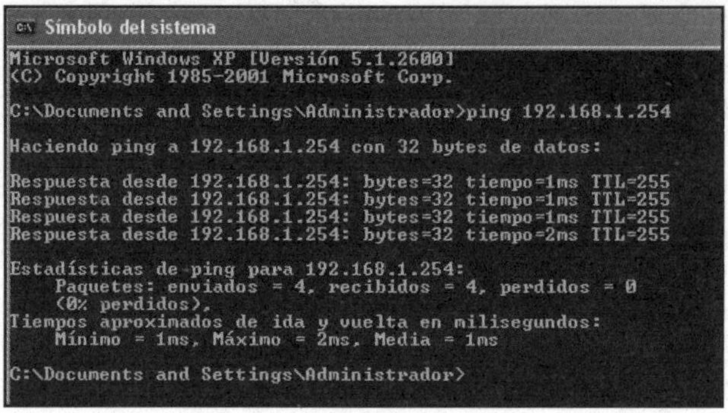

Como vemos, hay comunicación (para eso sirve el ping) por lo tanto nuestro ordenador sabe su MAC ya que en caso contrario no podrían comunicarse entre sí. Así que vamos a ver la **tabla ARP** de nuestra máquina donde saldrá la IP del router y la MAC asociada a ella. Para ello debemos poner en nuestra consola el siguiente comando -**ARP -A** (en minúsculas) y vemos esto:

Aquí podemos ver perfectamente la dirección IP y su MAC asociada; esta tabla ARP se va refrescando cuando está en el **TIPO DINÁMICO** (que es como viene por defecto).

Pues bien, ya sabemos la MAC de nuestra máquina y algunos de vosotros ya sabrán la MAC de todos sus PC, por lo tanto vamos a filtrarlos en el punto de acceso. Para ello accedemos vía web (normalmente) a nuestro AP y buscamos una opción, que en mi caso es:

Una vez dentro de la sección habilitamos este servicio y ponemos las MAC que queramos que tengan acceso al punto de acceso.

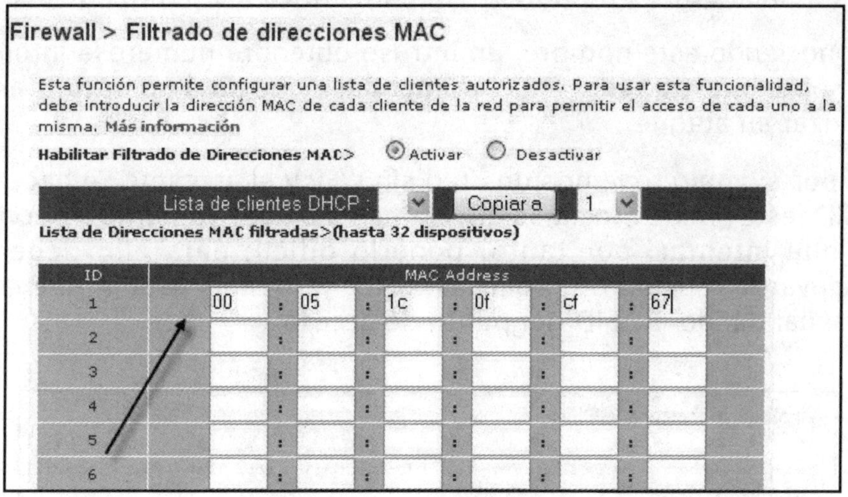

Ahora ya tenemos el filtrado por MAC que es una capa más de cara a nuestra seguridad inalámbrica.

>>> Desactivar la función de servidor DHCP

Muchos puntos de acceso que hacen de router vienen con el servidor **DHCP activo** por defecto.

>>> ¿Qué es un servidor DHCP?

Un servidor DHCP es el encargado de asignar direcciones IP a las máquinas de una red para que puedan comunicarse con el resto de dispositivos. Si tenemos esto activo y nuestra red inalámbrica no es segura, el intruso pondrá su tarjeta de red en modo DHCP y el nuestro servidor DHCP (AP) le dará automáticamente una IP. Esto no es muy seguro que digamos, ya que entonces lo tendrá todo preparado sin hacer nada, ya que el servidor DHCP le configura todos los datos necesarios para estar en la red.

>>> Cambiar el SSID predeterminado

El **SSID** es el identificador del conjunto de servicios; para entendernos, diremos que es un nombre que identifica los puntos de acceso.

Conociendo este nombre, un intruso obtendrá numerosa información sobre nuestra red; será el primer paso que dará un intruso antes de lanzar su ataque.

Si por ejemplo tenemos una red sin WEP y el atacante se hace con el **SSID**, éste puede asociarse directamente a nuestro punto de acceso. Hay que intentar, por tanto, ponerlo difícil; para ello debemos desactivar la función de broadcast SSID, ya que es ésta la que lanza una señal dando el SSID del punto de acceso:

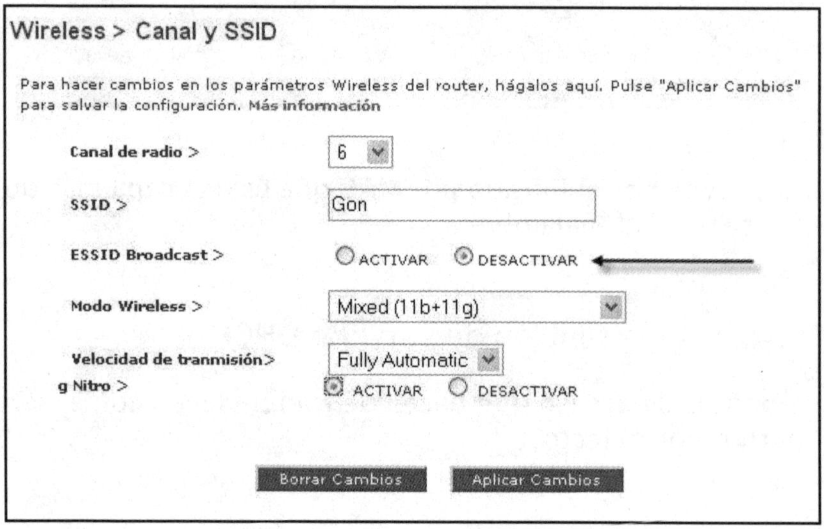

Hay ciertos modelos de AP que ofrecen la opción de ocultar Acces Point. La finalidad es la misma, que nuestro AP no sea visto por otros, pero recordar que si tenemos que configurar nuestra tarjeta wireless, debemos de poner los datos del ssid y del cifrado, no asustaros si no vemos en punto de acceso buscando redes ;-)

Es conveniente que el nombre del SSID no sea el que viene por defecto en nuestro dispositivo, ya que así le será muy fácil al intruso identificar qué tipo de hardware tenemos.

Con todo estos mecanismos, conseguiremos una red más segura que la que hay por defecto. Como hemos comentado, la seguridad wireless actualmente es muy costosa y sólo la usan unas pocas empresas muy interesadas por la seguridad. No obstante, con estos consejos tendremos una red bastante más segura.

>>> Resumen

- Lo mejor actualmente es montar VPN garantizando redes privadas cifradas dentro de la inalámbrica.
- Utilizar **AES como cifrado**, aunque baje la velocidad de la red, es lo más seguro.
- A ser posible, en cuanto a hardware usar el protocolo 802.11i.

>>> Configurar WPA-PSK

Si todo esto no es posible, dentro del protocolo **WPA** existe el **WPA-PSK**, que es la forma de implementar el WPA sin necesidad de servidores Radius externos. Este sistema es muy seguro; se basa en compartir una clave. Si ésta es muy buena (siguiendo los consejos de contraseñas) tendremos una red muy segura. Actualmente, casi todos los puntos de acceso y las tarjetas de red Wireless soportan **WPA- PSK**, lo que lo hace una solución muy eficiente para el hogar y la pequeña empresa; este sistema sólo han podido atravesarlo en casos de contraseñas débiles.

>>> Referencias

Artículo sobre seguridad Wireless.

http://www.ausejo.net/seguridad/wireless.htm

Artículo sobre seguridad Wireless en Windows.

http://www.microsoft.com/latam/technet/articulos/articulos_seguridad/marzo/seguridad-wireless.asp

19

Seguridad en p2p. ¡No seas uno más! ¡No dejes que te espíen!

Cuando hablamos de Internet, estamos hablando de comunicación, libertad, expresión, etc. Sin duda alguna se trata de un espacio libre y abierto para que cualquier persona pueda exponer o buscar lo que desee.

Nadie en su momento se hizo eco de lo que puede suponer este avance tanto en lo positivo como en lo negativo, pero la realidad es que las cosas existen en Internet y creo sinceramente que deben de existir, señores:

«Internet lo formamos tod@s y para tod@s».

Tras esta breve reflexión mental que hace de entrada a este apasionante tema que es el de las redes p2p, lo que vamos a ver en este capítulo es cómo estar seguros utilizando programas de intercambio de archivos.

Actualmente no hay casi nadie que no haya oído hablar de las redes p2p, de su uso, de sus ventajas, desventajas, legalidad, etc.

>>> ¿Qué es una red p2p?

Las redes **peer- to- peer (p2p)** son redes muy grandes de intercambio que existen en Internet. Son redes distribuidas que hacen que mediante enlaces punto a punto podamos, con un cliente instalado en nuestro ordenador, compartir archivos con otros usuarios.

Entrar en la base técnica del p2p se sale del carácter de este libro; no obstante hay buenas referencias en Internet sobre este tema.

Gracias a las redes p2p podemos buscar cualquier cosa de la temática que sea y descargarla a nuestro ordenador; de igual manera nosotros podemos compartir lo que queramos (documentos, tesis, fotos, vídeos, artículos, etc.).

Una de las desventajas de las redes p2p era la velocidad de la descarga y digo era, ya que cuando surgió este fenómeno en Internet, en España no se habían difundido las líneas Adsl para uso domestico. Actualmente ya contamos con grandes velocidades y esto no plantea un problema.

>> Diferentes redes p2p

La primera red que apareció con esta filosofía fue **Napster**, que se convirtió en la cabeza de turco de las redes p2p, pero que sentó las bases para la creación de nuevas redes.

Actualmente hoy tenemos multitud de redes p2p. A continuación nombraré las más importantes:

La red eDonkey: Ésta es de las redes más conocidas. Es una red híbrida y destacó en su día por bonificar a las personas por las descargas que realizaban dándoles a cambio mayor prioridad de descarga. Sus clientes mas famosos son: eDonkey, eMule Plus, etc.

- eDonkey http://www.edonkey.com/
- eMule Plus http://www.emuleplus.tk/

La red Overnet: Esta red fue creada por los inventores de la red eDonkey, es muy parecida pero tiene un servidor principal que coordina a los clientes. Los clientes para esta red son: eDonkey 2000 hibrido, Overnet.

- **eDonkey http://www.edonkey2000.com/**
- **Overnet http://www.overnet.com/**

La red Kademlia: Ésta es una de las redes más usadas en la actualidad; en ella se comparten todo tipo de archivos. Cliente bien conocido, eMule.

- **eMule http://www.emule- project.net**

La red bittorent: Esta red está adquiriendo mucha fama ya que su velocidad de descarga es superior que la de las otras redes. Aquí compartes lo que descargas, en ese mismo momento. Clientes: Bittorrent, Bitspirit, Bittornado, etc.

- BitTorrent http://www.bittorrent.com/
- Bitspirit http://www.167bt.com/intl/index.html#download/
- Bittornado http://www.bittornado.com/

La red Freenet: Ésta es una nueva red cuya característica principal es que es anónima, con todas las conexiones cifradas, con lo que garantiza la privacidad y seguridad del usuario. Cliente Freenet.

- **Freenet http://freenet.sourceforge.net/**

Como podemos apreciar, hay una cantidad de redes diferentes donde podemos elegir el cliente que queramos a nuestro gusto. Mi recomendación, siempre y cuando no se use la red freenet, es usar eMule, y en la red Bittorent, usar el cliente Bitspirit ya que satura muy poco los recursos del sistema.

>>> Recomendaciones de seguridad en las redes p2p

En cuanto a la seguridad p2p, debemos estructurarla por partes. La primera se basa lógicamente en fallos o vulnerabilidades en el propio cliente software, ya que mucha gente se intenta aprovechar de ello mediante fallos en viejas versiones no actualizadas.

Mucha personas se descuidan con respecto a las actualizaciones y esto es otro ejemplo claro de que debemos tener todo bien actualizado y parcheado. La solución para esta nota de seguridad está clara: tener siempre, sea cual sea nuestro cliente, la versión más reciente y descargada de la web oficial, para evitar que nos den «gato por liebre».

El segundo tema de seguridad ya tratado con anterioridad es el de los virus. Debido a la creciente utilización de los programas p2p, hay un cierto riesgo en creer que estamos descargando un archivo seguro cuando realmente es un virus. Esta vía de difusión es muy normal en virus antiguos, con lo que para estar protegidos nos basta con actualizar nuestro antivirus y tenerlo al día con las últimas firmas. También existen ciertos programas que nos facilitan la detección de los mismo, por ejemplo, el cliente **bitspirit** cuenta con una opción que podemos configurar para que, al terminar la descarga, nuestro antivirus analice el archivo descargado. No obstante, el antivirus gratuito que recomendamos antes soporta multitud de programas p2p para que no se nos cuele ningún virus por la red P2P.

Como tercer punto en cuanto a la seguridad en redes p2p, debemos tratar el tema de la privacidad, que actualmente es un tema que está en auge.

Está demostrado que las redes p2p están muy vigiladas y controladas. En principio, este control se realizaba para recabar estadísticas y datos, pero las instituciones han ido entrando más y más y han dejado de lado nuestra privacidad.

Cada vez son más las noticias publicadas de que han denunciado a una persona por descargar contenido en redes p2p. Señores, esto quiere decir que saben quiénes somos y lo que descargamos y que además se apropian de nuestros datos sin nuestro consentimiento.

>>> ¿Dónde está la libertad en Internet?

Lo que está claro es que nadie quiere ser espiado y mucho menos controlado, por este motivo nacieron las listas peligrosas de direcciones IP que podemos encontrar en cualquier web dedicada al p2p. Se sabe que estas IP pertenecen a grupos que espían lo que hacemos en las redes p2p, desde instituciones o gobiernos hasta servidores de spyware.

Con el uso de listas podemos proteger nuestra privacidad de dos maneras.

Como primera medida de seguridad podemos configurar nuestro firewall personal para que filtre esas IP. Hay que decir que desde la Web **http://www.bluetack.co.uk/index.php** podemos generar sencillas listas adaptadas para nuestro firewall (outpost en nuestro caso) y para nuestro clientes de p2p.

La segunda es utilizar las propias características del cliente p2p, ya que, hoy en día, todos suelen incluir su propio motor de filtrado para poder añadir las listas que se obtienen desde la web (que antes hemos mencionado).

En este primer ejemplo práctico voy a explicar unos consejos para ganar en seguridad y privacidad con un cliente de p2p muy conocido, sin duda alguna el más utilizado por los internautas. Me refiero por supuesto al Emule.

>>> Configuraciones de Seguridad en Emule

Cabe antes mencionar que la versión en la que me baso es la 0.46c y que muy probablemente vosotros ya tengáis una más moderna.

Una vez abierto el Emule pinchamos sobre **PREFERENCIAS, GENERAL**. En esta ventana debemos introducir nuestro nick. Hay personas que durante la instalación ponen como nick su nombre y apellidos, lo cual constituye un error en cuanto a seguridad. En la red debemos de ser lo más anónimos posibles y para ello hay que poner un nombre que no haga ninguna referencia a nuestra identidad real.

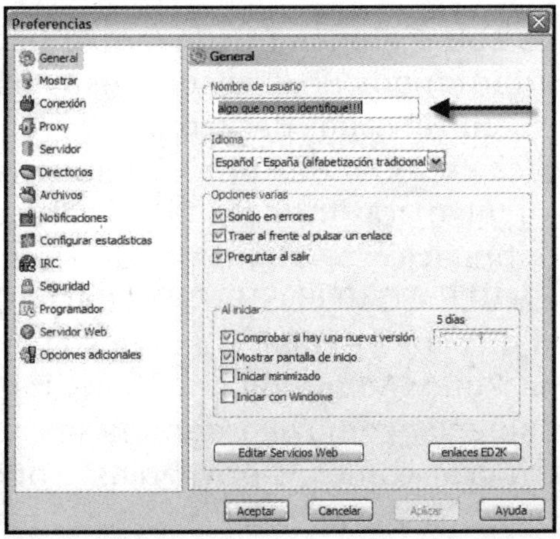

Para establecer la segunda medida de seguridad, nos vamos a la sección de **ARCHIVOS** en el menú de la izquierda.

Una vez en el menú debemos asegurarnos de que en la sección **VER MIS ARCHIVOS COMPARTIDOS** tenemos seleccionada la opción **NADIE.**

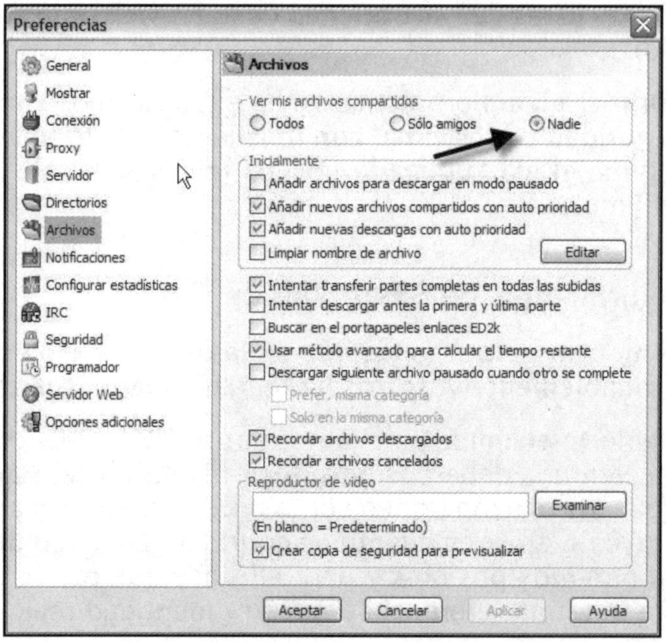

Ahora pinchamos sobre el menú de la izquierda en -**SEGURIDAD.** Aquí podemos escribir rangos de IP sospechosas para filtrar o cargar un archivo con formato filter.dat descargado previamente en la web **http://www.bluetack.co.uk/index.php**. También existe la posibilidad de cargar un archivo con formato PeerGuardian (programa que voy a explicar a continuación). Así mismo, debemos activar también la casilla **INICIAR EMULE COMO USUARIO LIMITADO.** Esto nos dará una gran seguridad de cara a exploit y ataques al programa (es como utilizar el programa RunAsAdmin del que hablamos anteriormente). También podemos apreciar cómo el programa se crea un usuario limitado propio para arrancar con esos privilegios. Todo debe de quedar como en la imagen:

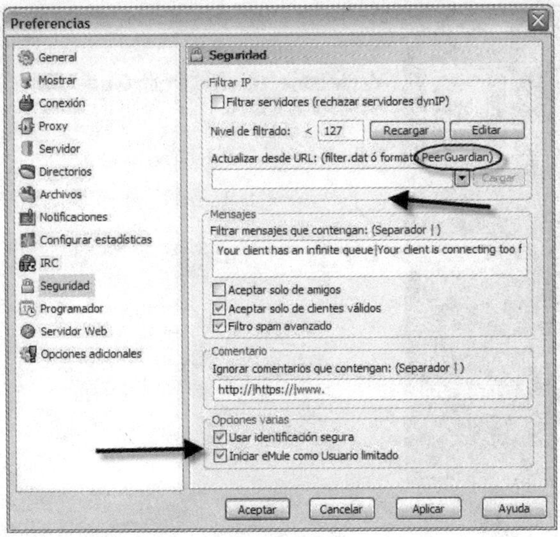

La tercera opción, y bajo mi punto de vista la mejor, no depende ni de la red ni del cliente que estemos usando.

Hay herramientas que pueden ayudarnos en nuestra labor de salvaguardar la privacidad como derecho prioritario.

Éste es el caso de la herramienta **Peerguardian**. Ésta actúa como un analizador, explorando las direcciones IP con las que estamos estableciendo comunicación, y bloqueando aquellas que o bien hemos configurado o bien el propio programa se ha descargado de Internet. Cuenta con varias opciones de configuración, desde bloqueo de IP para programas p2p, hasta bloqueo de direcciones IP de spyware y malware.

>>> PeerGuardian, instalación y configuración

Lo primero que tenemos que hacer es ir a su web oficial para realizar la descarga:

http://phoenixlabs.org/pg2/

Una vez descargada la versión más reciente, haremos doble clic en el archivo .exe y aparecerá una ventana de instalación:

En esta ventana, y como viene siendo habitual, se nos advierte de que se va a instalar la herramienta **Peerguardian** en nuestro ordenador; pulsamos **NEXT**.

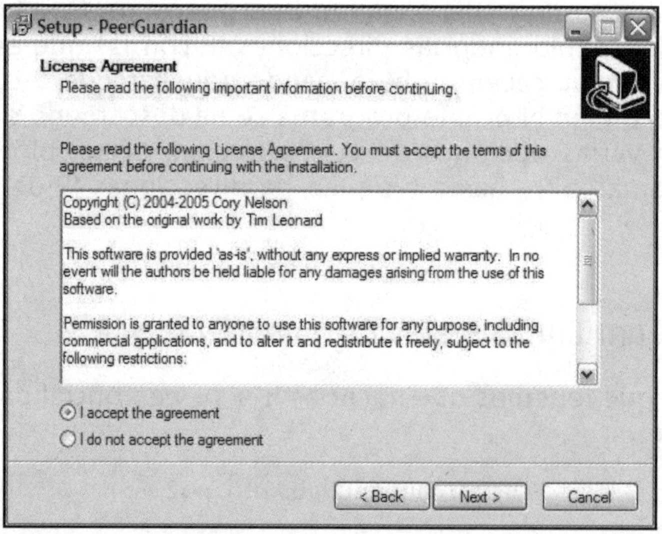

Aquí leemos la licencia y pulsamos **NEXT**.

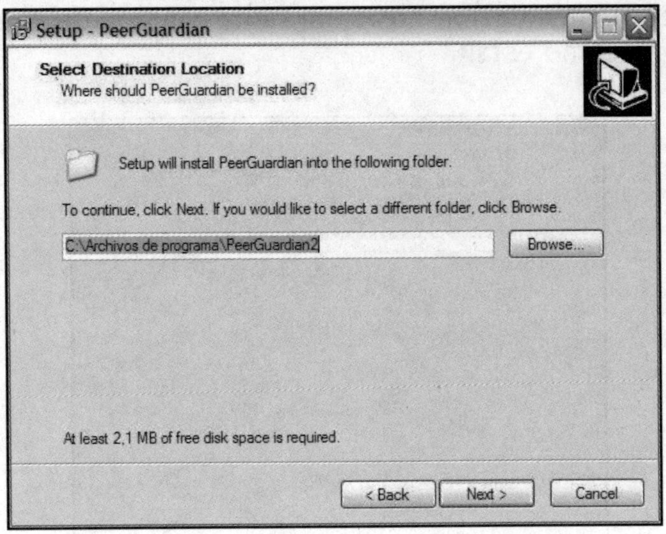

Ahora nos pregunta dónde queremos ubicarlo. Lo recomendable es dejar el lugar que viene por defecto; pulsamos otra vez **NEXT**:

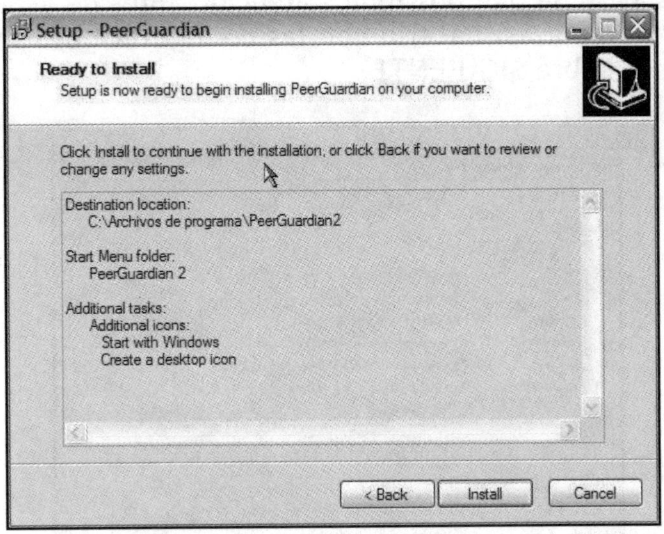

Aquí en esta ventana nos muestra a modo de resumen los parámetros que hemos elegido para la instalación. Ahora hacemos doble clic en **INSTALL**:

Al finalizar la instalación nos saldrá una ventana de configuración del programa como ésta:

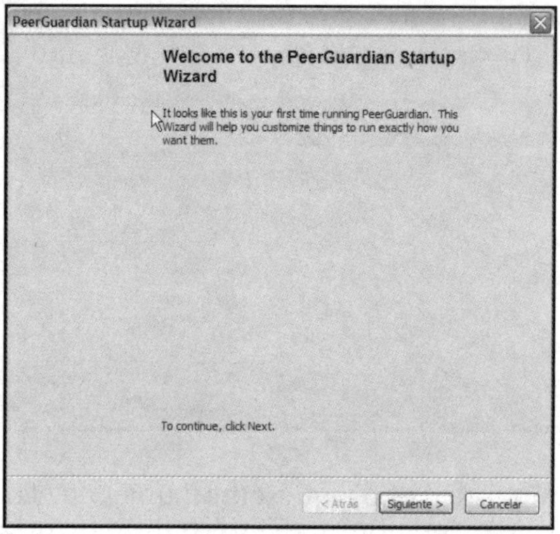

Aquí nos avisa de que prestemos atención antes de arrancar nuestro programa, para así hacerlo con las configuraciones más correctas; pulsamos sobre **SIGUIENTE**.

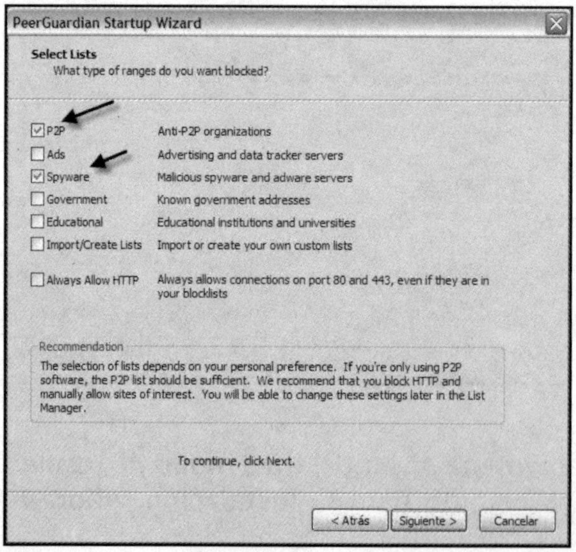

En esta pantalla, nos muestra el tipo de rangos que podemos bloquear. Vosotros podéis elegir los que queráis pero basta con seleccionar las de las organizaciones **anti- p2p** y direcciones IP de servidores **spyware**; pulsamos **SIGUIENTE**:

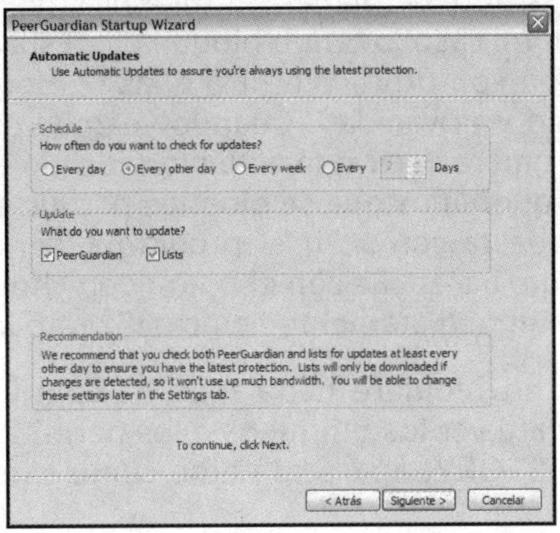

En esta parte nos pregunta acerca de las actualizaciones; tendremos que tenerlo como en la imagen.

Una vez finalizada la instalación, nos lleva a la pantalla principal del programa, en la que podemos empezar a ver las comunicaciones que está realizando nuestro ordenador como se muestra en la siguiente imagen:

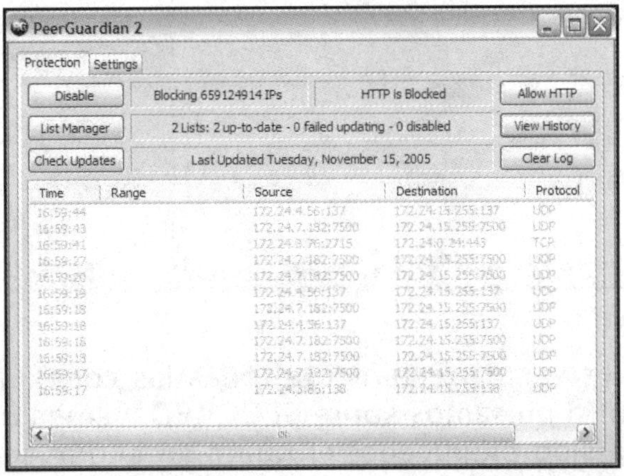

Desde este panel podemos ver y realizar multitud de cosas. Nos muestra información de cuántas listas tenemos configuradas (en mi caso dos, anti-p2p y spyware), desde aquí podemos deshabilitar el programa pulsando **DISABLE**; podemos introducir listas nuevas en **LIST MANAGER**; podemos ver si hay actualizaciones de manera manual, ya que el programa las hace de manera automática; podemos bloquear el acceso http que en mi caso lo tengo bloqueado. Esta última función no permite la conexión con protocolo http a las IP bloqueadas, con esto ganamos seguridad y privacidad. Cuando veamos parpadear el icono del programa eso quiere decir que está bloqueando el acceso a alguna IP por HTTP. Si no queremos que se bloquee porque es una página que queremos visitar, basta con abrir el programa, ver en azul la última dirección bloqueada, hacer clic con el botón derecho sobre ella y elegir dejar de bloquear; inmediatamente se actualizarán las listas.

Este programa no requiere nada más, él sólo irá analizando las comunicaciones. Para ver los bloqueos o los permitidos debemos pulsar sobre **VIEW HISTORY**; aparecerá algo como esto:

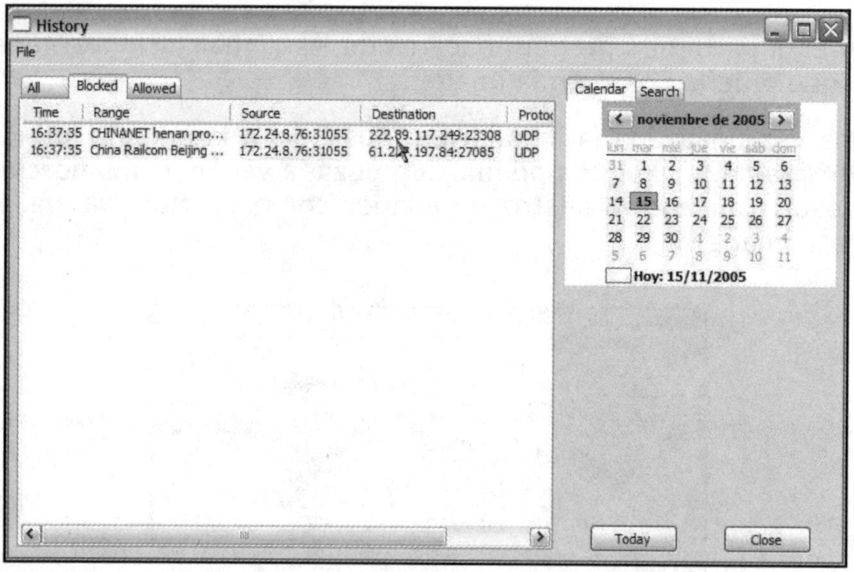

Aquí podemos ver perfectamente todas las conexiones que estamos realizando; si pulsamos sobre **BLOCKED**, vemos que nos dice la hora en que ha sido bloqueado, el rango en el que se encuentra, el origen **172.24.8.76** (que es la IP de mi ordenador) y el destino de la que es la **ip maliciosa**. Además nos informa del puerto al que va, así como el protocolo.

Desde esta pantalla podemos buscar por fecha todos los eventos que queramos desde la pestaña **SEARCH**.

Como se aprecia en la imagen, la IP **229.87.117.249** ha sido bloqueada. Ahora voy a probar si el bloqueo http funciona correctamente. Para ello abro un navegador firefox y escribo la IP tal cual se ve en la imagen:

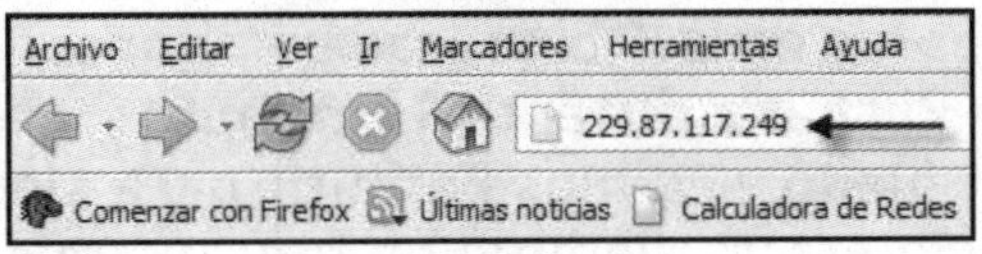

Escribir esta dirección y pulsar **INTRO** equivale a poner un nombre de dominio (¿os acordáis de los servidores de Nombre DNS verdad?), es decir, no nos lleva a ningún sitio. Ahora vamos a nuestro programa y dentro de **VIEW HISTORY**, pulsamos sobre la pestaña **BLOCKED**. Veremos una pantalla como ésta (esta prueba la podéis realizar con idéntico ip siempre y cuando el servidor siga estando en las listas sospechosas).

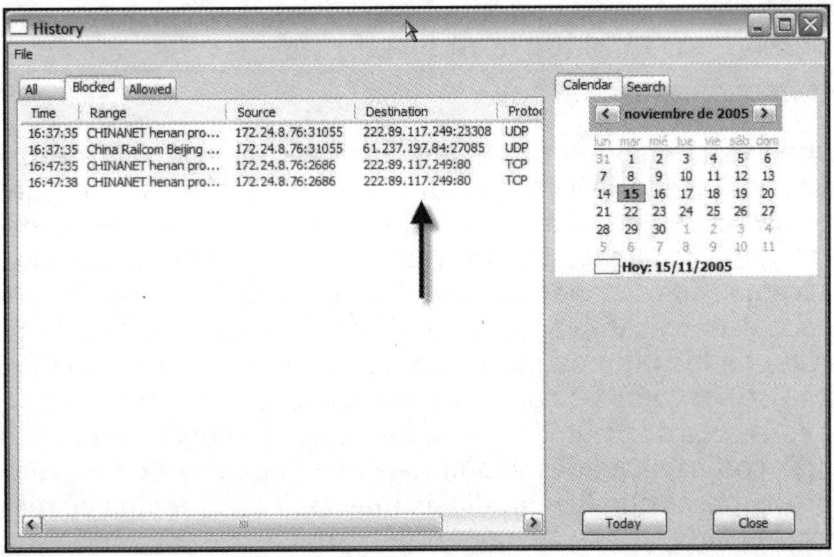

Este ejemplo es la prueba de que el bloqueo http y el bloqueo de IP espía funciona correctamente. Además este magnífico programa nos permite realizar bastantes cosas.

Una cuestión que debemos de tener clara es que PeerGuardian no es un firewall, por lo que no tenemos que prescindir de ninguno de los dos. Lo ideal es tener los dos instalados ya que cada uno hace su trabajo.

Una de las cosas con las que debemos de tener cuidado es que si elegimos cargar listas de IP, lo más probable es que estemos bloqueando el Messenger y ciertos servicios de Microsoft. Para arreglarlo basta con ir al los log de la IP bloqueada, pulsar con el botón derecho y elegir la opción **Permitir durante 15 minutos**; comprobamos después si funciona y luego elegimos **Permitir para siempre**, con lo que la ip de ese servicio estará siempre en funcionamiento. Este programa es bueno para ver lo que se bloquea y lo que no, para así darnos cuenta de la cantidad de cosas que tenemos. Una de las opciones interesantes es que cuando realiza un bloqueo http, el icono que está abajo a la derecha (azul) nos avisa parpadeando.

Con estas recomendaciones ya tenemos un sistema de P2P seguro que podemos utilizar con total garantía sin ser espiados por personas ajenas.

>>> P2M (Peer to Mail), la nueva forma de intercambiar archivos

El **p2mail** es la nueva forma y tendencia de realizar intercambio de archivos por la red. Hasta ahora una de las limitaciones de los programas tradicionales de p2p era la velocidad, o la dependencia de que hubiese gente conectada con los recursos a compartir, o la obligación de descargar sólo cuando compartes (filosofía de la red bitorrent). Pero todo esto ha cambiado, mejor dicho, está cambiando, ya que ha aparecido en los últimos meses un nuevo sistema denominado **P2M** que consiste en compartir archivos directamente descargados de cuentas de correo. La decisión de las empresas de ofrecer cuentas de correo gratuitas con capacidades asombrosas ha sido uno de los frutos de este proyecto, ya que hoy en día es muy fácil crearse una cuenta con gran capacidad.

El **p2m** aprovecha la generosidad de las empresas para alojar en las cuentas los archivos de intercambio y, mediante clientes especiales (no cualquier cliente de correo), poder compartir la información que contiene. Esta práctica se está extendiendo y es una tendencia de futuro, ya que hay varias comunidades de Internet dedicas a ello. Las ventajas son numerosas, desde que no nos pueden acusar de nada ilegal ya que estamos accediendo a una cuenta de correo privada, hasta que las velocidades son en función del ancho de banda que tengamos (y que tenga el servidor que comparte claro). Es decir, podemos descargar de manera cómoda y rápida cualquier archivo.

Para más información acerca del **P2M** podéis consultar estas webs:

http://www.p2mfuture.com/index2.php

http://www.turbop2m.com

http://denkinews.org/index.php

http://www.adslzone.net/postt372.html

>>> Referencias

Artículo que explica cómo se espían las redes P2P.

http://seguridad.internautas.org/index.php?op=1&id=283

Artículo sobre seguridad en P2P.

http://alerta-antivirus.red.es/seguridad/
ver_pag.html?tema=V&articulo=11&pagina=7

Artículo sobre la ley en redes P2P.

http://www.internautas.org/html/1/1850.html

Conclusión

A lo largo de todo el libro, hemos tratado numerosos temas dentro del mundo de la seguridad informática y hemos conseguido, mediante el seguimiento de las prácticas, tener ahora un sistema más seguro y eficaz.

Se han tratado temas básicos, como es la instalación de un sistema operativo, pero visto desde el punto de vista de la seguridad; hemos comprendido por qué es mejor particionar y formatear con el sistema de archivos NTFS.

Una vez instalado nuestro sistema operativo, hemos configurado parámetros que no vienen por defecto con seguridad, hemos aprendido a crear usuarios, a compartir carpetas y a establecer permisos para que nuestros datos estén seguros.

A lo largo de la obra, he intentado concienciar al usuario de la importancia de las contraseñas, he mostrado cómo crear contraseñas seguras y cómo administrar un número elevado de ellas.

Para los más avanzados, se ha explicado cómo funcionan las comunicaciones, cómo identificarlas y cómo acabar con las que no son legítimas.

Conforme la obra ha ido avanzando, se han ido exponiendo temas y términos informáticos explicados de manera amena, de tal forma que ahora el lector se encuentra en una posición muy alta a nivel de «cultura informática» y sobre todo cultura del mundo de la «seguridad informática».

Se han realizado prácticas para navegar de manera segura, para salvaguardar nuestra privacidad navegando anónimamente y para adquirir una conciencia de la importancia de tener un buen navegador para protegernos en Internet.

Gracias al capítulo del correo hemos podido comprobar cómo se puede luchar contra el spam y cómo podemos configurar una cuenta anónima y gratuita para realizar acciones salvaguardando nuestro correo real.

Con este libro has adquirido un conocimiento global y certero de la seguridad. Es la primera obra que habla de manera clara, directa y práctica de temas como seguridad p2p, seguridad con IDS (Sistemas de detección de Intrusos) o seguridad parental.

Hemos aprendido que la seguridad es un cúmulo de cosas, es algo homogéneo, integral y que de nada vale estar muy seguro a nivel de Firewall, cuando nuestro sistema operativo es vulnerable y por lo tanto accesible.

Ahora disponemos de un sistema seguro y eficaz, lo único que debemos hacer es mantenerlo seguro con actualizaciones, mantener una actitud coherente hacia Internet y seguir los consejos que hemos visto desde el primer tema.

Es importante mantenerse actualizado en la información en el ámbito de la seguridad, por ejemplo, mediante listas de seguridad que nos mandan correos con fallos y vulnerabilidades aparecidas.

Con esta conclusión de que la seguridad está a partir de ahora en vuestras manos, me despido no con un adiós sino como un hasta luego.

Sin más os mando un cordial saludo y espero que la obra haya sido de vuestro agrado, y recordad:

«La seguridad informática es de tod@s y para tod@s»

Gonzalo Asensio Asensio
Master en Seguridad Informática

Anexo I: Analiza tu propia seguridad

En este apéndice vamos a aprender a conocer y valorar el nivel de seguridad de nuestro ordenador. Después de haber seguido las propuesta del libro, vamos a descubrir que podemos analizar la seguridad de otra máquina, ya sea de nuestra red local o de Internet.

Las auditorías de sistemas se realizan mediante muchas herramientas. Aquí vamos a explicar la herramienta para Windows, **X- Scan**.

Se trata de una magnífica herramienta que realiza ataques simulados contra la máquina que le digamos y elabora un informe muy completo sobre el nivel de seguridad de ese ordenador. También nos hace una recomendación de seguridad. El **X- Scan** se basa en las firmas del conocido programa de auditorias **Nessus http://www.nessus.org**, programa que hasta hace poco era **Open- Source** disponible para equipos **Unix/Linux**.

>>> Escaneador de Vulnerabilidades X-Scan

Podemos descargar X-Scan desde su web oficial:

http://www.xfocus.org/programs/200209/10.html
(La descarga no es muy rápida)

Una vez descargado, no requiere nada especial; sólo debemos de crear una carpeta y volcar el contenido del archivo descargado.

Al realizar esto, tenemos que hacer doble clic en el archivo **xscan_gui.exe** y veremos la pantalla principal; una vez aquí pulsamos sobre –**CONFIGURAR –PARAMETROS DE ANÁLISIS** y veremos una ventana como ésta:

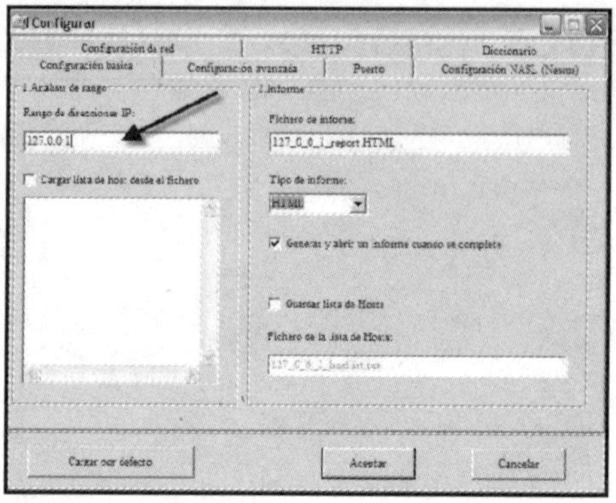

Escribimos la IP de la máquina cuya seguridad vamos a comprobar. En este caso, es la **127.0.0.1**, una dirección especial que llevan todos los equipos (es como si auditara la misma máquina). También sirve la IP obtenida al ejecutar el comando #ipconfig en la consola **CMD** de Windows.

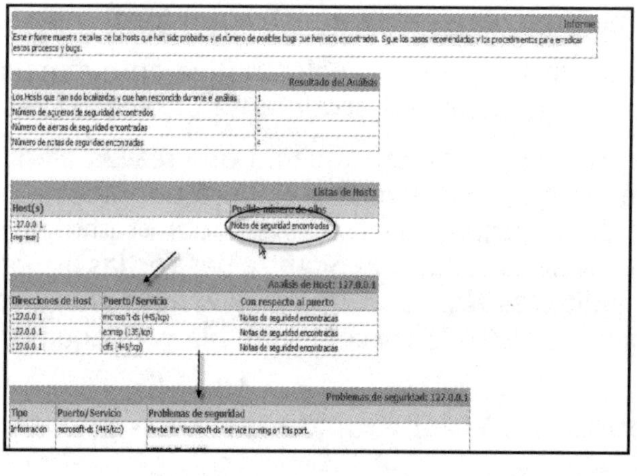

Tras el análisis del programa, aparecerá automáticamente un informe en **formato HTML** que nos dirá los fallos de seguridad y las recomendaciones a seguir. Estos programas son los que usan los intrusos para ver qué fallos de seguridad tiene una máquina y así acceder a ella.

Con este anexo sobre auditorias de seguridad terminamos esta completa guía. Sólo os pido una cosa, cuidado con el uso que le dais, ya que puede llegar a ser peligrosa para los ordenadores ;-).

«La seguridad está en vosotros»

Anexo II: Las mejores 50 Webs de seguridad de habla hispana

Esta lista fue creada a partir de una votación popular de más de 700 personas en la lista de seguridad informática de seguridad0 http://www.seguridad0.com

Los lectores de la misma debatieron para ofrecernos esta lista de las mejores 50 web de seguridad de habla hispana.

¡¡A disfrutar!!

- Rynho Zeros Web - http://www.rzw.com.ar
- RetroNet - http://www.retronet.com.ar
- Cyruxnet - http://www.cyruxnet.org
- Hispasec - http://www.hispasec.com
- VSAntivirus - http://www.vsantivirus.com
- HackXcrack - http://www.hackxcrack.com/phpBB2/index.php
- Taller de Criptografía de Arturo Quirantes - http://www.ugr.es/~aquiran/cripto/cripto.htm
- Seguridad en Cómputo - http://www.seguridad.unam.mx/
- EsCert - http://escert.upc.es/index.php/web/es/index.html
- Seguridad0 - http://www.seguridad0.com
- SET EZine - http://www.set-ezine.org/
- Xombra - http://www.xombra.com/
- HackHispano - http://www.hackhispano.com/
- Hakin9 - http://www.haking.pl/es/
- 7a69 EZine - http://www.7a69ezine.org/ (actualmente en mantenimiento)

Forensic-es - http://www.forensic-es.org/
Hackemate - http://www.hackemate.com.ar/
Nosystem - http://www.nosystem.com.ar/
Vilecha - http://www.vilecha.com/Seguridad/
Virusattack - http://www.virusattack.com.ar/
Alerta Antivirus - http://alerta-antivirus.red.es/
Criptored - http://www.criptored.upm.es
Kriptopolis - http://www.kriptopolis.org/
CFB Soft- http://www.segu-info.com.ar
Red Segura - http://www.redsegura.com/
Delitos Informáticos - http://www.delitosinformaticos.com/seguridad/
Electron Security Team - http://www.est.cl/
Asociación de Internautas - http://seguridad.internautas.org/
Nautopia - http://www.nautopia.net/
Seguridad y sistemas - http://www.seguridadysistemas.com/
Bujarra - http://www.bujarra.com/
Blog de seguridad http://proteccion-informatica.blogspot.com
Shell Security - http://www.shellsec.net /
VirusProt - http://www.virusprot.com/
Evidalia - http://www.evidalia.com/seguridad/
Criptonomicon - http://www.iec.csic.es/criptonomicon/default2.html
Ausejo - http://www.ausejo.net/seguridad/forense.htm
Insecure Tools - http://www.insecure.org/tools/tools-es.html
FIST Conference - http://www.fistconference.org/
DGGonzalez - http://www.dgonzalez.net/es/
ArCERT - http://www.arcert.gov.ar/
Start Detection - http://www.startdetection.com/
Martes 13 - http://www.martes13.net/
Elhacker.net - http://www.elhacker.net
Elhacker.com - http://www.elhacker.org/
Cyberpirata - http://www.cyberpirata.org/
Portal Hacker - http://www.portalhacker.net/
NoConName - http://www.noconname.org/
Seguridad en PYMEs - http://www.seguridadpymes.es/
Enciclopedia Virus - http://www.enciclopediavirus.com

Epílogo por José Barberá

«La seguridad informática es de tod@s y para tod@s», así finaliza este libro de Gonzalo Asensio, frase que resume la intención principal del autor, como deferencia y auxilio para todos los usuarios de Windows XP que navegan hoy por Internet.

Seguridad e Internet son hoy en día dos términos estrechamente asociados. En un estudio que el Gobierno holandés publicaba en agosto de 2005 sobre *El futuro de las comunicaciones electrónicas*, como base de reflexión para la elaboración de políticas infotecnológicas de cara al futuro, se indicaba que en la actualidad entre el 60 y el 80% del tráfico mundial de Internet es de aplicaciones bidireccionales (*peer-to-peer* o P2P), y que la seguridad, tanto global como individual, es el mayor problema al que se enfrenta la Red de cara al futuro: el tiempo medio que tarda actualmente cualquier ordenador nuevo que se conecta a Internet en ser atacado por algún tipo de software malicioso (*malware*: virus, programas espía, *phishing*, *zombies*, ataques de *hacker*...) es de 13 minutos.

Ésta es una de las preocupaciones transmitidas a lo largo de los diferentes capítulos: los riesgos que se deben afrontar cuando nuestro ordenador está conectado y las distintas maneras de protegernos. Hoy en día los ordenadores y la información no son nada si no están conectados. Esta conectividad la proporciona Internet, la red de redes, con las inmensas posibilidades de facilitar la comunicación entre personas y de proporcionar acceso a los servicios de la Sociedad de la Información, sobre cualquier medio y tecnología de transmisión, en cualquier lugar y desde una amplia gama de dispositivos.

De estos, el más extendido es el PC con el sistema operativo Windows XP. Sobre este entorno se desarrolla el trabajo del autor, sistematizado a partir de sus conocimientos y experiencias personales, para hacer al usuario sentirse seguro, no solamente en el sentido de protegerse frente a posibles vulnerabilidades y ataques externos, sino también seguro en cuanto a la confianza en sí mismo, para manejar su barco particular mientras navega por las a menudo procelosas aguas de Internet.

Frecuentemente escuchamos en los medios de difusión que navegar por la red es fácil y sencillo, que está al alcance de cualquiera y que no requiere conocimientos especiales. Lo anterior es cierto, pero bajo unos determinados supuestos, que en ocasiones se obvian. Efectivamente, es fácil sentarse frente a un ordenador conectado a Internet y utilizar un navegador (el autor tiene claras sus preferencias: ¡*Firefox, por supuesto*!) para acceder a numerosas fuentes de información y sistemas de comunicación en todo el mundo. Esto lo hemos podido experimentar cuando navegamos desde la oficina, en un cibercafé o en casa de los amigos que tienen establecida su conexión a Internet y que alguien se ha preocupado de realizar.

La dificultad está muchas veces en llegar a configurar ese entorno de trabajo alrededor de uno o varios PC conectados, en el que nos sintamos seguros porque sabemos lo que hacemos y tenemos entre manos. Aunque cada vez resulta más sencillo poner en marcha el PC y el kit de conexión que hemos comprado en la tienda de informática, también es cierto que muchas veces vamos a piñón fijo para evitarnos sobresaltos. El libro pretende precisamente dar una serie de guías y orientaciones para conferir mayores destrezas al usuario. Siguiendo con el símil de la navegación, cualquier lector podrá profundizar en sus conocimientos técnicos para llegar a alcanzar el título de patrón de embarcación de recreo, patrón de yate o capitán de yate (dejamos para otra obra los títulos de la marina mercante).

Con un lenguaje coloquial, directo y comprensible, y con numerosos ejemplos prácticos de programas y aplicaciones a los que refiere al lector mediante la correspondiente dirección URL, Gonzalo Asensio nos va adentrando en las partes ocultas de Windows XP, ocultas no porque estén escondidas, sino porque normalmente no se presta atención a esas funcionalidades. De este modo, el lector podrá descifrar algunos «arcanos», como los temas relacionados con la compartición de archivos, en local o en red, por diferentes usuarios, caso típico de familias como la suya, a la que usa como ejemplo a la hora de establecer la normativa de seguridad y los diferentes privilegios de acceso.

Configurar una red doméstica basada en Windows XP resulta ahora más sencillo tras haber recorrido los capítulos correspondientes. También se abordan temas de filtrado de contenidos y control parental, muy útil hoy en día en una buena parte de los hogares (aunque va siendo cada vez más frecuente que sean los hijos los que controlen el entorno informático). Precisamente por ello, a muchos padres les resultará de ayuda este libro, para sentirse seguros y mantener el ascendiente sobre sus hijos cuando de estos temas se trate.

El lector aprenderá fácilmente a distinguir los virus, los gusanos y los troyanos, así como a defenderse de ellos mediante herramientas que no tienen por qué ser onerosas. Lo mismo respecto a los programas de *spyware* y *malware* a los que me refería al principio, para los que da recetas y herramientas para proteger nuestra privacidad.

Especialmente prácticos e interesantes son los últimos capítulos dedicados a la detección de intrusos, la gestión de los cortafuegos y los procedimientos para aumentar la seguridad en redes inalámbricas Wi-Fi, aspectos todos ellos que están a la orden del día en pequeñas redes ofimáticas y domésticas, y que en muchos casos se suelen dejar a un lado por comodidad o por falta de confianza. Algunas veces hemos oído que seguridad y comodidad son dos términos contrapuestos. El libro de Gonzalo nos demuestra que tal contraposición es mucho menor de lo que puede parecer y que, en todo caso, vale la pena invertir algún esfuerzo en afianzar nuestro entorno informático.

Finalmente, el último capítulo dedicado a las redes P2P, que como vimos antes representa alrededor del 70% del tráfico mundial de Internet, nos sitúa en la perspectiva adecuada para considerar los diferentes aspectos de seguridad implicados, tanto en lo que se refiere a las vías de propagación de virus como al posible espionaje del que podemos ser objeto cuando nos asociamos a alguna de ellas.

Para concluir, solamente insistir en que este libro, de fácil lectura y tratamiento familiar, nos puede ayudar a desmitificar determinados misterios de Windows e Internet, de modo que podamos sentirnos más seguros y más libres cuando naveguemos desde nuestros ordenadores.

Los ejemplos y programas (gratuitos) que cita constituyen una valiosa ayuda para tal fin. Personalmente he tomado nota y descargado algunos de ellos; a partir de ahora espero poder bloquear en mi casa direcciones IP indeseadas, así como evitar intrusos o espías que invadan mi intimidad.

Gracias, Gonzalo, por haber contribuido a facilitar la navegación a este viejo lobo de mar. Seguro que habrá otros internautas que se sentirán más cómodos y confiados después de su lectura.

José Barberá Heredia

Doctor Ingeniero de Telecomunicación.
Asesor del Secretario de Estado de Telecomunicaciones
y para la Sociedad de la Información, Francisco Ros Perán

24 de abril de 2006

El lector que lo desee podrá ponerse en contacto con el autor en la siguiente dirección de correo electrónico:

gonzalo@seguridadeninternet.es

Así mismo, podrá encontrar nuevas informaciones y contenidos en las direcciones de internet:

www.seguridadeninternet.es

www.gonzaloasensio.com